述往集

江南一隅的人文印记

陆明 著

上海书店出版社
SHANGHAI BOOKSTORE PUBLISHING HOUSE

本书系"2024年度嘉兴市文化精品工程重点扶持项目"成果

目 录

2

下　辑

自 序

　　小书《述往集》上下辑，是地方文史的一个"杂凑"。尤其是下辑的篇什，原初计划按年代顺序，把家乡历史上的大事件、人物、掌故及与史实相关的"悬疑"，取"演义"的手法，写一个《嘉兴话本》。结果终因发不出足够的力，半途停了笔。

　　这次为编集子，把搁了二十多年的旧作拣出来，拿手上掂掂，感情上竟有些不舍，于是稍加润色归拢在集子的下辑。这个，实在说，有点仿佛"鸡肋"。

　　是耶非耶，个人说了不算吧。

　　上辑六篇，长文，都是几经删改、修订的。我个人觉得比较满意的是《竹林乡贤记》，理由不说了，说了总不免有"卖瓜"之嫌。

　　忘年知交姚蝶庵兄，给了我很多帮助。

蝶庵对传统文化的认知力，不容小觑。

嘉兴图书馆郑闯辉兄，为"两个顾仲"的缠夹，替我解惑，一并申谢。

陆　明

乙巳端午节

上

辑

孔子与檇李

　　鲁定公十四年，也即公元前 496 年的仲夏，节令已经过了小暑，天气也越来越热了。鲁国的国都曲阜城里，铺麻石板的官道两旁，槐树一棵连接着一棵，绿荫蔽天，望不到尽头；槐树挺拔的枝桠上缀满一串串黄白色的花苞，风吹来，花苞微微摇颤，空气里弥散着淡淡甜熟的清香。

　　小暑过后某天早晨，曲阜官道上走动着三三两两的女人，她们都带着孩子，身上背个竹筐，手持一头装铁钩的长竿，往高大的槐树上轻轻勾着细嫩的花枝，稍一用力，把花枝折下来放进竹筐。花枝有不慎掉落地上，跟随母亲的小孩都各自去捡拾，放在自家的竹筐里。这些七八岁的小孩，都在上私学，习礼知礼。

　　女人们是在采摘槐花，预备做各种槐花小吃。芒种收割的新麦，打场过后，簸晒干净，完了税，家家仓廪盈实丰足。

　　夏天喝绿豆汤，吃槐花饼，是先秦时鲁中的习俗。绿豆

3

和槐花都清热解暑。把新麦磨粉，掺入槐花揉面，蒸饼吃，香甜软乎可口。除了蒸槐花饼，槐花玉米糊煎饼、槐花牛肉馅饺子、脆炸槐花鸡蛋卷、凉拌槐花、水煮槐花面条、槐花蒸麦饭、做猪肉馅包子，上口都带点甜带点素雅的香。

小吃之外，拣颗粒大的花苞洗净晒干，沏茶喝，是庶人夏日上等的饮品。

鲁国的子民，小日子正滋润着哪。

晌午，骄阳当头。大街上没有树荫的地方，路面被烤得烫脚，一个小男孩吃了五个槐花饼，喝了一大碗绿豆汤，不怕热，又跑到大街上玩耍。他捉着一只灰背绿肚子的蝈蝈，拿根麻纱线拴了放在街沿石上，不一会，那蝈蝈"吱"的一声被炙熟了。

鲁国这年的仲夏真是奇热！

官道和大街上来来往往的行人，虽然个个都汗流如浆，个个都在嚷嚷"热、热、热"，但男女都分两条走道，揖让有序，互不挤攘；大街上的商肆店铺，门前都挂着"童叟无欺"的木牌子；因为天热十分行俏的冰镇酸梅汤，也未有哄抬价码的现象；还有，四方的游士都不顾暑热赶来鲁国作客，官道上车水马龙，曲阜的几家礼宾馆舍都满了号。

这都是孔子由中都宰调任司空再晋升大司寇"摄行相事"后，出现在鲁国的新政。

下午，太阳稍稍往西边斜去的时分，喊卖冰镇酸梅汤的市声渐渐消歇了。在阙里巷口的大槐树下，七八个庶人席地而坐，一边喝着陶罐里沏的槐花茶，一边听一个白胡子老者讲南边的吴国和越国又打起来的消息。不时地有人拱拱手告辞走了，不时地又有人参加进来，这种街头的闲聚，随便说话，也是鲁国新政的升平景象。

"听说吴国先出兵，失礼在句吴。"

"冤冤相报。九年前，句吴跟楚国开仗，於越偷机在背后捅刀子，袭击句吴的国都。这回，越王允常死了，吴王阖闾起兵报复来了。那个礼——"

"俺们不讲礼先礼后，讲礼是国君和大夫他们，不关俺们的屁事！"

"哧，小子！怎这话敢向司寇大人去说？"

"罢了罢了，俺们还是讲讲开仗的事。"

"咳咳，开仗必死人，血流成河，尸横遍野。"

"南边比俺们这里还热，这么热的天气动干戈，犯不着……"

"是哩是哩，听说吴王的大脚趾被砍掉，天热，伤口烂得快，从槜李逃到陉，才七里路，那烂肉里蛆虫从脚上爬到鼻尖，死啦。"

"咳咳，开仗那地方叫'槜李'，地以果名。那槜李比俺们的麦李还好吃，有一股甜酒浆的香味。"

"桃饱李饥。俺鲁国下令少种麦李多种桃子。现如今，那槜李人饭都没得吃，快要饿死，还吃槜李？哼哼！"

"桃子吃了饱肚，李子吃了刮肚子，愈加饿——"

庶人们讲到这里，竟有点幸灾乐祸的模样。

"俺鲁国上上下下太平。路无拾遗，夜不闭户。年年这

5

节气里，吃槐花饼子，喝槐花茶。这可是大司寇行周公仁政的功劳哪。"

当庶人们一齐颂赞起新政来时，官道那边传来辚辚的马车声，是大司寇摄行相事的孔子下朝回家了。

很快，只见马车的执御一挥鞭，马车掉头拐到大街上，直向阙里巷口缓缓行去。

大槐树下，白胡子老者率先站起，拱着手，对车上俯身站立的孔子说：

"大司寇大人，恁下朝了？恁好呀。"

"好，好。"

七八个庶人也站起，拍打拍打两个膝盖上沾的尘土，也拱手，齐说：

"大司寇大人，恁下朝了？恁好呀。"

"好，好。"

孔子点头微笑。五十六岁的他，身高九尺六寸，异于常人，块头大，也异常人，脸上长一大把灰黑胡须。年初毂旦由司寇晋升大司寇，履新七日便诛杀乱政的少正卯。"摄行相事"，位高权重，官爵不可谓不显赫。但夫子向来淡泊，不讲究做官的派头，他上朝下朝，出行乘坐的依旧是五年前任中都宰时，那辆用一匹马拉、张个靛蓝麻布车盖的辂车。

"诸位老乡亲，"孔子俯身倚着掉了漆的车轼，向众人拱拱手说，"讲的好热闹呵，说来让俺也听听？"言讫，让执御把辂车停在大槐树旁，请庶人们继续说。

"听政于民"是先王之道，也是孔子从政以来一直遵循

6

力行的。

"咳咳——"白胡子老者趋前一步，恭恭敬敬说他们一群人是闲人说闲话，不懂政治，南边槜李那地方开仗，也是道听途说罢了。说着，拗了一根槐树枝，在泥地上划来划去划出一个很大的大篆书体的"槜"字。

孔子看了，沉思一会，没有吱声。虽然"多识于鸟兽草木之名"是他一贯的倡导，他自己也以博识多闻为人师。但遇到疑难的认知，他不轻率表态。"知之为知之，不知为不知，是知也。"那最末一个"知"其实是今文的"智"。

这个并非夫子耍滑头，譬如"槜"字吧，部首从木，是否是木有所捣呢？抑或是一种原始的果树嫁接法呢？是耶非耶，夫子当下也吃不太准，于是谨记着其字。

不知为不知，不装，这是智者的所为。

白胡子老者絮叨了好一阵子，絮叨槜李那地方吴越交界，槜李人秉性和吴人并无大别，彼此都在一个"根"上，"吴根越角"嘛。夏天穿绸着缎，锦衣花绣；冬日里人人丝绵袍袄裤，把骨头都焐得暖软。但凡打仗，吴王胜，槜李人举着白旗涌向吴；越王胜，槜李人则摇着白旗投奔越。

白旗是绢的，方尺大一片，系小竹枝上，轻飘飘，挺管用。

又絮叨，槜李人主食稻米，好吃鱼，煎鱼撒一撮切很细的葱花。最家常的小菜是嘟螺蛳、喝蚬子汤。那里大片大片的草荡，旱天，淤泥干涸，很硬；下大雨便成了湖，称"陂湖"……

7

孔子饶有兴味地听着，心想："果然，野有遗贤！"又从话语里分辨出夹杂一些龁舌音，疑似南边来的老移民，读过诗书，于是便作了一个深揖，问道：

"请教丈人尊姓大名，乡贯何处呀？"

白胡子老者笑而不答。

太阳愈来愈偏西，孔子向众人告辞。众人都站立，直到辒车消失在阙里巷深处，众人这才席地而坐，去把陶罐里的槐花茶喝干，散了。

孔子的家里，颜回、闵子骞、宰予、子路、子贡、樊迟等一众弟子，齐集在"无类堂"迎候夫子下朝。夫人亓官氏侍奉夫子盥洗、脱掉朝服，换上白葛纱单衣半裤，去"无类堂"安好蒲草编的凉席，扶夫子屈膝坐下。孔子摆摆手，弟子们相率也都屈膝坐下。

"无类堂"语出"有教无类，因材施教"，是孔子的教学纲领。可惜不知为什么，愈到后世施行起来愈难。

"无类堂"是孔子早年居家办私学，教授礼、乐、射、御、书、数六艺的讲堂。从政后也不废，逢休沐，召弟子来讲学。

平日里议事、会客、吃饭用餐，也都在这里。

吃饭用餐简单。每人的席上摆一只矮足小案，案上一个陶盆搁煎饼，两个小碟分别放两三片姜、四五段大葱。

孔家的晚饭很晏，总要挨过上灯许久。夫子奉行君子"晚食以当肉"，饿了，吃什么都香；饿久了，菜根也当真会吃出肉味来的。

会客。孔家的来客多是"友直、友谅、友多闻"的"益者三友"之类，非此，恕难登其门。

议事。大多是近来鲁国与邻国交往发生暌违礼的事，以及朝政如何，君主如何，检讨得失。

孔子下朝回家来天尚未黑，他盥洗换衣后走进"无类堂"，问颜回道：

"回呀，恁先说，所议何事？"

颜回答应"诺"，把今天曲阜城里有关吴越两国在樵李大战的街谈巷议又说了一遍。

孔子捋着灰黑胡须笑了笑，说：

"回呀，那是庶人们说的闲话罢了。俺想听听，恁有何见解？"

"诺。"

颜回，字子渊。他是曲阜土著，长期的营养不良使他早衰，二三十岁头发就全白了。他坐蒲草席上，屈膝，腰骨佝偻，嗓子低沉干涩说：

"夫子恁教诲，'善人教民七年，亦可以即戎矣'。可那越国的兵竟有不少是从大牢里放出来的囚犯，统统是该杀头的死罪——这，这岂不有违夫子之教？"

颜回说完，拿手背拭去额头上渗出的一排细密的汗珠。

"以不教民战，是谓弃之！然而——"

孔子不满意颜回的说话，不要说犯死罪的囚徒了，便是那些蛮夷之邦的人，难道也是可以教的吗？哼！

9

话虽然没有说出口，意思却摆在脸上。

"有教无类。"

那声音简截，暗含讥讽。

孔子听着刺耳，他扭头环顾左右，原来是缩在壁旮旯儿的樊迟发话。

樊迟名须，字子迟，鲁国人。他是个另类。智仅及中，性戆，一根筋，是夫子不太喜欢的弟子。

樊迟一会儿闹着要去学种地，一会闹着要去学种菜，很使夫子生嫌。在夫子教授的"六艺"中，并无学稼学圃，樊迟因此被夫子当堂训斥："小人哉，樊须也!"师徒俩差一点闹掰。

"嗯嗯，这小子跟着俺学了三四年还没长进，分不清孰为君子，孰为小人——真是个'拧筋'!"孔子朝壁旮旯儿冷冷投去一瞥，不作答，却扭头转向坐在颜回、闵子骞、宰予对面的子贡。

子贡复姓端木，名赐，卫国人，出身官宦世家，是一位贵游子弟。他出行乘坐四匹马拉的驷车，比大司寇孔子的轺车阔气多了。据说子贡从卫国赶来曲阜拜谒孔子，驷车的车盖高过阙里的闾门三尺，进不去，执御只好把车停在巷口外，招来里外三层的庶人们围观。

鲁定公十三年，子贡二十五岁，正式受业孔子门下。他小颜回一岁。颜回十三岁师从孔子，就年龄的大小、受业的早迟，都是子贡的学长。

两人的体貌长相：颜回少白头，腰有点佝偻，羸弱，像个干瘪的小老头；子贡则高个，唇红齿白，头发黑漆有光，戴羊脂玉冠。（夫子除了上朝，在家燕居和弟子们一样，髻上裹一块蓝布的帻。）

两人的天资禀赋，子贡称"回也闻一以知十，赐也闻一以知二"。这个恐怕非真，我觉得是他的谦抑。子贡"富而无骄"，在夫子的门墙桃李中，子贡"存鲁，乱齐，破吴，强晋而霸越"，事功无人可及。

子贡受业前，二十出头就周游天下，与诸侯公卿大夫交；经商，他去过南边的吴、越、楚等荆蛮之地。广闻博识，连夫子都有些自叹弗如。

"赐呀，恁到过槜李，说说恁的见解？"

"诺。"

子贡双手按席，直腰缓缓起立，整衣，扶冠，躬身对夫子作了个深揖。

子贡说：槜李那地方滨海有山，都不高，是些小丘。离海百里，一马平川，地广人稀。有八座城，句吴据顾、欤、主、新四城，於越据何、晏、萱、管四城，号称"吴越八城"。说是城，其实只是屯兵戍守的土堡，每堡数十人不等。"八城"之外，有一座槜李城，土筑的，比堡大些。吴越争战，谁胜这座城归谁。

槜李城往南去，刚才说的那滨海有山的地带，斥卤数十里，一片白茫茫盐碱地，只长芦苇、柽柳，还有一种碱蓬，稀稀拉拉很是荒凉。槜李城往北去，多大泽巨浸，百姓居于水边，每隔十数里一墟，田庐村舍相望，男耕女织，早起夜息。遇岁丰，冬藏，家家腌鱼腌肉，挂屋檐下；腌菜，一大缸。这些都美称"旨蓄"，吃大半年。

这地方不打仗是"乐土"。

这地方特产檇李，是李子的一种，如同俺们这里的麦李。

檇李个头比麦李大，一个顶俩；果形扁圆，皮色紫红，布满金黄色斑点。果熟，拿一支银簪在果皮上刺一个小孔，把果子里琥珀似的浆液一吮而尽，色、香、味三美齐全，吃多了还会醉人呐。

俺那年到过檇李，吃过檇李后，就不想吃麦李啦，麦李又酸又涩。

打仗在檇李城外的东西草荡和南北草荡，各有数千亩大。草荡涝则成湖，烟波浩渺，水天一色；旱则成陆，芦苇、白茅、竹叶草、飞蓬和叫不出名儿的荆棘杂草丛生。

草荡的荡塍上有成片的檇李树林，节令到了小暑前后，檇李人挎蓝携筐从北边的村墟赶来采摘檇李。他们男女老少结伴而行，拍手唱唐虞时《击壤》的谣歌：

> 日出而作（呀），
> 日入而息（唉）。
> 凿井而饮（呀），
> 耕田而食（唉）。
> 帝力于我何有哉，
> 何有哉——
> ……

子贡说，槜李人衣食住行的习性都相近句吴。这支颂念尧舜德政的《击壤》谣歌，是泰伯偕仲雍"奔吴"那会儿，从中原带过去的，不久又从太湖梅里传唱到槜李。

子贡口讲指划，"无类堂"上很静。

孔子不停地捋着那一大把灰黑的胡须，脸上微微含笑。子贡讲的槜李和槜李人，跟刚才下朝时在巷口大槐树下听白胡子老者说的差不离儿。

"赐呀，槜李人执信'成王败寇'，墙头草，随风倒。小人哉，小人哉！"

"否。夫子呀——"子贡说。夫子此言虽不虚，但依他在槜李的所见，也不尽然。槜李人柔顺，对泰伯的崇仰，一点不输与句吴。这回槜李大战，吴败越胜，槜李人归顺越，是惜命的使然。岂不闻蝼蚁尚且偷生，何况人乎？天下争战杀戮不止，是国君都嗜血成性，抢着以霸业为事功，全不念及生灵涂炭！

孔子听着，喟然一叹，点点头。

"俺听说槜李那地方又遭攻伐，血流成湖……不管该死不该死的，都变成了孤魂野鬼，谁来养亲唉……"

以孝悌闻名的闵子骞哭丧着脸，举起夏布衣袖拭泪说。

"是唉，是唉——"堂上一阵叹息声。

这时，早已按捺不住的子路，"噌"地从坐席上跳起来，戟指怒目道：

"争战杀戮，也得分清孰为君子孰为小人！"

子路姓仲名由，字子路、季路。鲁国卞人。他在仲尼弟

13

子中年最长，只比夫子小九岁，如不为师徒，两人同年辈。子路性格伉直，好逞勇斗狠，头戴的冠上插几支公鸡的尾羽，高翘，鲜艳夺目；佩一把长剑，剑鞘用黑公猪皮革制成。这两件物事，如司马迁《史记·仲尼弟子列传》中所说，子路"冠雄鸡，佩豭豚"也是先秦时勇士喜好的装扮。

子路不好读书，思维直线型，说话直来直去，不绕圈。他听子贡说了那么多"檇李如何，檇李如何"，早就不耐烦了，他从坐席上跳起身那一刻，冠上插的鸡毛一翘一翘的乱抖。他激愤地告诉夫子，吴王太窝囊了，那句践大违两国交战常规，竟别出心裁地用心理和精神战术突袭吴王军阵，致使阖闾溃败并死于非命……

"夫子，君、君子，不、不战无备——"子路涨红了脸，说话开始结巴。他崇尚勇武，跟敌人交手，从来都堂堂正正一刀是一刀，一剑是一剑，绝不施诡计。

"由啊，兵行诡道非君子唉。"

孔子嘴上那一大把浓密的灰黑胡须动了动，有点空洞无奈地说了这么一句。

天全黑了，亓官氏夫人来堂上点灯。伯鱼和颜氏女小夫妻俩把鳌子上煎好的槐花饼子、切成段的大葱、姜片，送到每人的席前。

昏黄的灯影下，孔子和一众弟子不出声地开始他们的晚食。

喝槐花茶时，茶很热，散发一缕缕幽微的清香。颜回接连啜了好几碗，把碗底的槐花苞也吃了。颜回平时在家里，渴了，去水缸舀一瓢水，脖子一仰，"咕嘟咕嘟"喝了。没人时，也不见他有什么快乐。

大约在这年秋初的一天，临近正午，曲阜城南高门外的麻石板官道上，传来一阵喧闹的鼓乐声，三十辆驷车，载着八十位绝色美女，款款地从相邻的齐国临淄来到了曲阜城下。

三十辆雕饰华丽的车乘，一百二十匹毛色斑斓的名马，八十个妖媚的美人，既是齐国君主景公献赠鲁国君主定公的国礼，也是一个隐藏着祸心的巨大阴谋！

原来，齐景公听闻到孔子在鲁国以"礼治""德治"实行新政，使鲁大有王霸诸侯的可能。而鲁又与齐邻接，齐危如累卵，景公心生忧惧。客卿黎鉏向景公献计：为阻遏孔子继续当政，长策莫如先腐败、糜烂掉鲁定公，使其怠于政事，从而君臣顿生嫌隙，国亦势必将乱……

黎鉏的"长策"在鲁国权臣季桓子（孔子政敌）的响应、配合下，鲁定公很快就被齐国的宝马香车美女迷惑，尤其是那八十个美女，在驷车上表演那支当时刚流行的宣淫的舞曲《康乐》，定公实在把持不住了，被弄得心神摇荡。

鲁国的朝纲由此废弛。

某夜，孔子来到定公的王城，城扃镝。他只身站宫墙外，微躬，右手扶耳，听了一会从王城深处传来的《康乐》淫声，忍不住蹙眉、摇首、顿足，说：

"吾未见好德如好色者也！"

此时的孔子，大概也只有天上那一轮皎洁的秋月，才明白他心底难言的块垒了。

孔子知鲁事已不可为，把大司寇印信打个包，挂"无类堂"梁上，吩咐伯鱼（孔鲤）过些天，让季桓子来取走。

孔子伫立堂上，他见自己的坐席右上角有折痕，俯身伸手去抚平、摆正。沉吟一会，带了颜回、子路、子贡、冉求、公良孺等弟子，去往周游列国的程途，首尾十四年。

十四年后，在历经了周游卫、宋、陈、蔡、曹、郑、晋、楚等诸侯国的流亡生涯，又在自己秉持的以"德治""礼治"的政治理念屡遭碰壁，成了一大堆推销不了的"宿货"的情势下，七十老翁的孔子，恓恓惶惶地返回了曲阜故里。

夫人亓官氏三年前离世。

独子孔鲤一年前病死，有一遗腹子。

儿媳颜氏女再醮，子随母，未改姓，名孔伋，字子思。后世尊子思为"述圣"。

暮年难掩丧偶失子哀伤的孔子，由弟子们帮持，重启"无类堂"讲学，整理修订《诗》《书》《礼》《易》《乐》《春秋》六经。

太史公谓孔子编撰《春秋》，"至于为《春秋》，笔则笔，削则削"云云，盖汉语有"笔削"一词，指古人用毛笔蘸墨在竹片（简）或木片（牍）上书写，遇字误、句谬，使刀刮削重写，这也是文章须"删改"的由来。太史公"笔则笔，削则削"六字，用笔发力极重，活画出孔子著述时严谨、绝不苟且的态度。所以，太史公在六字"真言"后，以"子夏之徒不能赞一辞"作结。

子夏是夫子门徒中最擅长文学的，他对《春秋》文字的简约、精准，都不能增减一字。

《春秋》的成书，迄今约二千五百年。

《春秋》为我国首部以文字记事的编年史，亦儒家重要之经典。

我的家乡古称"槜李"，有幸被孔子载入《春秋·定公十四年》记事，文仅两句，曰：

五月，於越败吴于槜李。吴子光卒。

十三个字，孔子之笔真是过于悭吝。

然而嘉兴有文字记载的历史，从兹有了一个明确无误的起始——鲁定公十四年，即公元前496年也。

孔子在编撰《春秋》时，备取的史料素材，由鲁史官积储了一大堆。不然，夫子何以"笔则笔，削则削"？

我今就"於越败吴"四字，来作一点揣测。

据《康熙字典》，於，并同乌。隶变作於，古文本象鸟形……讲到汉字书写的变迁（由篆而隶），所引各类韵书，典籍甚多，兹从略。简单说，於读如乌，於越即乌越，是古越人的一支，分布在今浙江省境。古越人治田种稻，传说群鸟飞集，助其耘田，"春拔草根，秋啄其秽"，所谓"鸟田之利"云云。又古越人语言"南蛮鴃舌"，文字则"鸟书"，别称"鸟篆""鸟虫书",等等。

以是可知古越先民之图腾属鸟。至若鱼、蛇的图腾,据考古发现,也是成立的。

古代神话中,乌是神鸟之一,那么图腾的鸟会不会便是传说的那只三足的金乌(太阳)呢?如是,吴越两国争战,孔子以族名(於越)称国,尽管古越族群拥有奇谲瑰丽的图腾,但我每次读到"於越败吴"这四字时,总会产生於越是出自蛮夷之邦的感觉。

此非为别也,盖"子不语:怪,力,乱,神"也。

孔子褒吴贬越,或正是所谓的"春秋笔法,微言大义",于此四字,可见"笔削"的一斑。

此外,"吴子光卒"四字也别含深意。"吴子光"即阖闾,姬姓,名光,又称公子光。槜李大战时,阖闾在位十九个年头,孔子不称他"吴王",盖因阖闾是雇凶(专诸)刺杀吴王僚(堂兄或堂弟)后自立为君主。以下犯上致人死谓"弑",尽管阖闾是一位"英主",但在"弑"这点上,孔子下笔决不苟且。

再者,夫子"吾从周",泰伯、仲雍皆周太王之子,兄弟俩为避继王位,出奔荆蛮,文身断发,把古公亶父创始的农耕文明带入江南一地,泰伯由此自号"句吴"。泰伯五世后,句吴得西周册封为"吴",镐京的礼乐文化亦随之深入吴地。

孔子的好恶,可于此立判。

我琢磨孔子对槜李大战的褒吴贬越,除了西周典制的率先入吴，还有一层因素，是句践驱使死囚（不教民）战于槜李。那既非君子之勇更非匹夫之勇，只是句践的卑鄙和阴谋，侥幸获胜而已。

这与后人对越王句践的评赞迥异。

是耶非耶，暂且不论。

至若"槜李"，孔子用作地名，毋庸置疑。

在孔子编撰《春秋》时，那一大堆史官积储的史料素材，多半为史官日常的逐年笔记（国之大政，军事、外交事项乃至宫闱秘辛等），少半应该有民间采风笔录的口述史。譬如在阙里巷口大槐树下，那位白胡子老者聚众闲谈槜李和槜李人，以及子贡向孔子转述在槜李的见闻等，都可以"口述史"视之。

上述两个情节是我虚构，但揆之情理，尚不失为备供史实的参考吧。如《儒林外史》第十三回，作者描述马二先生来嘉兴精选科举墨卷谋饭，有一句："幸认嘉兴府大街文海楼书坊不误。"后之读者尤其是嘉兴某些有地方史专癖的，对明代嘉兴府大街是今之嘉兴斜西街抑或中山路，文海楼书坊是不是属实，都不必去顶真。而晚明的嘉兴选书刻书业颇盛，养活了不少像马二先生那样有点儿謏才謏闻，又有点呆气的文人，却是可信的。

此所谓以小说证史也，何妨借助一点笔法。

槜李在《春秋》只是一地名。晚于《春秋》、作为解经的《左传》，其"定公十四年"一则，秉承孔子所记，槜李也只作地名。（西晋杜预注："槜李，吴郡嘉兴县南醉李城。"）

槜李地名的成因，孔子未写。

槜李究竟地以果名，还是果以地名？这颇类乎"先有蛋还是先有鸡"的争议。三十年前嘉兴文史学者也曾在槜李地名的先或后上，产生过疑问。质疑者认为"槜李树见于记载甚晚，有可能是后人把异种李树附会地名，称为槜李"云云。

对此，辨析有三：

其一，嘉兴吴梁先生著《诗经生物今释》，梳理出《诗经》中涉及"李"的诗句有《召南·何彼秾矣》的"华如桃李"、《王风·丘中有麻》的"丘中有李"、《小雅·南山有台》的"北山有李"、《大雅·抑》的"报之以李"四则，可证西周初至春秋中叶，在北方黄河流域普遍有李树的栽植和野生。

《诗经》亦孔子编订，收诗三百零五首，"六经"之一。《诗经》中的诗歌，大多距今已三千余年，少数距今也已二千五百余年。

槜李独产于我的家乡（包括桐乡、海盐）。《诗经》未提及槜李，盖嘉兴（古称槜李）地属江南吴地也。

其二，孔子没有吃过槜李。

槜李果熟期一旬，逾十天，果皮皱缩，色紫黑，甘醴真味俱失，寡淡，不如麦李。

槜李播种至远仅止于吴地（今苏南、浙北区域）。孔子一生足迹未及江南，更遑论吴地。他去过楚国，但只在楚国北部临近中原的叶邑，带着颜回、子路、子贡、冉求、公良孺等弟子吃住在驿馆，观望、等候楚昭王赐封"有户籍庶民七百里方域"的"君令"下来。

孔子在叶邑久候"君令"不至，眼看谋官无望，自己"德治""礼治"的抱负再次遭受幻灭，于是便掉头去往卫国。

这年，孔子六十三岁。他自许的"耳顺"已过去了三年。他在自我修养方面表现完善，对仕途仍不气馁，不怕人耻笑，不管不顾跑去卫国做"回汤豆腐干"。

孔子七十岁开始编撰、编订"六经"，这是他毕生讲学之外，最有意义的事功。他把槜李记入《春秋》，用作地名不涉其他，契合他"知之为知之"的治学精神——据实。

这个，足为后人师范。周作人以"知堂"自号，也是孔子的这个意思。

其三，许慎《说文解字》（北宋徐铉校定本）释"槜"字云："槜，以木有所捣也。从木，隽声。《春秋传》曰：'越败吴于槜李。'遵为切。"近二千年来，不少考索"槜"字由来的嘉兴文人，约定俗成地认同许叔重所说的"槜，以木有所捣也"。读音"醉"。

按：捣，多指以杖击、捶，音"倒"。

嘉兴民间相传种桃古法，桃农于腊月去桃树下，拿小木棍轻击桃树杈，至正月再轻击，尔后嫁接新苗，可使桃子多产。桃农在杖击时，伴以歌谣，多为男女两人和声：

　　男：桃子今年生哦？

女：生哎。

男：桃子今年生来多哦？

女：多哎。

男：桃子吃口甜哦？

女：甜到心里。

男：桃子大哦？

女：大哎。

男：桃子生来像啥？

女：桃子生来像——

女子忽然语塞。

这是少艾的一对。

方言"大"读如"杜"。男女在桃树下反复击打、咏唱，祈祷桃子的丰收，这原本是古巫祝的遗风，但咏唱至情浓也常有之。男女在桃树林里打打闹闹，嬉笑逗乐，乡风不以为败俗。

农村人质朴，少文，不装。

桃树须嫁接。槜李亦然。槜李的嫁接多取梅树、李树为砧木，也有取野桃为砧木。推想上古先民以野生李嫁接、化育出槜李这样珍稀的品种，殊不易。野生李有多种，选择哪一种，无从考索。槜李之"槜"字的读音与"捶"相谐，或者此正是"槜"字的由来也未可知？

已故史念先生对此有一个很好的解答。先生把解答记入他主编的1997年版的《嘉兴市志》（上）"史实考证"。先生略谓："檇李、醉李、就李三名指一地，当是越语用汉字记译。御儿，后代又写作语儿，当亦是越语，其语今均不可解。"

是也是也，不可解就不解。硬解，欠通或不通。

嘉兴以汉字记译越语的有不少，譬如"由拳"，乍浦之"乍"，澉浦之"澉"，还有"柴辟"之类，都不可解。

古越族语特殊，不与古汉语通。难懂，不只是"躲舌"（说话像鸟叫，俗称"刁嘴"）。

史念先生所列"三名"，"醉李"见《公羊传》，"就李"见《越绝书》，都晚于《春秋》数百年。至于"檇李"，我浅见，认为"檇"属古越语以大篆"檇"字记译，似在泰伯、仲雍奔荆蛮创建吴国稍后，距今三千余年，与《诗经》中记"李"的诗句，年代大致相合。或者至少在二千五百年前，大篆的"檇"字已出现在史官的竹简，并以檇李为地名。

檇李历史弥远，独产于我的家乡，以隽美的果品延续至今，视之珍异，绝不为过。

孔子编撰《春秋》择字用笔真是悭吝复悭吝，记"檇李大战"仅十三字，首二字"五月"曾使我挠头。盖农历五月为公历六月上旬至七月初，按气象，正值江南黄梅雨季，战场在檇李的草荡，陂湖汪洋，水潦及膝，如何开战？春秋年代的水文气候征象，我无从搜检，只好阙如。开战拟在小暑后些天，以方便叙述。本文所述孔子行年系据《史记·孔子世家》，或与他书记载相异，还请读者知悉。

檇李大战

发生在公元前 496 年农历五月的檇李大战，最早被孔子以十三字记入《春秋》，尔后《左传》又以一百四十二字描述大战的战况，并为夫差复仇勾践埋下伏笔。再尔后，《国语》《公羊传》《穀梁传》《史记》《汉书》《越绝书》《吴越春秋》《水经注》等典籍，凡讲到地名檇李，不论正史抑或稗官野史，都可以坐实不诬。

作为本土的文人学士记述与檇李大战相关的史实、遗迹，就我所见到的，最早当推南宋宁宗后嘉兴人张尧同的《嘉禾百咏》（以下简称《百咏》）。尧同仕履不详，亦诗人。他的《百咏》为五言绝句，诗咏春秋吴越以降嘉禾一郡的古迹风物，开有韵方志之先河。

元代徐硕《至元嘉禾志》全录《百咏》，到明世宣德后，又有嘉兴无名氏为《百咏》的每首诗作了附考，书坊刊印传世诗集，成为后世地方志考据的依凭之一。

至若诗咏的赓续，以清代嘉兴诗人所作最多，有朱彝尊、谭吉璁、缪绥武、杨炜、陆以诚、管庭芬诸家，怀古伤今的"凭吊"和尧同是一样的路数。

上古的槜李，吴越交界，强弱消长，忽吴忽越，地广人稀。因人稀而愈显方域的广漠。《春秋》和《左传》都没有具体指明槜李大战的战场位置在槜李何处。我读《百咏》，见关乎吴越争战的诗篇有《胥山》《谷水》《御儿》《槜李城》《射襄城》《四城》《何城》《古战场》等八首。所谓吴越八城，加上一座射襄城，尽见于诗与附考。我对题咏"古战场"一诗，尤感兴趣，不妨文抄如下：

古战场

自昔干戈地，城空草自荒。

渔樵怀旧事，何敢议兴亡。

附考：在郡南四十五里，旧经云古战场夹谷口即秦长水县治也，又名吴越战场。其大者曰东荡，界桐溪、盐官间，西荡崇、桐相半，皆广数十里，土人垦地往往得败甲朽镞云。

附考所说"秦长水县治"，谬；所说"东西草荡"，大致可信是槜李大战的发生地。但如此，与东西草荡相近的南北草荡，那又该如何说？

嘉兴杜云昌先生著《烟雨楼畔忆春秋》一书下册"嘉兴的一些老事考"对槜李及吴越争战的年代、古城堡考察、遗址变迁、今存地名等，都有详尽的记述。

我对杜先生文中提到的南北草荡、国界桥、越界桥、争界桥，也颇为熟悉，因四十五年前，我也曾去过那里，做过一次徒步访古的寻觅。

大约在20世纪末，我以积累的一点浅陋的文史知识，写了一篇三千来字的《槜李大战》记叙文，运用的素材主要是《左传》中描述的"吴伐越，越子句践御之，陈于槜李"那一节极具文学色彩的演义。

二十多年过去了，把旧作拿出来，重新装了一个千把字的开头，再花一些补充修订的工夫，敷衍成文，来做一点酒后茶余的"白聊"也无不可的吧。

国界桥是吴越古战场的遗迹。这个不疑。但是否即槜李大战的战场，不好随便说，尚有待考古的新发现。我有鉴于吴越八城及槜李城、射襄城等遗迹均已荡然无存，甚难着笔，所幸唯国界桥尚保留一点可以指认的实物，便拿来作描写大战战场的一个凭藉。

国界桥西南一二里处有争界桥、越界桥，两桥在九里港河，成犄角。我第一次去国界桥，沿着九里港往西南走，看到"争界""越界"那两座桥已经重建为钢筋水泥桥了，桥额红漆书写，字极粗劣，也不知是何人涂鸦。那时，国界桥尚未列为文保单位，桥上可行走，不像后来桥中央砌一堵煞风景的砖墙。国界桥始建年失记，明代重建，清嘉庆十六年（1811）重修，石柱三孔平板抬梁式，是从前乡下常见的俗称"牌位桥"。南北两个桥门洞内坐着小小的石像，南为越王，北为吴王。这两尊小石像，看不出有什么石雕的艺术性。国界桥的两副桥联，是概括了吴越春秋史的。

西面一联：

披莱远溯夫余泽，端委常存泰伯风。

"夫余"应作"无余"，是越国的开国国君；"泰伯"即是"吴太伯"，周古公亶父之长子，文王姬昌的大伯父。为避位于三弟季历，太伯偕二弟仲雍奔荆蛮，断发文身，成为句吴疆域的开拓者。

东面一联：

星映斗牛临鹊驾，地连吴越判鸿沟。

国界桥所跨的九里港，与"鸿沟"是无论如何不大好联系上的。九里港曲而窄，流水是温吞的。但这并不妨碍我们去想象两千五百年前发生在这里的槜李大战。

国界桥北，1934年南京国民政府选址在此筑建军用飞机场，与次年修造的苏嘉铁路，同为第二次淞沪抗战的战备。

筑建机场之前，数千亩大的方域，高处为一座接一座的土墩，相传是吴将伍子胥布下战阵的遗留。低处则池沼陂湖毗连，久雨潦，久旱涸，成陆地。这里除了国界桥北侧十里外荡塍上的槜李树林，到处长着野生的乌桕树、构树、荆棘和成片的芦苇、白茅、竹叶草、飞蓬、野麦，还有蔓延疯长

27

的刺刺藤，野鹿野獾野兔子出没其间，景象甚是荒凉。到了深秋，成群的野鸭在芦苇丛中"拍拍拍"飞起飞落，被西北风染红的乌桕树叶，摇摆着，像是一簇簇火焰，燃烧在旷野上。

这是北草荡。

国界桥南为旗杆下村，阡陌纵横，亦数千亩，旧称"南草荡"。我听旗杆下村里的老人说，从前每到阴晦天气，南北草荡的深处隐隐约约有战马的嘶叫声；入夜则磷火荧荧，成群结队地向西北翻滚而去，俗称"阴兵过"。撇去迷信的成分，旧时经常有村民在草荡里捡拾到朽蚀的箭镞和破败的铠甲碎片，可以从中探知到一点"古战场"的消息。

吴越两国，原本同属於越族两大部落，在泰伯、仲雍兄弟俩奔荆蛮带来西周先进农耕文明并自号句吴之前，两大部落的原住民，从语言到风俗都相似，譬如断发文身，不仅越人，吴人也有披短发、身刺鱼龙花绣的习俗。既为同族，本应亲和，事实上却为国土屡起争攘。槜李地处吴越交界，第一次槜李大战是在公元前510年夏，吴王阖闾胜而越王允常败。五年后，越趁吴伐楚偷袭了吴的国都，这犹如在人家后院偷了一把又撒了泡臭屎，阖闾从此衔恨恼心。过了九年，允常死，他的儿子句践继位。阖闾兴师攻越，越起哀兵迎战于槜李。这次槜李大战，时在公元前496年的仲夏。

这年农历五月的槜李，天气异乎寻常的干旱，不下雨，从夏至到小暑，一直听不着雷响，天天火伞高张，看不见一丝云翳，白炽的晴光焰着大地。南北草荡的池沼陂湖都干涸了，淤泥龟裂，踩上去很硬。芦苇、白茅及所有的野生植物，根须都拼命地往土层深处钻，给草荡抹上一些象征生命的绿色。

小暑前，檇李人就已经获悉吴越两国将在草荡开战的消息，这消息由来荡塍上檇李树林采摘果子的人一传十，十传百地传开。人们并不惊惶，久积的战争经历告诉他们，开战从辰时末擂鼓到寅时日落鸣金，顶多一整天。他们只需做好谁胜归顺谁的准备就可以了。家家的储粮，过年腌制的咸肉咸鱼咸菜都足够吃，他们用不着四处逃窜。他们是古老传说尧爷舜爷太平盛世顺民的顺民。

那支唐虞时的《击壤》谣歌，自从泰伯的乐师传到句吴来教唱，歌声随风飘荡到檇李，他们一听就会唱了。他们觉得檇李的"根"属于吴。要不然，檇李人怎么会那么容易受吴人爱吃甜食的影响？当然的，这种饮食习惯的影响是"改良"的，取法折中：不甜不咸，甜里带点咸带点酸。职是之故，檇李人管下酒过饭的菜肴叫"咸酸"。

假如永不开战，檇李人的小日子更像那颗殷红果皮上密缀金色斑点的檇李，吮一口，"索落"只剩下囫囵一张皮，蜜甜！裹在皮壳里半粒黄豆大的果核上，还在不停地沁出回味久长的"醉"。

唉唉，尧爷啊舜爷啊，至圣至德的"三让王"泰伯爷啊，开战开战又要开战哩。

淡淡的，怨而不怒，微婉。

这也是檇李人的性格。

槜李这地方，大多的村落散布在人烟稍稠的西南、西北片。村落与村落间隔近的三四里，远的十七八里。乡风有小异，无大别。说话都不软不硬，不像越人的高亢硬翘翘，也不似吴人那样的细声而绵软。槜李人耕殖于斯，饭稻鱼羹，乐天安命。他们不与人竞，唯一引以为矜奇的是，能产李子中隽品槜李，天下独一。

大战终于擂响了第一槌鼓。

南北草荡北片，相距战场中心十里的荡塍上，成千上百的槜李人聚集在这里，他们从西北方、西南方赶来，随身带着盛满茶水的陶壶，装糯米粑粑的布袋，这是充饥用的干粮和水。他们先来的站在都早已摘了果子的槜李树下，让树荫遮蔽掉一点酷热；迟来的被前面的人挡住，干脆爬到树上。他们的腰眼里都插着一面白绢小旗，不管胜负属谁，只要是胜者，他们立马"嗖"地掣出小旗，齐刷刷摇向正在追杀的胜军。

从荡塍上向南望去，吴越两国的军阵影影绰绰，战马的嘶叫声隐隐可闻。

"咚，咚，咚——"第三槌鼓响声远远地随风传来。

吴王阖闾、越王句践各率军对峙于南北草荡。骄阳之下，吴军盔甲鲜明，戈戟森立。阖闾立于戎车，手执青铜螭虎钺，眺望阵形不整的越军，捋了捋花白的虬髯，脸上浮起一丝骄矜之色。吴强越弱。阖闾号称拥有战车八百乘，大多是战胜齐国后的战利品，车轮车轴都是中原上等的桑木，每个轴头装置铁锏，不但耐磨损，还加快了车速。精良的战车上，每车载甲士三名，一执弓，主射杀；一执戈，主击刺；中间一人执御（驾车）、佩剑。每辆战车配五六十名步卒，称一乘，布成方阵，无疑是铜墙铁壁。而越军此时，国丧的悲哀压抑在心头，和先王亲近的将军、大夫灵姑浮脸上的泪痕尚未拭净。长颈鸟喙的越王句践，面容悲戚，身披鳄鱼皮夷甲，俯伏在车轼上，远望像一只饿了几天、羽翮蓬松的鱼鹰。越军的军阵也不好和吴军比，战车还是先王允常数十年前打造的，车轮车轴用的是会稽山上的杂树，比桑木逊色多了，有好多车辆还有点糟朽，这次被拖来凑个数。战车的数量也大不如吴军，大概还不足五百乘。句践把战车布成方阵，在戈戟参差不齐的战车后头，却隐伏着三百名壮士，这是从两千习流中挑选出来的。越军编制，最喜以"习流"——流放的罪人，使之习战，任为卒伍——打头阵。这次也不例外，三百壮士头缠黑帕，阴沉着脸瞅着句践。句践紧紧握着鱼肠剑的剑柄，掌心啦啦地沁着冷汗。

大战来临前，原野上成片成片的芦苇和白茅，在热风的吹拂下翻腾一波连一波的碧浪；竹叶草含着一小朵一小朵粉黄色的花，飞蓬扬起星星点点的白絮，野麦的穗子是金黄的。远处荡塍上的檞树林，摇曳着丰茂翠绿的枝条。吴军挨着一大片芦苇，密密层层的芦苇郁蒸着令人窒闷的湿热，吴军将士汗流不止，身上穿戴的头盔、铠甲愈来愈沉重。一只金龟子在阖闾的青铜螭虎钺上蠕蠕爬行，沿着檀木的钺柄一直往上爬，爬到锋利的钺刃上，张开金色的翅"嗡"的一声飞走了。阖闾眨了眨倦涩的眼皮子，有点懈怠了。吴军将士也都有些懈怠了。

这时，越军的军阵突然一阵骚动，三百名壮士扯去头上的黑帕，披散短发，赤裸上身，手握短剑，呼啦啦站立在越王的戎车前。这三百壮士想干什么？吴军个个狐疑，猜测不定。

三百壮士以百人为行，排列成三行。他们是句践从释放的囚徒中精心挑选的，有不少囚徒犯死罪，早已把生死置之度外了。三百壮士个个年轻强悍，赤裸上身，臂膊和胸膛上刺的鱼龙花绣，在阳光照耀下蓝得发亮！壮士中为首的举剑高呼：

"决不逃刑，愿为君王死！"

众人齐举剑高呼："决不逃刑，愿为君王死！"

句践的戎车前升起一片剑的森林，雪亮刺眼。句践不再俯伏车轼，他挺立车上，手按鱼肠剑剑柄，不动，似一座黑的石雕像。

壮士们三呼，呐喊声惊天动地。

句践终于拔剑。剑一点点出鞘，句践鹰视的目光和剑锋一样犀利逼人，寒气凛凛。

越军的上空，划过一道道闪亮的白光。

三百壮士披散短发，嗷嗷地叫喊着冲向吴军，他们赤着双脚把脚下的芦苇、白茅、竹叶草、飞蓬、野麦统统踩得稀烂，腿肚子上沾着粉黄的花瓣，身上的刺青发亮，汇聚成一股蓝色的旋风直扑吴王阖闾间。

吴军阵中，阖闾慌忙下令击鼓应战，将士们拔剑的拔剑，举戈的举戈。这时，三百壮士突然停止奔跑，依然百人一行，排列成三行，含笑，举剑，一步一步向前走。他们的神态凝重，他们的脚步凝重。他们每迈出一步，必发出"嗷"的一声喊叫，在原野上空久久回荡。

吴军的将士们个个惊疑，不知所措。

三百壮士一步一步逼近到吴军阵前，为首的壮士棱角分明的脸上浮起一丝冷笑，他站停，像铁铸的桩。所有的壮士都站停，成三排铁铸的桩。忽然，为首的发出枭叫般的笑声，笑声未止，三百把锋利的剑刃一齐搁在仰起的颈上，刎颈的动作也惊人的一致——反手。剑刃毫光一闪，由右向左"咔嚓"一下，刹那间热血喷射，吴军的阵前倒下来三百具血肉之躯，每一具身躯上溅满了梅花瓣似的鲜血。

他们被君王从死牢放出来押赴战场。

他们自知横竖一死，做了如何自刎的筹划。

当他们一起倒地后，他们的头颅更是惊人一致地向西南扭转，瞪着一双双怒目。往西南百里外，大江横亘，江对岸云山隐隐，那里是他们的家园，那里有他们的祖祀。

这应该是他们最后的一点不舍。

这是久经沙场的阖闾从未见过的，这是能征善战的吴军从未经历过的。吴军顿时大乱，越军趁势如潮水般一涌而上。灵姑浮驾着战车，挥戈斫伤阖闾的一个大脚趾头。阖闾负痛疾逃，仓皇中还丢了那只染血的皮靴。灵姑浮把阖闾的靴敬献给句践，句践阴鸷地格格一笑，拿鱼肠剑挑起吴王的靴，随手挂在一棵檇李树的树梢上。

这时，溃退的吴军战阵，土崩似地，一路往北垮塌。战车横冲直撞，大多稀里哗啦散了架，挣脱了轭的马直着头四下里狂奔，飞滚的车轮不一会戛然而止。呐喊声厮杀声惊天动地，干涸的池沼陂湖横着无数战死的将士，血泅红了白茅和芦苇裸露的根。

天色向晚，北边荡塍上观战的檇李人听到了"喤喤"的锣声，那是越军在鸣金。他们纷纷走出檇李树林，就在刚才小半个时辰前，他们目睹吴王阖闾的战车越过荡塍，向西北颠簸而去。六十多岁的吴王斜躺着，一只脚搁在战车的轼上，受重伤的大脚趾用一块锦帛包裹，仍在不断地滴血。战车上，执御和两名甲士生死跟随吴王。望着吴王苍老、沮丧、痛楚的面容，檇李人都于心不忍，他们下意识地把手伸向腰眼上，但犹豫片刻，却又缩回了手。

数天后，吴王阖闾的脚伤，终因天气酷热、伤口溃烂引起炎症并发，死在离檇李七里外西北隅的一个名叫"陉"的地方。

这次檇李大战之后，仅两年，吴国新君夫差替父报仇，攻越直抵会稽，使越臣服。尔后，公元前482年、前478年、前473年，越三次伐吴，直至吴王夫差命断余杭山，结束了吴越争战。

公元前494年那次吴越之战后，句践向夫差自称"东海贱臣"，入吴替夫差养马。其间，句践以诊察疾病为由，亲口尝了夫差的屎，博得欢心，三年后放归越国。句践为复仇雪耻，卧薪尝胆、生聚教训之外，还对吴施展阴谋，其中以献美女西施最为有名。他让西施以美色荧惑夫差，荒其国政。史载范蠡携西施入吴，途经槜李留下不少佳话胜迹，最为著名的是范蠡湖，流传也最早。范蠡湖尚在，湖畔的西施妆台十多年前也曾修葺一新。相传范蠡、西施从这里发棹遍游五湖，隐于青山绿水。这个传说很完美，历代有许多人这样说。但我只想考查一点关于西施的死。

最早记载西施死的是《墨子》一书的《亲士》篇："西施之沉，其美也。"仅此一句。墨子是战国时人，和西施的年代相去并不远。据墨子所记，我们可以揣测到西施的死，是句践夺取姑苏后，以为她既可害吴也会贾祸于越，小女子一个，弄死太平。于是，把她装在牛皮袋里，抛到大江里喂鱼了。一个美人，远未到迟暮之年（西施以妙龄入吴，至"投江"尚不到三十岁吧），就这样被君王残害了。

《墨子·亲士》篇的真伪，迄今仍有争议。有学者认为《亲士》并非墨子撰，是汉代人托名伪作，考证的理据也甚充足。但不敏以为，真伪与否无甚紧要，所谓"西施之沉，其美也"，西施的惨死合符情理常识。句践和历史上几乎所有的君王一样，"狡兔死，走狗烹"，卸磨杀驴是君王们不二法门的定律。《吴越春秋》记文种之死便是一例，文种是头"倔驴"。

千百年来，句践被视作"忍辱负重，发愤图强"的典范颂扬后世。但从句践的另一面——他那异乎常人能"隐忍"的性格来看，一个连别人的屎都可以吃，他还有什么事——不论事之善恶——不可做，不能做？

越王句践的霸业终成于春秋战国之际，也正是孔子所谓"礼崩乐坏"的时期。对于句践的性格趋向，范蠡赠文种书信中那几句"越王为人长颈鸟喙，可与共患难，不可与共乐。子何不去?"的交心直言，恐怕尚有以貌取人的皮相之嫌。

从宋代到明清，嘉兴诗人多有咏怀范蠡、西施之作，歆羡的心理几近于泛滥，而讲到西施之死似乎只有朱彝尊"落花三月葬西施"一句，淡淡的惆怅，有一些凄美。

20 世纪 80 年代初，我去王江泾普查地名，在一册残旧图经上读到一首诗，写长虹桥下曾产银鱼，为西施沉江后腐肉所化，滋味鲜美云云。当时没记下，五言或七言，忘了。这回姚蝶庵知道我在修订《檇李大战》，有"银鱼"一节需加增饰，他便助我去检索故纸堆。蝶庵快手，迅即找出唐佩金《闻川缀旧诗》并朱国祚、谭舟石、吴萃恩、张念祖、高焕文等嘉兴明清诗人十余首写银鱼的"风物咏"。

唐佩金《闻川缀旧诗》"长虹桥"条目文末云："桥下产银鱼，味甚美，胜他处。箨石斋有诗云'长虹桥下买银鱼'。"

箨石斋，秀水诗派坛主钱载；唐佩金，号印僧，晚清生，民国殁，闻川地方名士。

唐诗不甚佳，姑且录之：

> 诗翁桥下来，银鱼初出罟。
>
> 建桥今谁功，道士陈复古。

蝶庵检出的十余首"银鱼诗"，大多集中在王江泾（闻川）的长虹桥和新塍的师古桥，这倒是很有些意思。这两个地方，一个新塍——吴越八城之新城旧地，一个王江泾——吴越射襄城之旧址，况且接战港、樵李池，都可佐证闻川也曾是吴越交兵的水战战场。

但使我感觉失望的是，"银鱼诗"和印僧所咏都如出一辙，并未涉及西施、吴越争战。看来朱竹垞"咏风物而抒家国情怀"的棹歌诗风，真是非常的难得了。

银鱼体细，不及两寸，无骨刺。银鱼炒蛋，是我家乡的名菜。银鱼为西施腐肉所化的传说，在太湖流域流传已久。另一传说为西施泪水所化，也流传已久。而后者更以哀婉感移人心为要眇。

大概诗人们对影响、妨碍到食欲的传说，总还是刻意回避的。殊不知芸芸众生的庶民，面对一大盆鲜美无比，由金黄色蛋液裹着洁白银鱼的佳肴，下箸时并无丝毫的忌讳。倘稍有敏感的表现，那一定会被视作是"神经病"。

附：

南北草荡

杜云昌

草荡者，旧时嘉兴、崇德、桐乡三县境内都有大片荒地，无村庄人家，无河港桥梁，荒草丛生，举目凄凉，相传都是吴越古战场，后代称为草荡。南北草荡在今秀洲区洪合镇东及东南部，王店镇西北部和秀城区南湖乡的西及西南部。以洪合镇的国界桥为界，桥南为南草荡，在今王店镇九联、八联村一带；桥北为北草荡，在现军用机场及西、北一带，一直延伸高照乡的"万寿山"。南、北草荡是历代相传较为著名的吴越古战场。在明清时"常有败甲朽镞出土"。1959年在国界桥附近进行考古发掘，出土了大量马骨、箭头和其他古代兵器，分布范围很广，可证这里是古战场。南北草荡过去有很多土堆，相传是吴将伍子胥布的战阵。历代文人描绘国界桥和南、北草荡古战场的诗文不少。如"至今常过国界桥，犹见愁云半空起"（杨炜），"沧海于今数变更，连天衰草未耕耘"（张维岳）。这些哀愁描写早已过去了，现代经过垦殖开发，已是桑果满野，稻田成片了。

（杜云昌著《烟雨楼畔忆春秋》下）

陡门往昔（节录）

邵洪海

弃船上岸，首先见到的是旧日称小长芦的携李亭。嘉兴有多处携李亭。徐硕《嘉禾志》载："携李亭在本觉寺，《左传》越败吴于携李，即此地。"《柳府志》也说："县西南二十七里，本觉寺即吴越战地，后人立亭以识，久而倾圮。宣德七年，寺僧志嵩重建。"本觉寺南十里即为茅荡，钮世模《新溪棹歌》："茅荡十里草萋萋，国界桥边路欲迷。吴越鏖兵多岁月，几堆白骨尚埋泥。"茅荡又称南草荡、北草荡，传携李大战的古战场。

（陆明、邵洪海著《秀洲名镇记》）

竹林乡贤记

引　言

竹林的镇上，早已经看不到一株竹了。

这是很少会有人去注意到的。

竹林在宋代名笃行里，元代为东周里（东周亦作东洲，状其多水），明代称竹林里。明清两代又称竹林庙，民国时期则俗呼竹林庙市。竹林庙、竹林庙市之称，都是因竹林道院而起。盖此地宋初建竹林道院，原系羽士修真之处，后道释并尊，拜祷神佛，遂成庙。这也是所有乡庙共同的特征——三元与菩提，混统一世界。

竹林和新篁，两地自唐至清，同属履淳乡。履淳又作履仁、里仁，都是乡名。两地均以产竹著闻，而竹林庙东隅昔有竹圃，出白箬笋，味极甜脆，异于他处，更擅方物之冠。

竹林位于新丰镇西南，北阻汉水，与净相、新篁、凤桥错壤。竹林（自然镇）长四百米，宽三百米，附以高家埭、赵家埭等村落，相去两三里耳。但，就这么点蕞尔之地，古来居于斯生于斯的贤人高士不胜偻指。如高氏一族，自元至正二十年（1360）文忠公高逊志（明万历三十九年即1611年，追谥"文忠"）定居嘉兴，几经离乱播迁，至四世孙高磐始徙竹林，三代耕读，高文登（字伯升）于明隆庆元年（1567）成举业。高氏从伯升起，宇培、宇涵、道素、道淳、承埏、以永、念祖、孝本、宗濂、士敦、殿秀等，由明迄清，垂七世，或以孝义有声乡邦，或以宦绩留传青史，或以才学名噪一时。其中明末高承埏稽古堂藏书，聚图史八十楶，七万余卷，与天籁阁阿兄项笃寿之万卷楼争富。清初高以永知河南内乡县，以清正廉明，名闻天下。他撰写的"穿百姓之衣，吃百姓之饭，莫以百姓可欺，自己也是百姓"联语，成为后世的官箴。

又如元季慈溪鸣鹤乡师桥沈昌，携青箱棹扁舟来游嘉禾，因欣慕履淳风土和美，择居竹林，读书讲学，不闻外事，人称"隐君"。至其曾孙沈珉，积巨赀，于明景泰初年出粟助赈，存储嘉善、秀水仓廪。捐金建香岩祠，造秀城桥，开东郭井，世称"大井"。沈公美创筑的秀城桥，跨秀水，迄今已五百六十余年。公美的贤德并载于桥。

沈氏族党，从元末到晚清，既耕且读，勤俭持家，潜修笃行，为善益力。族中才俊之士，工诗文，擅书画。如沈章，任侠仗义，作诗奇崛，朱彝尊年少时曾受业门下。沈氏以科第荣显者，有沈淳、沈香莱、沈可培等。可培字养原，号蒙泉。他是乾隆辛卯（1771）举人，壬辰（1772）进士，联捷。蒙泉学识淹博，精天文历算。为官，有"无米不到百姓口，无钱不到百姓手"的谣颂。讲学，历主潞河、泺源、云门诸书院，栽培多士。后引疾归，养疴竹林庙，日与琅玕经籍相侣。子铭彝，诗文妍丽，工隶书；孙传洙，善丹青，隶楷酷似其舅张廷济。张廷济字作田，号叔未，嘉庆三年（1798）解元。居新篁，筑清仪阁搜聚金石书画。书法精草隶，为当时第一流。廷济作字，常令传洙捉刀，人莫能辨。

其他如赵、周、胡、项诸姓，都为名族，可纪可矜可风之人和事，书弗能尽。

近世以来，竹林乡贤，有一曰唐纪勋，一曰祝廷锡。唐祝二贤，都为世家子。从对他们生平的记叙及家族史的嬗递上，我们可以摸索到一点地方文化流变或善或恶的轨迹。

唐氏世系

据《嘉兴新丰房唐氏三世墓表》，唐氏祖籍西川，北宋初，从蜀地迁徙余杭、江陵。宋仁宗明道年间，"以直声动天下"的殿中侍御史唐介即其族祖。唐介（1010—1069），字子方，神宗时官至宰辅，谥号"质肃"，《宋史》有传。质肃公二十三世孙唐璬，清初由嘉善避兵卜居新坊，是为新丰房唐氏始迁祖。唐璬字子玉，少负不羁才，名诸生。董其昌晚年称他"子玉少有隽誉，天机铿鈜"。明亡，唐子玉与巢端明（鸣盛）、褚砚耘（廷琯）交游。三人都是岩穴之士，隐于乡鄙。

《明唐子玉先生画像》附张廷济、阙鸣珂、张金镛、朱琦赞诸名家诗文题记，廷济诗谓"命蹇抱郁抑"，鸣珂则撰文称"以贫寒终其身，而所著亦尽佚"，又有所述"食贫"云云。总之，不外乎穷愁困顿，这也是鼎革之际隐士的遭遇。譬如巢鸣盛，他在明室灭裂后，以遗民自慊，隐于老家凤桥永思草堂，"肥遁深林，绝迹城市"。但端明先生的绕屋种匏，实在是镠铁银镂之器尽为兵火所毁，不得已，取葫芦以代。作诗，"回也资瓢饮，悠然见古风"固可以自足自快，只是捧起个蒲卢来充当饭碗时，心境还能那样的惬怀吗？

从唐氏的《墓表》来看，子玉公之子伦如、孙景文，都默默无闻；直到他的曾孙元祥，唐家才开始有了起色。旧志记唐元祥："生平好施与，尝倡建瘞骨塔以收暴露枯骨，捐田亩以为经费。又倡建众欢桥，行人德之。"做这等善事，需要财力，何况还是首议之一。唐元祥表字德贤（景文公第四子），他是依靠何种生业起家的？无记载可凭。但据图经记述，新丰镇自明代以降，"市中阛阓千百家"，居人"半是工商半是农"。新丰向称棉花、棉纺织品集散之地。清乾隆年间，新丰棉花、布匹买卖尤盛，"向来积习，每年春夏，则乡民五更赍布集市交易，若至秋冬，愈加早集，每当半夜开张布庄"。夜市影响到枫泾及周边新埭、白马堰、钟埭、新篁、余新诸乡镇起而效尤，宵小之徒"穿窬掏摸，得以乘间窃发。夜市之害，民累莫鸣"，以致官府不得不刊布《奉宪永禁夜市点火交易碑》。

德贤公是雍正九年（1731）生人，嘉庆九年（1804）作古。推想乾隆时他在镇上拥有的商业，应该是"专聚棉花及布，而商来贩之"的布庄；乡下则广置田产，教子弟耕殖，"读书其中，不变不迁"。这也是世族的祖训，传家的规准。

德贤公嗣子二：长子大瑛，次子大瑷。大瑛贤而不寿，早世，只活了三十二岁。大瑛生二子：长子裕，夭折；次子允恭，存年四十五岁。允恭生子六，长子翰题，翰题生子名纪勖，是为长房长孙。

唐允恭生养的六个儿子，除翰题为廪贡生，其他五子或为国子生，或为邑庠生，以是知唐氏自从德贤公生财有方，家境日裕后，除了克承祖业（经营布庄、田产）之外，开始转向读书求取功名的一途。

但，倘使功名不就，求其次，又有所谓的才艺之学，如唐允恭，地方艺林志上有他的名字。

帆影楼

唐允恭字醴泉，号慎甫。他是乾隆五十六年（1791）生人，出生时祖父德贤公尚健在。允恭虽然两岁失怙，但他在堂上得到祖父的垂爱和母亲的督教呵护，加上他还有一位名画家的舅父王梦熊给予艺术的熏陶，因此《墓表》说他："早年即通六法。"祖父从镇上请来的塾师陈元祚，一介老儒，善篆刻，允恭于弦诵之暇，复师其技，治印由文三桥以溯秦汉。他的画幅印件，想来是不会订润格的。旧时代家道殷实的士夫之家，对于书画，养其心性耳；篆刻，则雕虫小技耳，绝不在乎拿这个去谋饭。

唐允恭在汉塘北浃（旧址即今新丰镇工会前），筑造帆影楼，做起了一个诗酒风流与丹青法书相傅的文士。这座楼宇，也有可能原本是德贤公祖屋中的一栋，是允恭经手赋予它诗情的涵义，而题名者是他的冰翁——别号"孟庐博学"的沈铭彝。唐沈联姻，唐能成为沈的东床，可证两家彼时的乡望已相埒。沈氏地著竹林，累代书香。沈铭彝（1762—1837），字纪常，号竹岑，一字纪鸿，号小花峨翁，晚号讷翁，乾嘉名儒沈可培哲嗣。廪贡生，候选训导。文名藉甚。工诗，多抑塞愁慨音；喜金石文字，擅书法，隶书尤精妙。生平著述颇富，台湾地区近年影印出版沈氏日记，记道光年间嘉兴农村状况，极具人文价值。其暮年撰《帆影楼记》，对婿家的这座名楼，多有寄情寄志之辞。

帆影楼濒临汉塘，三开间二层；开窗，汉水涵涵，风帆历历，无不掩映几席间，因以名其楼曰"帆影"。其实竹岑先生在题名"帆影"之前，他还有"波稳处"三字颜于楼。《帆影楼记》是写给他钟爱的外孙的，所谓"吾翰题外孙，世居汉塘之上，临水小筑，为诵弦精舍"云云，又曰："翰题年未弱冠，令名远闻，异日者安知平林之帆影楼，不与'阮曲'诸名迹相媲美耶？因其请书额字，纵论及之。"竹岑老名士把帆影楼比之于魏晋竹林七贤之一阮嗣宗（籍）的故居阮曲，情感是如何的深挚。《楼记》还写道："绘图征诗，一时名流争为题咏。"那应是翰题的父亲在世时所为。新编

《新丰镇志》把《楼记》的撰写年份定为"时约道光十六年（1836）"，似有误。这年唐允恭去世，而翰题年已满二十，行加冠礼，不再是成童。

唐允恭"平生慎交游，揭联语于座曰'远荆棘无刺，近芝兰有香'"，并垂训庭上。这个几乎为所有士人执信的处世之方，其实也道出了帆影楼主人常态的两面：远荆棘，跟"波稳处"相契；近芝兰，以他的能诗、富才艺、家境之丰裕，帆影楼上还会少了那些骚人墨客的座头吗？

慎甫先生的"绘图征诗"极一时之盛，是完全可以想见的。

重写楼图重征诗

道光壬寅，也就是公元1842年，唐翰题二十六岁，他在县学早就以品学优异得到学政的赏识。翰题初名宝衔，字子冰，号蕉庵，亦作鹪安，又号文伯。

鹪安，庄子《逍遥游》有云："鹪鹩巢于深林，不过一枝。"向来被士人比方为聊可自慰的处境。翰题之表号亦作鹪安，是否跟这一年四月初九英国侵略军攻占乍浦后来新丰骚扰的事件有关呢？我们无法查到他本人的记述，但英军的骚扰（英吉利洋鬼扛毛瑟枪、挥舞米字旗，狂笑而过市），虽然于镇并无片瓦之损，对民众们的惊吓却也着实不小。因此"鹪安"云云，和帆影楼的另一题名"波稳处"，两者的心理是一样相通的。

是年的六七月间，暌违十二载的翰题的业师阙鸣珂，提着一只油漆有些破旧的书箧，走进了帆影楼。

阙鸣珂字声昭，号缴亭（缴亦作"伞"），别署隐泉、碧云馆主，里居新篁。他三十二岁中举（道光戊子科，时1828年），未能仕进，野鹤闲云，处馆四方，称"阙先生"。曾客闻川陶梅石绿蕉山馆，陶瑄家巨富（甸上庄园凡厅堂、精舍、亭馆、仓廪五千余间），性高洁，不与外接，以丹青自娱，为嘉道年间一流名手。阙先生亦素好绘事，和梅石意气相投，究论六法，造诣益深，于是"诗画兼妙"，亦为名手。

阙先生此番重到帆影楼，是应唐翰题敦请前来坐馆的。翰题六昆仲，履正、贻榖、金题，嫡出；用绰、思贻，庶出。有多位尚未进学，请阙先生复馆于此，授经教读。翰题自己则已经通过考选，成了一名由县学供给膳食的廪生。以唐家的富足，绝不会在意每年四两的"廪饩银"，争的是名声。廪生考选，除了县试、府试和院试，还必须岁、科两试都获得优异成绩，这不是一般秀才能够跻居的。

翰题早慧。十二年前的仲春，阙鸣珂应老友唐允恭之请，以孝廉为十四岁的文童授经。头一天上书念过"子曰"，阙先生踱步到楼槛前，负手站立，凝望窗外，那汉水上征帆乘风，巨舸正踏浪而去，不觉想起己丑春闱的颠踬，情有所触，脱口说："白帆。"恭立一旁的翰题应声便答："绿水！"白帆对绿水，这看似简单却要韵叶，如对以"绿波"，那便是失粘，犯了平仄不调的毛病。

翰题受家学熏染，很早就辨识四声（他有一位极富诗才的外祖父沈竹岑先生），《三》《百》《千》也早已熟透。翰题不只对诗艺有颖悟，便是对调朱煅粉弄柔毫，早在开蒙前就表现出一般孩童未有的趣味：小小个儿还够不到画案，却趴在父亲的座椅上，比照那一堆五颜六色的粉本，在一张玉版宣上涂鸦。慎甫先生睇视，含笑说："吾儿落笔，可喜胆大！"

这是翰题八岁前的事儿。

阙先生来后，翰题读经之暇，便缠着先生画这画那，大多取景于帆影楼所见。阙先生乐意听从，即景绘图，以资吟兴，并相机教学生如何勾描，如何点染。师生之间，情款意洽。故此，虽然阙先生授业讲诵一年就因事离去，他们师生谊厚，长别以来彼此都依然念想着。

帆影楼下，在悬挂"波稳处"隶书匾的正厅上，一座雕镂奇禽怪兽的博山古铜炉里爇着百和香，青烟袅袅，香气沉稳。厅两边各摆三把红木光漆嵌螺钿太师椅和一对茶几，那茶几也是红木光漆嵌螺钿的。厅正中靠壁搁一张紫檀云纹翘头长条案，案上左右两尊康熙官窑粉彩胆瓶，中间一台大自鸣钟，意大利造，钟盘面珐琅的，银白，上刻表示十二时辰的黑洋码字。自鸣钟上方，壁挂中堂、对联，东西两厅壁则是梅兰竹菊之类的屏条。东壁下设一棋桌、两把明式官帽椅，棋桌上摆棋盘和两个装放黑白水晶棋子的青花瓷罐。主人好坐隐，有弈者远道来，喜作竟日手谈。

棋桌右边是楠木书架，摆满了经史子集之类的古籍，藏书多宋元刻本，如北宋本《白虎通》、南宋本《老子》《荀子》，元本《吕氏春秋》等；还有不少乡试的闱墨、试草，这都是历年来举子试卷的选本，刻印的墨色浓黑有光泽。书架上并摆设小件的鼎彝古玩，铜绿斑斓；有一方砖砚，镌"天玺元年九"数字（天玺，三国吴末帝孙皓年号；天玺元年，公元 276 年），为翰题早岁聚藏金石之始。

阙鸣珂先生刚到，自鸣钟当当敲了十响，按传统计时法是巳时四刻，上午十点钟。阙先生坐在黄花梨明式官帽椅上，喝茶，觑着眼看壁上挂的字画：中堂《柳洲诗意图》六尺宣，画洲渚碧水涟漪，垂柳葱茏，一仕女坐石鼓凳上抚琴，侧立白头翁策杖凝神听曲。阙先生对这幅画的笔路很熟，一看就知道是慎甫舅父梦熊先生的法绘。对联："百岁犹晏如，新筑旧燕居。"红绫小边裱，径尺汉隶，笔路也很熟，和堂匾上"波稳处"三字，同出自慎甫岳丈竹岑先生手泽。梅兰竹菊屏条，不用说，是慎甫所绘。但打量那画的梅花，阔笔点染，敷色古艳，不像是老友生前惯使的细笔头，近前去一瞧，却原来是翰题作的。

"好，好！有白阳之逸，气韵真不俗！唐氏一门，得外家诗礼书画之润，岂只承传有望而已。"阙先生在心底里赞叹。

按：唐翰题中年后画梅花，与乾隆年间同里汤虞封之菊，合称"汤菊唐梅"。乾隆至咸丰，掐头去尾，相距近百年，而"汤菊唐梅"云云，作为一种绘画的文化符号，令人遐想不已。

厅堂上，宾主谈笑叙旧。

翰题拱手肃敬道："缴丈绛帐授徒，诸生有幸，教泽岂止于乡间啊。"

"世兄，这可是谬奖了呀。不佞游食十余年，能不误人子弟就算万幸，岂能居功？"

"缴丈还可以大挑的——"

"不佞羞与昏聩老苍为伍！"

阙先生毫不迟疑地把头一摇。

原来，唐翰题说的"大挑"，是举人会试不中还有一个出仕的机会，等六年一次的大挑，大挑一等的以知县用，二等的以学官用。阙先生的学问，教谕是随手的。但自嘉庆朝以来，教谕、训导多由休致官僚充任，彼等年迈聋昧，徒有为师之名，并无训诲之实。阙先生正盛年。阙先生放弃大挑。阙先生自谓"羞与昏聩老苍为伍"，做一个得大自在的布衣名士、画士。

"缴丈逸人高致，永为后学景望。"翰题觉得有些愧，恭恭敬敬地作了个揖。接着，翰题又道出此次请阙先生来坐馆的一个愿望：他想让阙先生讲学之外，像他父亲唐允恭当年绘制帆影楼长卷那样，作一幅《帆影催诗图》。翰题热切地说道：

"缴丈呀，先君弃养已经六年了，学生幼受庭训，最不忍先君说的'诗教家风断不可绝'。学生此番冒昧请求重绘帆影楼，赓续诗礼之教，纁丈可千万勿要推辞呀。"

阙先生一听，不觉莞尔，拊掌说：

"想当年不佞蒙慎甫兄、竹岑老前辈抬爱，这帆影楼初成时，绘图征诗，文酒之会，何曾不相与的？世兄如今有此雅愿，不佞一定遵命。"

很快，节令过了立秋，这天气早晚凉爽，阙先生在帆影楼上磨墨濡笔，忙不停地起稿、作画。

阙先生的画案挨着帆影楼的南窗，推窗，楼前汉塘流水汩汩尽收眼底。这汉塘溯发自府城的南湖，穿熙春桥经甪里河、双溪至东栅凤凰洲，一脉水北流入嘉善称魏塘；一脉水东流抵平湖称汉塘。故老相传塘开凿于东汉明帝时，因有此称，又或曰"掘于隋"。史书确切记载"唐文宗大和七年（833）开"，全长七十七里。清代人计汉塘水程自凤凰洲至新丰镇，逶迤三十六里。也就是这三十六里水程，最为历代的诗人称道。所谓"处处青溪处处桑，绿阴低护古时塘"的"汉塘春桑"是"嘉禾八景"之一。

汉塘流经新丰，由镇西至镇东三里许，塘北岸街市、里门、坊表、祠堂、宅第、园池，俨然整饬，在道光年间拢共三千烟灶、万余人口；塘南岸平畴绿野，田庐村舍，竹园桑林，曲泾板桥，无一处不是诗意。而汉水波荡，妙峰桥、丰乐桥、登云桥，三座大石拱耸峙水上，舟楫或张帆或鼓枻，艄公渔夫，讴歌互唱。时当清秋，白云淡淡，乍浦诸山，螺翠玲珑，自远而来……阙先生手中这枝彤管，在丈二长的素缣上，尽情挥洒。不数日，图成诗亦成。

《帆影催诗图》长卷，引首为阙鸣珂书序并题诗，诗五言古风，四十八句二十四韵。煞尾四句："名利只两途，过眼同浮沤；远到在不朽，愿生争千秋。"可以想见诗人的襟怀。此图一出，诗人、学者先后为之讴咏题诗的有：黄安涛（嘉善人。嘉庆十四年进士，传胪。时任鸳湖书院讲席），陶琯（即陶梅石，秀水人。画家、诗人），孙灇（嘉兴人。贡生，诗人，与于源、岳鸿庆组鸳湖诗社），李福基（诗人，生平不详），卜葆鈁（道光二十年进士，平湖人），许乃裕（诗人，生平不详），徐达源（翰林院待诏，吴江诗人），王宗涑（嘉定诸生，覃研经学），沈亨惠（嘉兴人。道光二十年举人，工诗，书法善擘窠大字），陈德大（海宁人，金石家），严炳（嘉兴人。道光二十三年举人，工书善丹青）等，总十九人数。翰题舅公张廷济在图成的次年，作《唐蕉庵帆影楼图》诗，诗云："一路帆如织，诗题满画楼。风云生纸墨，图画即沧洲。抵作江湖梦，真为文字游。干戈今已靖，多恐话从头。"廷济是年七十五岁，老人对于四月上旬英军攻占乍浦后骚扰新丰，心犹存余悸。英军攻占乍浦是第一次鸦片战争的尾声，但家国的不靖不宁，也正是从兹肇始的。

生当斯世的帆影楼，它的"波稳处"，它的风雅自赏，它的为隐者所居，又将如何？

劫火帆影楼

咸丰丙辰（1856），唐纪勋诞于帆影楼。这年，唐翰题四十一岁，按旧法，这已经是晚到的弄璋之喜了。

翰题在五六年前，以廪贡生捐纳得到一个训导的职衔，挟策北游广陵，开始他的仕宦生涯。当纪勋呱呱坠地之时，翰题正在扬州江宁将军托明阿统领的江北大营中参佐戎幕，而清军与太平天国军血战方殷，扬州始失终复。在烽火连天中接获到家书，并且报以陈氏夫人母子俱安的消息，翰题的内心自然是万分欣快。翰题是唐氏长房，但比较他的令弟履正育有五子，以及最小的同母弟金题也早已无伯道之忧，翰题这方面可以说是胤息不昌。之前，夫人陈氏生一女名珍姑，许字平湖孙蕃生，不料聘书甫下，蕃生病亡。珍姑焚嫁衣、披麻戴孝去婆家抱神主行婚礼，不久即因幽怨成瘵疾而死（珍姑的不幸，纪勋在成年后必然会听到族中人多次说起，这对于他决意趋向维新、走上改良社会的道路，产生不容小觑的影响）。爱女的非命像一团浓重的阴影，始终在翰题夫妇的心中郁结着。现在可好了，随着纪勋的降生，唐氏长房，立嗣已有望。然而，翰题的欣快，只一刹那便止。面对鸱张惨烈的战局，太平军战事方兴未艾，虽然兵祸还没有连结到自己的家乡那边，但这战火，恐怕迟早难免。大营里，柝声"梆、梆、梆"敲击了三下。夜深沉。鹤安先生把家书放进一只随身的竹箧，箧里有司马法的《尉缭子》（兵书）、曾国藩的《讨粤匪檄》、宋伯成的《梅花喜神谱》（写梅花百图，神态迥异），还有一个素缣的手卷——绘有先祖唐子玉像及董其昌、张廷济、张金镛等人的题记题诗和一个画轴——恩师阙鸣珂作的《帆影催诗图》，那是他思乡的慰藉，时不时会取出来展观一番的。今宵无睡意。鷇安先生紧蹙起眉头，在行帐的几案上挥笔修书一通，叮咛夫人月中多注重摄生外，尚须看护好帆影楼的藏书和古物，等等等等。并从范仲淹《赋林衡鉴序》的"书圣贤之勋者，谓之纪功"句中拈出二字，给这个乱世出生男婴取名为纪勋，字成卿。

家乡那边，在纪勋的哺乳期，倒是平静相安无事的。陈氏夫人出身嘉兴城南世族，知书达理，性格温婉。纪勋的体质先天上有些不足：瘦小、孱弱、哭声干涩，常常"呜——"，该到"哇"时就没些个音声。唐家的仆佣们说："格倌倌哭都不会哭！"陈氏心里切切的，着仆人去婆母的娘家竹林，寻访来一个健硕的农妇做乳孃。起初，纪勋吃奶时噏着的小嘴边上陷两个很深的"坑"，一搐一搐，怪可怜。渐渐的，乳孃丰盈的奶水抚平了那两个"坑"，小脸蛋也变得红润起来了。纪勋长到四岁时，陈氏把比儿子大五六岁的熙绪接到帆影楼。熙绪是金题所出，和纪勋从兄弟行。陈氏让小哥俩做个伴，这时她已经亲自给儿子上书。上书课读，识字先以两千字为度，学诗则从二字对句开始。课本有蒙馆梓行的《三》《百》《千》《声律启蒙撮要》和《笠翁对韵》，等等。陈氏先授《三字经》连带"训诂"。陈氏教一句，纪勋念一句。纪勋的一双小眼睛细长溜溜，像两颗枣核乌黑光亮。这孩子一望就知是聪慧过人的。记诵，一遍过。陈氏教到"融四岁，能让梨，弟于长，宜先知"，命纪勋讲一讲"训诂"中所写的，纪勋颠着个小脑袋，什么"敦伦笃谊，友于为重，兄弟之义，幼学所宜知也……"几乎一字不漏地说了个圆圆圈圈。

熙绪早已在家塾就读，八九岁的他，对于《三字经》《百家姓》《千字文》也早已了了。熙绪散学回到帆影楼跟纪勋凑在一块温课，这时小哥俩最感兴趣的是背诵《笠翁对韵》里的韵句："天对地，雨对风。大陆对长空，山花对海树……"童音清越，朗朗上口。还有邵尧夫的《蒙学诗》："一去二三里，烟村四五家。亭台六七座，八九十枝花。"这个，熙绪念起来更带劲，而纪勋往往要扳着小手指数数。

"姆妈，啥叫烟村？"

"烟村么，喏——，就是乡下的村坊，你太外公住的地方。"陈氏夫人抱起儿子，指点着帆影楼楼窗外汉塘南岸那边一大片平畴绿野上三三两两的村落，轻声细语地说。

夕阳西下，暮霭正似水漫溢般地浮动着，愈来愈显沉黑的村舍屋顶上飘荡起一缕一缕淡蓝的炊烟，那牧归的牛在田塍和水沟边缓缓地踱步，互相发出"哞——哞——"的叫唤声，大大小小的竹园、桑树林、稻草垛、石板桥，在光影里渐渐地朦胧。髫龀之龄的纪勋自然还领会不了这样的田园意境，当然，他更不会想到，不出一年，他的童年记忆竟就此一半儿勾留在帆影楼，一半儿勾留在太外公故家——竹林高家埭沈氏依竹堂东邻，那生长有一棵合抱的白榆大树的高氏光裕堂。

咸丰庚申（1860）季春，纪勋过了五虚岁的生辰。他依然每天由母亲教授《三》《百》《千》，识字的进度比较别的孩子快多了，就是那些难认的僻字，他不光记音快速，对字形的记性也真不赖，譬如《百家姓》中的鄢、蔺、崩、颛等，念三四遍，单个挑出来也难不住他。"照这样下去，吾儿到八岁进家塾，识字岂止两千而已"。陈氏夫人的眼中闪着慈爱的光，很感欣慰地这样说道。

家族中曾有亲戚对陈氏说，纪勋这么聪敏，一定是个读书种子，不如早早送他去家塾，让进学的先生授他经书。陈氏没有答允。她觉得，纪勋这孩子身子骨总还是单弱，她要十二个时辰一刻都不离开儿子，悉心地呵护着他。再说了，夫君远在扬州，大概是参赞军务繁重，已经多半年不通音问了。每当思念夫君时，她只需把儿子揽在怀里，那种"忽见陌头杨柳色，悔教夫婿觅封侯"的愁绪也就涣然冰释了。

帆影楼里，岁月平稳祥和。

镇上的布庄和乡下的田产，自有夫君的仲弟履正在料理。这位长叔秉性良善，虽然读书不多，但治生精明，完全不用陈氏操心。

婆母沈氏，年高体健，大的冰糖生梨能吃两个。这也是一家人的福祉。

通常，每天下午，摆在"波稳处"厅堂上的意大利造大自鸣钟，"当、当——"敲了四响时，熙绪从家塾散学回来了。陈氏让小哥俩吃完仆人送上来的点心——或枣泥蜜糕，或莲子羹，或甜馄饨，或鸭油蒸饺……视季节物候而定，都是家厨出品。尔后，在温课前先玩耍一会，令陈氏尤感欣慰的是，纪勋在嬉戏时，总不忘缠着哥哥熙绪去搬动书架上的图书。小小年纪的他，对厅堂楠木书架上摆的宋元刻本、洋纸石印的演义小说，乡试的闱墨、试草和楼上书房里满满几大书橱的藏书，都开始产生好奇心。

光拣书上的图画看，连带念起来不免有些佶屈的释文，纪勋却也很着迷，一双细长如枣核的小眼睛，一眨不眨，乌黑亮。

这是一部图文斑斓的《二十四孝图诗》，书封上钤唐翰题刻"子弟必读"四字长方朱文印记。

祝廷锡著《竹林八圩志》为挚友唐纪勋立传，中有"事母尽色养之孝，中年丧妻不再娶，有义夫之誉，亦惧不得母欢也"云云。这种儒的孝和义，跟纪勋幼小所受的家学熏陶大有关系。孝义的褒贬，姑且不论。但看他成年后的立志改良社会，在做人行事方面无一丝逾检的表现，实在不能不令人倾服唐氏帆影楼书香的至美至善。

农历五月初一日，距端午还有四天。按新丰的乡俗，五月间在镇上有两次岁时节令的庆典。一次是五月初五端阳节。是日也，家家门上悬挂菖蒲艾草，贴施王庙道士画的神符，正午燃苍术白芷，烟雾迷眼；妇女剪黄斑虻为花，插戴鬓发上曰"健人"；儿童臂缠彩丝、额涂雄黄酒描一"王"字则曰"辟邪"；又，善男信女群去寺庙烧香，请戏班唱戏，亦在情理之中。一次是五月二十分龙日，比之端午，更趋狂欢。是日也，镇上有迎龙王会、演龙（比赛水龙射水），四乡乡民蚁集东施王庙，祈神拜佛，烧"汰脚香"（是日插秧田事已毕）。而新丰分龙节之盛，又莫过于俗称的"摇艄船"

（舴艋形狭长，船艄似燕尾，赛船时船首装饰龙头，每船十二人为划桨手）。中午时分，汉塘上，妙峰桥、丰乐桥、登云桥，三桥人如潮，镇民和乡民，穿红着绿，同观龙舟竞渡。数十艘船齐发。鼓声、桨声、呐喊声，震天！徐文潮《平林杂咏》诗云："插罢青秧满眼新，家家豚酒喜酬神。画船箫鼓相争渡，好似龙舟吊楚臣。"徐文潮字赋枚，清末民初诗人、画家。他的这一首竹枝词，应该是追记髫龄时从里中故老听闻到的道咸年间的赛船胜事。

咸丰庚申这年的五月初一，却不知道出于何故，镇上的缙绅和子民们，于端午节令还有四日之期，就前所未有地在镇西妙峰寺大事演剧酬神，并且举镇若狂。而也就在戏台上锣声喤喤，戏台下喝彩声不绝于耳之际，灭镇的劫火猝不及防地从天而降！

关于这场灭镇的劫火，还得从头说起。二月初，一直在杭嘉湖周边游弋的太平天国忠王李秀成部，为实行"围魏救赵"的战略，突然奔袭杭州，谋解天京之困。从兹，杭嘉湖陷落成清军与太平军争战不止的用兵之地。四月二十六日，太平军李世贤部进占嘉兴府城。这天，据说镇上有人站在登云桥上，遥望到府城那边星星点点的烽烟，还隐隐约约听到随风飘来的笳角声。

但由于民性向来柔顺良善、耽于安逸，特别是镇上有一种流传久远的说法：乍浦海潮逆流经汉塘过会龙山寺，则时世乱。会龙山寺在府城的东栅口，寺建在汉、魏二塘水中央的高墩上，距新丰三十余里，从明代嘉靖三十三年到三十六年（1554—1557）间平定倭患后算起，新丰镇在三百余年里，景象升平，四民咸乐。便是十八年前的"壬寅掠扰"，其实英吉利洋鬼不也就是扛着毛瑟枪、挥舞米字旗，狂笑着过境而已，并未损及镇上片瓦吗？况且，三百余年来从未听说、见到海潮冲涌至会龙山，因此对府城陷于太平军，大多数人摇着个木知木觉的脑袋，一问三不知，直着眼，没有一丝毫的预警。

梅元鼎《新丰镇志略初稿》第十九章"丛谈"一节，对庚申劫火，镇人毫不设防有这样的解释："咸丰庚申四月二十六日，太平军由苏州入嘉兴。当时因交通不便，所以新丰犹未传消息。"这或许是护短之词吧。新丰距府城四十二里，汉塘舟楫相通，单航两个时辰。嘉兴府城失陷的警报，不大可能会迟滞四五天之久。然而，不幸的是，毁灭的火焰却狂烧起来了。元鼎先生对此有凿实的记录："五月初一日，镇中正在演剧酬神，而太平队伍骤然莅临。里人因之大乱，争相逃避。乱民崔大有（徐婆桥堰兜里人，太平役中为乡官）辈乘机焚掠，全镇精华席卷而空。当时之恐怖状态，至今言之犹觉悚然。"

唐翰题在《新丰镇周氏聚顺祠记碑》碑文中亦有这样沉痛的叙述："庚申之乱，市廛三千余户无一瓦存，祠宇在故里者亦被蹂躏。"

梅元鼎是光绪三十一年（1905）生人，世居新丰。元鼎先生上述记咸丰庚申新丰灭镇的文字，是应当镂之于金石，传遗后人的。

元鼎先生所记徐婆桥，即今步云镇，与新丰接壤；堰兜里，是否即今之兜里自然村，未能确考。乡官崔大有者，生平不详。太平军统率下的乡官，多由本土的劣绅、落第秀才、游惰之民充当。这个崔大有很可能是一个"游惰"。历来造反而为凶魔的，大多是此辈。

庚申劫火，镇上三千烟灶、万余人口，加上四乡村民来随喜拜菩萨、观戏文的，总不下两万人，死难多少，未见记载。

劫火中，陈氏夫人上奉婆母沈氏，下携子侄纪勋熙绪，避难于镇西南八九里之竹林高家堽。

帆影楼所有藏书、古玩文物，统不及带出。

古玩文物，那些商彝周鼎之类因属铜器，很有可能在帆影楼被纵火前，游惰崔大有下令砸碎，以备送去府城化为铜汁铸钱。

那台意大利造大自鸣钟，据乡俗，钟与终谐音，送钟者送终（死）也。揆之于常理，它或是被抛入火堆中，然而火尚未燃起，钟犹发出"当——"的一声鸣响，是哀音。

劫火后数天，仆佣去帆影楼探视，但见满地瓦砾之中，"波稳处"匾已成焦木，横卧于地，而那"波稳处"三字，字形清晰可辨。仆佣俯身搬动堂匾，"刮——喇"碎成一大堆灰烬。

劫火后三个月，远在淮安府同知任上的唐翰题，执铁笔刻自用印曰"留梦室"，刻边款文曰："杜司勋咏蕉有句云：'留得还乡梦，聊以名吾堂。'志荡析之悲也。庚申八月，子冰记。"

　　荡析，帆影楼亦无一片瓦存矣。但鹮安之悲岂止在一楼。

广咨堂文脉

　　广咨堂，唐翰题建，堂旧址在竹林高家埭村。2011年11月10日，我偕汉明、培德二兄前往寻访，采获到一块"明唐子玉先生画像"石刻。曾经是高、沈、唐三大世家相继承载儒学的这里，却矗立起高大的烟囱，成了烧制耐火砖的工厂，释放的气味恶臭不堪。三人回嘉兴，把画像碑文的文字揭诸报端后，有关像赞的标点，承蒙杨自强兄纠谬，兹订正如下：

　　　　明诸生唐子玉先生像赞，为其裔孙蕉庵司马作。

　　　　展也唐公，少有隽誉，而蹇于时，腊用汉家，诗止义熙，以成厥志。高蹈不疑，云礽其昌，克显清白，褚编家传，谢述祖德。展也唐公，所谓崇蕴穷窿而不迁之宗也。

　　　　同治甲子冬杪，临川后学李联琇。

计九十二字，而祝廷锡《竹林八圩志》卷五《金石》在辑录像赞文时，"止""义""熙""所"等字均作空缺，此盖因碑刻漫漶不能辨识，或廷锡未及亲睹，不遑细察，也未可知。今四字为郁震宏兄补出，亦难得也。

　　按：同治甲子即同治三年（1864），是年六月，洪秀全死，太平天国覆灭。三月末嘉兴府城为清军收复，占领嘉兴四年之久的太平军由此败亡。大乱之后，官绅庶民都亟盼着嘘瘠起枯，重整家园。正是基于这样的心态，尚在淮安府同知任上的唐翰题，从行箧中取出和《帆影催诗图》一并珍藏着的先祖唐子玉画像，预备刻石建祠。画像是一个素缣的手卷，卷首为道光二十三年（1843）阙鸣珂补绘的传主像，着明代衣冠，须发鬒鬒，蔼然一儒，并有张廷济题署，分书，笔法老苍。卷中存明崇祯八年（1635）秋董其昌题词墨迹，时香光居士视子玉先生为忘年交。其他张叔未、张金镛、朱琦三名家先后题诗，都为叙颂唐氏世系及隐逸高风，诗句清激可诵，书法墨色古雅。翰题决意将手卷摹刻四石，他请刚刚就任钟山书院山长的李联琇撰书像赞。李联琇字小湖，道光进士，咸丰间官至大理寺卿、翰林院侍读学士。文章学问，冠绝一时。

　　翰题在得到小湖先生这篇颂扬祖德的墨宝后，即刻买舟起程回乡。新丰他是不打算重返了，而是择在竹林高家堍谋营菟裘之所，这也并不全出于夫人陈氏的主意——夫人说妾携勋儿侍奉高堂在此晏居已近五年，所喜眷戚都在左右，夫君不如安土重迁吧。翰题的心中，至少有这样两种想法：

　　一是高家堍乃吉地也。翰题的同里知交周晋锡，新丰巨富，乐行善，乃翁瑞春公更是德业不可悉数（一生修建桥二百余座）。晋锡精邃《羲易》、堪舆之术，知道兵燹迟早会波及，于是早早避迁高家埭，相地筑造燕贻堂。因为有着这样超悟的先知能力，所以庚申那年新丰镇一炬成灰，而周氏独得以安止。高家埭相距新丰镇八九里，井间遥遥在望。庚申劫火，当燹焰冲天而起、杀伐之声隐隐可闻时，高家埭绅民都感觉到大祸将临的恐惧，但最终无恙，按晋锡从《易经》上搬来的说法，此地为忠臣义魄所聚，自有神明的呵护。

二是唐翰题所真正看重的乃是高家埭的书香衍芬。先说高承埏稽古堂。高承埏（1602—1648），字八遐，一字泽外，号鸿一，又号寓公，世居竹林高家埭。明崇祯十三年（1640）进士，崇祯十五年，守宝坻，率众抗击清军，建殊功，官至工部虞衡司主事，明亡归隐。他在稽古堂聚书达八十楼，多至七万余卷，寝处其中，校勘弗倦。作诗："惟将前进士，惨谈表孤坟。"

高氏式微后，沈氏依竹堂继起。

依竹堂，亦称"依竹山房"，是翰题外家。翰题的曾外祖父沈可培（字养原，号蒙泉），乾隆丁巳（1737）生人，嘉庆己未（1799）卒，乾隆间名儒。年老辞归，先居于竹林庙（镇），后徙高家埭筑石大草堂，有依竹堂、听松楼、雪浪斋诸精舍。据祝廷锡《竹林八圩志》卷二《第宅》记载，沈氏所居本高氏故宅。外祖父沈铭彝住依竹堂，收藏金石字画及乡邦文献极富。翰题幼年随母亲去依竹堂省亲，总要路经高承埏故居，这座"故渤海旧第"，墙垣破败，砖雕的门楼上挂满了藤萝。中庭荒草萋萋，生长着一棵白榆，树干才及拱把，却挺直高耸，皮色如染霜，极为罕见。母亲告诉他，中庭是寓公先生另一居处光裕堂，与稽古堂相邻，翰题以是记忆亲切。早在翰题十六岁那年，外祖父向他出示珍藏的《高寓公先生尺牍卷》，他展卷拜观，深知是乡先贤遗墨，并为寓公的忠义所激感，即席成诗二首。老人阅后甚喜，和诗以纪祖孙雪窗吟诗的佳兴。

越五年，竹岑先生将尺牍交付外孙，不久即遽归道山。

这《高寓公先生尺牍卷》是高承埏在明亡后，寄与吴统持、谭贞默、敏翁、遥翁等亲交尊长的书札，计七通，加上给儿子的家书，共八通，表达了他归隐作遗民的心志。清顺治五年（1648），即寓公先生撒手于稽古堂之年（病中犹校书不辍），尺牍由先生哲嗣念祖挥泪装裱成卷，以为家宝。尔后曹溶、方文、刘鸿儒、王遐诸名流（一总十家），相继为之题记作跋。

这一卷尺牍，向为士林珍重，到了翰题的手上，已经历二百年，也可称是稽古堂书香的吉光片羽了。

祝廷锡《知非楼杂缀》述云"乡里文献，初萃于高，高微入沈，沈又入唐"即是指尺牍在内并为其传嬗的代表也。至于其他的庋藏，廷锡在彼时——光绪三十三年（1907）唐纪勋去世后——犹未及见，引以为深憾。

岁腊将尽，外祖父竹岑公下世已然快三十个年头了，以翰题幼受庭训的年份算起，当初见到的光裕堂中庭的白榆，树干才及拱把（两手合围），如今忽忽四五十年过去，白榆已合抱（两臂合围），高大挺拔，掉尽绿叶的树冠和树身，通体银白。

母亲和夫人及儿子纪勋、侄儿熙绪自庚申之难后，一直避居于此，这也是翰题所不能释怀的。

翰题此番遄返故里，除了筑建广咨堂的计划，他还带来两件足以光宗耀祖的翰墨，一件即是前面提到的钟山书院山长李联琇撰书的《明诸生唐子玉先生像赞》，另一件也是小湖先生手笔，文曰《嘉兴新丰房唐氏三世墓表》。据《墓表》可知，翰题在同治三年任江苏淮安府同知时因军功官加三级，连带他的父亲、祖父、曾祖父都得到"中议大夫"的封赠，母亲、祖母、曾祖母们则皆为"淑人"。皇上覃恩，三世荣宠。《墓表》由两江总督、一等毅勇侯曾国藩篆首。翰题为曾国藩部属，曾对他的知遇之恩，有这年秋所作《谒侯相曾制军》诗可以征信。

衣锦还乡，乡里刮目。高家埭高氏一族衰渐后，所遗祖屋旧居大多归沈氏。因此之故，唐翰题谋于光裕堂原址筑造广咨堂的想法，在依竹山房舅氏沈如浩（字小孟，号蕉圃，晚号竹林老农、孟翁，沈铭彝侄。诗人，书画家），表弟相猷（字尔嘉，如浩长子，工画花卉）、相谋（字诚智，如浩次子，国子生）等戚属的佐助下，很顺遂地得到实现。从曾国藩、俞樾诸巨公名宦为广咨堂题书匾额的款识来看，建宅的工期不逾半年。这里头有利用高氏祖居旧构加以修葺的因素，譬如题额"因树为屋人家"云云，即是鹪安先生念兹在兹的长在中庭的那棵已合抱的参天大树——白榆！

广咨堂三进深，堂名取自成语"咨经诹史"，为主人与

64

朋好研讨经史之处，德清俞樾篆额。俞樾字荫甫，晚号曲园居士，道光三十年（1850）进士，翰林院编修，和李鸿章同为曾国藩门生。曾对俞、李有这样两句著名的评语，云："俞荫甫拼命著书，李少荃拼命做官。"

堂后进居中三楹精舍，曾文正公题匾曰"唯自勉斋"，并跋云："鹩安四兄，取先世忠肃公语以颜其斋，同治四年。"斋之东室为"听雪声阁"，题额者失记。斋之西室名"鹩安"，翰题自署。

堂第三进楼宇，五开间两层，背倚白榆，此即"因树为屋人家"也，亦翰题自署。

广咨堂前附筑唐氏家祠，祠内西壁嵌始迁祖唐子玉先生画像刻石及董其昌、张廷济、张金镛、李联琇等名士的题记题诗题赞（共四石），春秋两祭，四时供奉香烛花果。

看来，唐翰题对于"因树为屋人家"这栋原为光裕堂旧构的楼宅，寄情寄慨甚深。广咨堂落成后的第六个年头，翰题官吴县太湖厅同知时，于七月的某日，在东山公廨的抱山楼上，独饮了几杯酒，面对浩浩茫茫的万顷碧湖，山风吹拂衣襟，乡思缕缕袭怀，不能自已。于是研墨执管，情注笔，笔注情，在一页自制的梅花笺上一字一句地写道：

先世老屋在新丰者，庚申后无一椽。近岁卜居东洲母氏依竹堂东邻，故渤海旧第也。中庭有白榆自生，幼时侍先人岁时省外大父母，辄过弄树下，才拱把耳。今已及合抱，楼正当树之阳，扶苏绕屋，亭亭干云霄。因

65

取《申屠子龙传》语颜之，永志有怀，兼示后人毋忘嘉荫。同治八年己巳秋七月，书于太湖东山公廨之抱山楼，唯自勉斋主人又记。

渤海，高氏先祖高洪东汉时官渤海太守，居渤海蓨县（今河北景县），苗裔由此隆兴，以地望代称姓氏。

同治己巳，即公元1869年。记文中所云"申屠子龙"，《后汉书》有传。申屠子龙名蟠，东汉陈留外黄（今河南民权西北）人，学博五经，屡拒征辟，是当时有名的高士。《后汉书》卷五十三记申屠蟠"乃绝迹于梁、砀之间，因树为屋，自同佣人"。所谓"因树为屋"，便是俗说的依树架屋，自申屠蟠起造语为隐居之典。至于是否隐于荒野，"居蓬莱之室，依桑树以为栋"，倒也不必顶真。

明亡后高承埏居于光裕堂、稽古堂，藏书读书校书著述，是隐；沈可培致仕归里居于依竹堂，日与琅玕经籍相侣，亦是隐；至若沈铭彝，终身未仕，以吟诗著书、搜金石文字自娱，那更是隐。这种隐于乡，以藏书读书著书终其老的思想，是千百年来为士大夫所追求的人文境界。唐翰题岂其例外，他对乡先贤高寓公，对曾外祖父蒙泉公、外祖父孟庐老人，都是景行行止的。只是官身不由己，从咸丰初元算起，翰题以军功得到曾国藩等名公的保荐，先后官江苏淮安府同知、通州知州、青浦知县、太湖抚民厅同知等，仕宦已近二十年。前面写到，同治三年秋，江南敌氛荡平，翰题遄返故里谋营"菟裘之所"（菟裘，春秋时地名，古人称作告老退隐之居处）。正是从那时起，四十八岁的唐翰题已经萌生了优游林下的想法，而把广咨堂筑建在光裕堂旧址，可以看做是一种对文化的承继和担当。

广咨堂建成时，正当春夏之交，高大挺拔的白榆，绿叶纷披如伞盖。树荫下，庭院幽深，到处散发着髤饰和粉刷的味儿，绿的窗棂，赭色的梁柱，墨黑的地砖，雪白的壁。翰题把《高寓公尺牍卷》和《帆影催诗图》郑重交付给夫人陈氏，叹息说："帆影楼尽毁矣，毁吾几近半生的珍藏！细君知吾，吾心摧折，岂止在一楼啊！不过，这一切还得从头来！"说毕，曳着儿子的手（纪勋是年十岁），从广咨堂大厅到唯自勉斋、听雪声阁、鹇安阁，转折来到题匾"因树为屋人家"的堂楼，父子俩拾级登楼。他告诉纪勋光裕堂、稽古堂和依竹山房的故事，指点着楼北那棵白榆大树，频频颔首说："吾儿牢记，此树寓公旧居遗物也，生机不绝，理当佑吾唐氏诗礼书香传家。"

纪勋默默地倾听。

翰题的祝祷，在他的生前是应验的。堂成之后，在宦游吴门的十数年里，他访求重购帆影楼毁失的藏书文物不下数千件，凡图书均钤印曰"庚申以后所聚""翰题至宝""鹇安校勘秘籍"。到光绪四年（1878），他在广咨堂的藏书达到五十四楗，二万五千卷，其中大多为善本。祝廷锡说："是知司马之收藏，在同光间，实可甲于一郡也。"

光绪四年，唐纪勋二十三岁。祝廷锡撰《唐纪勋传》，称他"幼随侍任所，沉毅力学，无子弟之过，无犬马之好。"

这自然是短期的，他一生最长的时期是在广咨堂度过。在广咨堂，纪勋浸润万卷藏书，陶涵于金石字画，养成了士人应具足的涵养。他和父亲一样，以秀才取得廪贡生资格，并且为候选训导。摆在纪勋面前上优的选择，是像父祖辈所走过的道路：或出仕做官，或游幕以终老。

然而，晚清之际，时代变革的雷声已殷殷响起，朝野的有识之士到处在呼吁变法。光绪甲午（1894）后，唐纪勋既未做官也不屑去为吏，他在乡居的竹林，率先倡导维新改良，并且取得不俗的事功。

守约学会

光绪壬午（1882），唐翰题病逝于广咨堂，享寿六十有六。这年，唐纪勋二十七岁。在父亲弃养后的十五六年里，纪勋在家守护着唯自勉斋的藏书及金石球璧，治学博通经史，尤究心致用之术。对鹪安公已刊印的《说文臆说》《荀子校注》《唯自勉斋长物志》等多部著作，他也是认认真真地丹黄一过的。这是先人积学的遗编，和所有的庋藏一起，构成广咨堂学术承传的根本。

在外，纪勋尽着一个乡绅的责任。他在这十五六年中，由诸生而廪贡而候选训导，赴吏部点卯，虽未实缺授官，但位阶是等同从七品的。遇庆典祭祀，穿戴学官的官服，这在纪勋是循例，并无丝毫的显摆。纪勋人品极实诚，对地方上的公益，都是理所当然地尽责。光绪十八年（1892）春，新丰重建第一大石拱登云桥，他和堂兄唐恒钦列名监工，石中玉撰记称唐氏昆季"尤殚力，例得备书"。此前，太湖帮枭匪夏作霖、江北阿四等袭扰江浙，竹林亦"里中数患盗，纪勋倡议联合八圩，守望相助，集资购械设团防局于竹林庙；自冬历春，岁以为常。局置督率一人，长夫一人，而编八圩壮丁姓名于册，每圩夜出一丁，分班周巡。费省而防密，盗迹以敛。"这件事使地方得以安靖，积功积德是至大至善的。但乡谚所谓"出头椽子先烂"，又云"枪打出头鸟"。彼等夏枭，实在是三十年前太平军游惰崔大有的翻版，而其时唐氏广咨堂门前高挂"大夫第"匾，已然是竹林八圩的首户，盗匪们如欲报复，哪有不先冲着他来的？所以，纪勋的勇于担当，能任事，就此也可见一斑了。

光绪二十年即公元 1894 年，岁值甲午。这年公历 9 月 17 日，中日甲午海战爆发。战争的结果，泱泱大国的华夏败给了蕞尔岛国的日本，深重的国耻刺激着有识之士的神经。维新、改良、变法的呼声，声震朝野。读书敏识的唐纪勋，开始在唯自勉斋中搜求、阅读由康有为、梁启超创立的强学会所出版的新书报。这些新书报都是洋纸印的，翻阅时纸声窸窣，油墨味儿很重。书报上措辞激烈，诸如朝政"屡见败衄，莫克振救"，"吉凶之故，去就之间，其何择焉"，"不当以一统垂裳之势治天下"，等等，触目皆是，读得纪勋时而颔首，时而攒眉。他望望摆满四壁的斑斓的经史子集，以及曾文正公在匾额上的题词，暗忖：生当斯世，既不知何以自处，又复遑论自勉？竟有些茫然若失起来。直到四年后，著名的"戊戌变法"推行之际，湖广总督张之洞刊布《劝学篇》，揭橥起"旧学为体，新学为用"的口号，以维护中国传统的伦理纲常，使纪勋豁然憬悟，内心得到了安妥。

张之洞的《劝学篇》合二十四篇，四万余言，分内篇九、外篇十五。所谓"中体西用"，内篇务本，外篇务通，以开风气，被视为洋务派和早期改良派的基本纲领。

纪勋感奋之下，召集里中吴廷墀等人，择取《劝学篇》内篇之八《守约》，创办守约学会。这年，他四十三岁。

走笔至此，不妨拿当时同样有志于救世的褚辅成先生来作一比较。据庄一拂《褚辅成先生年谱初稿》引《嘉兴当代人物志》云：1898年，褚氏二十六岁，"自康梁政变后，目击不幸事件，痛清廷腐败，国势阽危，乃锐意革命，鼓吹民权。凡少年有志之士，悉皆网罗引致，互相切磋，谈论国是，万流景仰，无间遐迩"。文中所说的"康梁政变"即戊戌政变。在蜩螗的国事面前，褚和唐，志向与禀性，判若泾渭。一个是激厉而锐意奋发革命的，一个是温恂而守正讲求事功的。两人同于救世而稍异于怀抱，这恐怕也和家世有些关系。

按：褚辅成先生，嘉兴人。先世自宋以来著籍钱塘，明代弘治年间，有一支从崇德迁嘉兴郡城。先生尊君字子仙，据《年谱初稿》云："家贫，与沈少泉联谱相好，同守庄书世业。"庄书，替官府包揽征收钱粮者也，位在胥吏之下，等同衙役，俗呼"庄书粮柜"，为世所轻。褚氏以庄书为"世业"，可证祖上并非显达门第。20世纪60年代初，嘉兴有位民国时期老报人，栖居"将死庵"，回首前尘，重拾笔墨，作《将死笔记》三册。此老叟对嘉兴旧时各色人物、掌故非常熟悉，虽为文多尖酸刻薄，却也能披示些真相。其记述褚辅成先生，捎带一笔讲到出身，谓先生年轻时"本一估衣店学徒，背包下乡叫贩"云云。

自古英雄不问身世。褚家社会地位低微，先生早年曾从事叫卖旧衣的职业，有更多接触民生艰窘的机会，先生的革命之志或正萌起于此。

比对褚和唐，两人都是当时的先觉。但唐氏文宦之家，富藏书，持有恒产，其因革命而生的剧烈颠荡，想来应该是避见的吧。

唐纪勋之守约学会，会员中留有姓名的只吴廷墀一人。吴氏生平不详。能找到的吴氏点滴事迹，是1924年新丰重建妙峰桥时，他被推举为董事之首。彼时去光绪戊戌已经二十六年，吴氏能任董事之首，身份必是绅耆无疑。那么，二十六年前，纪勋在创立守约学会时，所要物色的同志应当大多是身世和他相若的，那吴廷墀在彼时至少是一位富家的子弟。

守约学会会址失记。但祝廷锡《竹林八圩志》卷八《文征内编》载唐纪勋撰《守约学会小引》一文，文末廷锡作按语，云：

　　按：引言之后，缀章程三种。曰《讲学章程》，其目十，曰"崇宗旨，明体用，去门户，戒标榜，务平实，求通达，立课程，定会期，阅报章，防鸩毒"；曰《购书章程》，其目四，曰"集股，购书，定报，推广"；曰《藏书章程》，其目四，曰"藏庋，收发，编目，经理"。并附调书符式，幅溢不备录，为摘其概于此。

守约学会组织之有条不紊，俨若一公众图书馆之雏形，此处不惮烦猥地抄录，是因学会的章程确属难得的文献，而清季嘉兴维新改良的文化光辉，最早是投射在乡僻的竹林！

对守约学会会址的所在，稽考颇难。笔札甚勤、又是当年的亲闻或亲历者的祝心梅先生，不知何故，在洋洋十三万言的《竹林八圩志》中竟未着一字。稽考既无从措手，我们只得依凭人情物理来推想，推想会址在"大夫第"的广咨堂最相宜。理由有二：其一，学会以"旧学为体，新学为用"为宗旨。既以旧学为体，广咨堂聚藏历代经籍丰赡，阅不胜阅，纪勋等人正不必舍近而求远。其二，嗣后的学稼公社、启蒙书塾又在竹林，而审其义，莫不派生于守约学会之立。

上说如是。那么，广咨堂上乡绅书生共议维新改良，他们说话都用方言，称呼彼此"吾奴、倷"的；他们人人手执一卷，咿咿唔唔于之乎者也中夹杂几句半生不熟的洋文：

"瑞弗门"

"印普洛门特"

"瑞弗罗逊"（维新改良变法之英语译音）

内中有位年纪比唐纪勋还大点的老秀才，须眉斑白，每读到此，必涨得脑门通红。

又群声喧哗，泰西如何，苏格兰如何，东洋如何的，等等，统统尽可以想象。

作为一种文化状态，这和高氏光裕堂、沈氏依竹山房和半个世纪前唐氏帆影楼之蕴蕴书香，都有着割不断的绵连。

唐纪勋服膺《劝学篇》，但也有他自己的发见。他在《守约学会小引》中论述《劝学篇》内篇之八"曰守约，喜新者甘，好古者苦，欲存中学，宜治要而约取也"时，话锋一转道："窃为进一解曰：治要约取，岂惟中学，西学亦然。然故无支离、无惝恍、无离经叛道之害，夫而后知新以守旧，守旧者不为旧拘；通中以学西，学西者不为西变。"这一节话头，大可证纪勋头脑明晰，绝不乡曲，无愧于先觉之誉。

就在守约学会展开活动后的次年，光绪己亥（1899），极具侠士气质的敖嘉熊携眷来竹林，赁居广咨堂西邻的周氏燕贻堂。是年，新篁的祝廷锡亦至竹林，和唐纪勋一起擘画筹建学稼公社。

学稼公社

从祝廷锡参与筹建学稼公社这一点上看，廷锡先于嘉熊到竹林并结识纪勋，因为嘉熊是"光绪己亥，闻唐纪勋等试区种，投巨资于学稼公社并挈家来居周氏燕贻堂，年余复还禾中"的。

祝廷锡初名家铭，寓《礼记·大学》中《汤盘铭》"苟日新，日日新，又日新"之意。后名廷锡，字心梅，号小雅，晚号俟庐老人。祖籍海宁袁花，世家，有视履堂。他是同治甲子（1864）生人，四岁失怙，随母亲戴氏迁居嘉兴新篁，依舅舅家为活。盖新篁雅称"竹里"，竹林又名"竹林里"，地方志以为竹里即竹林里，非是。廷锡之成长及学识的初就在新篁，而功业德业在竹林，是以和唐纪勋有竹林二贤之目。

廷锡幼孤贫，赖母纺织给食。每食，戴氏"则以菽芋杂米而炊，啖锡以粒，己则食菽芋以充腹，历十余载晏如也"。对母亲的慈爱苦辛，廷锡终身未敢忘。六岁，由舅氏送入乡塾就读。十五岁，谋衣食于钱庄，为学徒。二十岁，师从吴江名士李道悠（字子远）习帖括，未能青一衿，改学诗。时子远先生为新篁丝业司会计，居邻太平寺，廷锡向先生请益十年，学养由是渐厚。二十三岁为钱庄出纳（柜台伙计），后晋升经理，经营嘉兴城中亿昌钱庄。

祝氏性好文史，助李道悠编录《竹里诗萃》十六卷，又继师遗志完成《竹里诗萃续编》八卷，文名遂起。

光绪二十五年（1899），廷锡至竹林晤纪勋，时年三十五岁。其实，廷锡娶妻依竹堂沈氏，和纪勋尚有姻亲的关系，两人的结识似便早些，或者廷锡是守约学会的同仁也未可知（祝廷锡在唐纪勋去世后尝言"著者纳交成卿才十载"，如是确数，两人订交当在1897年）。

在廷锡眼里，年长他八岁的纪勋衣着讲究，冬裘夏绸，腰带上通年佩挂一支白玉药铲，温润晶莹。面清癯，双目细长，很亮。恂恂儒者，满腹经纶，头脑无丝毫冬烘气，着实令人心仪。而广咨堂唯自勉斋藏书之富，更使廷锡歆慕不已。

在纪勋这边看廷锡，虽说积年服贾，但不沾市侩，通经籍，亦知新学，精明干练，尤善下笔属文。因此，《学稼公社禀县稿》和《里仁乡学稼公社试办农学略章》，纪勋都交与廷锡完成。

这两篇文稿和唐纪勋所撰《守约学会小引》，一并收入于祝廷锡"罅漏钩沉复十载余"的方志名作《竹林八圩志》。

学稼公社是唐纪勋、祝廷锡、朱景章等，仿吴县潘氏丰豫庄创办的新式农场，又称"农学"。择址在富财浜徐家桥塬（富财浜今属竹林村，地近赵家埭），筑庄屋一所（三开间两进）。公社集资一千二百元，每五十元为一股（敖嘉熊以是投资入股），购田百亩，旨在推行区种法，改良稻种；并以蚕学馆章程及近译东洋诸蚕书作指导，讲求育蚕之方。

学稼公社自1899年起延续试办二三年，终因人事变迁而废止。公社虽未克收全功，但其在近代嘉兴改良农事，推广科学种田和养蚕，开了先河，影响很大。唐纪勋后来被秀水学堂聘为农学教授，这都是因为纪勋曾亲与稼穑。据心梅先生撰《唐纪勋传》，成卿先生身着长衫，头戴竹笠，腰挂白玉药铲，逶巡于垄亩，对畜牧、蚕桑、种稻、除虫等，无不躬亲指授，而秋获有穗逾百粒的成果。

竹林启蒙书塾

启蒙书塾旧址在竹林庙三元殿西偏竹溪堂，惜已无存。

据《竹林图经》记载：竹溪堂五间，为光绪初道士潘锦堂建。堂临清流，篁筱翠碧，粉墙黛瓦，朱柱明窗，宜于静修。

光绪二十六年（1900），唐纪勋、祝廷锡、敖嘉熊在竹溪堂创立启蒙书塾。语云嘉兴的近代小学，始于清末。确切地说，近代嘉兴之新式小学，实肇启于竹林。

从守约学会到学稼公社到启蒙书塾，三年三事功，地只弹丸的竹林开了一郡风气之先。

启蒙书塾和学稼公社一样，都是讲求"中体西用"的。这一点，与纪勋在守约学会阐发的"知新以守旧，守旧者不为旧拘；通中以学西，学西者不为西变"思想，是一脉相承的。这个思想，在学术上恐怕还不能简单评估。《启蒙书塾章程》有云："本塾以崇奉圣教为第一义，恭设至圣先师位，朝夕恭谒，以感发尊亲之心。"这便是说，书塾还是摆供孔子神像的，和旧的蒙馆并无区别。又"每月朔望，宣讲《圣谕广训》及诸善书并农学各书"云云，按《圣谕广训》为康熙钦定，合十六条，每条七言，韵文，用在道德教化、补救世道人心之失亦尚不无有益，而"并农学各书"的宣讲，则于矫匡旧蒙学学不致用的弊端，免除塾生韭麦不辨之讥，以今视之，此亦足可为之一喜了。

启蒙书塾尤为可喜而使人钦佩的是，"《千字文》《百家姓》，文义艰深，无关实用，概不令读。易以《天文歌诀》《地舆歌》《史鉴节略》等书，每日某时读书，某时习字及温习讲解，另定功课表。塾生学有余力，兼习英文、算学"。这在教学方面的改良尝试，应作刮目看。废弃《三》《百》《千》，唐纪勋、祝廷锡、敖嘉熊三人都是从旧学过来的，纪勋廪贡生，嘉熊秀才。廷锡虽未能入庠，但从李道悠习诗，于旧学也是浸涵已久的。这三人都明晓旧学的利害，因此在访求书塾教习时，就提出了教习须通达事理、立品端方、知新学的标准。

启蒙书塾首聘教习严本善，生平失记，推想来自府城。按严氏为嘉兴望族，居于北门外坛弄，清季严大魁、严涧、严澜、严其璨等，或以书画名，或以岐黄传。并有严本皋，娶同邑首富姚氏女，世家联姻。本皋二十来岁病殁（见《鸳湖求旧录·严节妇姚氏传》），本善或即其昆仲也未可知。不管怎么说，严本善是一饱学之士（兼通西文）无疑，《创办乡学章程序略》及《启蒙书塾章程》都出本善手笔，本善知教育也无疑。

继聘教习沈秉钧，亦来自府城。秉钧字叔和，以举人就任蒙师。光绪三十四年（1908），叔和先生入上海商务印书馆参与编纂《辞源》，凡六寒暑。他的长女沈亦云及次女沈性仁、沈性元，在民国史上都很著声名。

沈师施教不倦。堂上塾生十六人，分已读、未读两等，未读者先教识字，已读者授以字义。生徒年龄参差不齐，禀赋有别，但他有教无类，尤重在提挈寒畯子弟。

春天，修篁抽新绿，燕子呢喃声声。堂上诵书，先《地舆歌》：

> 今北京，顺天府，曰直隶，古畿辅；山东西，湖南北，曰陕西，曰甘肃……

次《天文歌诀》：

> 万球回薄，对地曰天。日体发光，遥摄大千。地与行星，绕日而旋。欲通天文，地学宜先……

尔后《史鉴节略》，其辞亦韵文，文曰：

> 史称浩繁，读之不易。韵语括之，以备诵记。卷帙无多，全史已备。置诸家塾，为童蒙计。庶几读之，俾知世系。金匮能窥，蒿矢可弃……

据文中"置诸家塾"一语可知，即便在蒙学向称隆盛的江南，当时大多依然是家庭的学塾，像竹林启蒙书塾这样的新式小学，各地尚属罕见。因此纪勋等人的创举，也许功不只在嘉兴了。

以上三书的诵读，堂上书声都琅琅。

宣讲《圣谕广训》并诵读，堂上书声也都琅琅。

堂上教读英文，则满堂 ABCD，其声躲舌。

关于《圣谕广训》，敖嘉熊曾在平湖、嘉兴结社宣讲，所讲"敦孝弟以重人伦，笃宗族以昭雍睦，和乡党以息争讼，重农桑以足衣食"等，都是劝人向善，和谐社会。不过，那是在嘉熊于壬寅（1902）决意放弃改良、投身反清革命之前数年。

竹林启蒙书塾之设，唐纪勋、祝廷锡、敖嘉熊首捐多金，并置学田五十二亩。学田费不敷，同人中微有啧言，纪勋听闻后，淡淡一笑，解囊出赀补足。

办学不逾年，梅洲（凤桥石佛寺）、余贤（余新）、竹里（新篁）、平林（新丰）诸乡镇的开新之士，向慕不已，纷起效仿，竞办学堂。此风影响及于府城，府城以是有新小学。

光绪末叶，启蒙书塾改为"竹林初等小学"。此后百年内，校名屡经更易。今则称"竹林小学"，并移址于竹林镇东。

竹林小学菁莪迄今，已历一百二十五个春秋。初始时期，光绪丙午（1906），纪勋因忽遭家难，学堂随时有被废除的可能。纪勋一面悲愤忧畏、深自韬晦，一面毅然对廷锡等同人表白心迹，说："学中之事，义务所在，虽死不辞！"

纪勋的壮语，使启蒙书塾这支"弦歌"，在竹溪堂没有一刻的停歇。

至于家难的事因，据唐氏后人说，当时纪勋有陷于囹圄之危，幸赖义友某挺身替罪，而这场牢狱之灾跟纪勋创设团防局为盗匪忌恨、阴谋构害有关。但据纪勋自述"家败名裂不足惜，慎勿累及衰慈"云云，则似乎牵涉到太夫人，暗藏着别一种难言的隐情。且不论事因究竟如何，当家难临头，决然不顾，仍以公益为重，也只有"惟士为能"了。纪勋的士君子襟怀，给予廷锡甚深的感动。因此之故，廷锡继纪勋之后，在竹林的文化作为亦是可圈可点的。

祝廷锡与知非楼

祝廷锡由新篁定居竹林，是在光绪壬寅（1902）初。这年，他三十八岁。

之前，庚子（1900）和辛丑（1901），廷锡在竹林庙桥西南隅——沈氏研香斋旧址起造振夏堂，费时年余而堂成。

研香斋旧址三面濒河，俗称"扁担圩"，与竹林道院隔水相望，风景殊好。研香斋是廷锡妻族的祖构，主人沈格为康熙间名士。康熙癸巳（1713）冬，沈格与兄沈感在白苎村南园荒榛中发现梅颠道人周履靖所刻二十八祖像石，沐手拜观，迎归竹林，于翌年辟佛堂——研香斋供养。道光后，斋倾圮，像石大多散失。

廷锡以沈氏甥馆筑建振夏堂，在文化传统上是有深厚的认同心理的。沈氏自明代初年始迁祖显宗公由四明来嘉禾，择居竹林，最早的祖屋即建在这里。尔后，敦本祠、竹林草堂、燕居和研香斋也都建在这里。同治后，沈氏渐次不振，唐氏继起。竹林之文化世家——高、沈、唐三氏由此定。以是，廷锡的营构宅园于此，应当连带有包含重续沈氏书香的一层意愿。

春天，振夏堂初成。长乐高啸桐先生为匾额题："期居此者之威振华夏也。"

这是彼时改良维新志士的抱负。

高啸桐名凤岐，以字行，光绪举人，工古文词。光绪二十三年（1897），啸桐先生在杭州助太守林启创建求是书院（即今浙江大学前身），是维新派知名人物。

祝廷锡地位、名望相去高啸桐甚远，他能和这等人物相交，可知他已经不只是嘉兴城里一个整天和银洋、钱票打交道的钱庄经理，诗文与才情使他跻身到士流之列。

光绪丁未（1907）四月二十二日正午，广咨堂那边传来隐隐的哭声，不一刻，唐家的仆佣腰系白带赶到振夏堂报丧：廷锡的挚友唐纪勋已去世！纪勋的死，离他就任秀水学堂农学教授不到一年！纪勋这么快下世，跟他幼年体质羸弱有关。廷锡自是痛惜不已，他回想起和纪勋十年来的交往，含悲写下了寄情深慨的挽联：

> 学问吾师，行谊吾师，择处得里仁，杨柳分春方幸我；
> 捍卫是赖，教育是赖，阽危悲世事，梓桑无福竟殂君。

越三年，纪勋从兄唐熙绪又作古。廷锡说，从兹里中人放侈颓落，江湖之日下矣。

纪勋有一子名吾同，诸生，后纪勋一年卒。

广咨堂三四年中，连丧三位当家人，其境况亦可想见了。尤令廷锡伤惜的是，唯自勉斋藏书及字画宝器文物的流散。藏书，五十四椟，二万五千余卷，多宋元善本。字画如珍藏的《高寓公先生尺牍卷》《帆影催诗图》，于纪勋病殁的次年，归于上海邓秋枚。邓氏乃著名骨董家、诗人。他把这两件法绘墨宝影印在其主编的《国粹学报》和《神州国光集》上，廷锡因经常阅报，以是知悉。唐翰题毕生皮藏宝器文物，以周白琥最古。白琥，西周礼玉，温润晶莹，无燔燎痕。唐翰题特为之作考证：虎形，长九寸，广五寸（汉官尺），雕琢精致，细入牛毛，两面合一，浑成无迹，洵是三代祀神法器。周白琥亡失于丁巳、戊午（1917—1918）间，货诸沪上，仅得数百金。后沪上古董商转售美利坚人，得值一万三千余金。

以上，廷锡有文详记，并在文末叹嗟："余交成卿十载，以时讳谈，故未尝请观其宝藏。成卿父子相继辞世，余又不忍萌巧取豪夺之思，但闻连年估舶在门，时时择其精粹以去，并司马手稿不留片楮，今欲借以考证此乡掌故，一字不可得，为之太息而已。"（《知非楼杂缀》）文中所说"成卿父子相继辞世"之事，盖纪勋之子吾同病革时，其妻已怀身孕，待遗腹子绍英诞乳，广咨堂一门孤寡，任人欺凌讹诈可以想见。廷锡撰文以记，不止是对故人图书宝物聚藏流失的痛惜，个中亦别有深沉的情感。

在廷锡所撰有关唐氏收藏的文章中，对唯自勉斋藏书记述极详核，顾廷龙先生著《唐鷇安先生藏书考略》，亦多有所参酌。

1914年秋，在建祝节母祠三年后，祝廷锡于祠后楹筑造知非楼。节母祠奉祀廷锡生母戴太安人神主，中庭立名孝廉余霖撰文并书，金石家徐三台镌《祝节母祠堂记碑》。碑文叙述戴氏苦节抚孤的情状，读来哀恻感人。

廷锡之所以把祠堂后楹改建成楼，据他自撰的跋云："节母祠后楹较卑，今敞之以迎爽气，瞻谒之余，兼资眺远。余行年五十矣，怆怀时事，有感于蘧贤知非之语因，乞张吟逋先生书此额以志慨。时甲寅秋日。"

这一节话，前半合乎人情物理，江南多雨，如地低湿，楼居大优于平屋。后半却大可推究。"蘧贤知非"出自春秋时卫国大夫蘧伯玉的一个典故，伯玉名瑗，史传蘧瑗年五十而知四十九年非，并为之不断迁善改过，国人尊为大贤。心梅先生引据此典命名他的楼居，是否为他五十岁之前的所有作为，诸如参与守约学会，襄助唐成卿先生创办学稼公社、启蒙书塾及听命褚辅成先生，加入竞争体育会、奔走鼓吹抵制美货（事因起于1905年美国虐待、排斥华工罪行）等，在深悔"觉今是而昨非"呢？

据《知非楼杂缀》残稿，辛亥革命爆发这年的初冬，祝心梅去上海拜访陶葆廉先生。葆廉字拙存，别署淡庵居士，嘉兴人，晚清名臣陶模之子，随父任上，喜以新党自居。辛亥鼎革，弃陆军部军机司郎中，南归。拙存和心梅，两先生年相若。当拙存先生问到"君谓此次革命如何"时，心梅仓促不能答，良久，才缓缓说："弟窃以为是种族之见，传自有明遗老，递嬗久且广矣。"拙存先生听罢，蹙额，摇首，叹息："君不妨直说。实行立宪，太后懦弱，幼主尚在冲龄，其何能为耶？方今之后，纷扰将无已时矣。"

两先生都看到革命的后果，是乱象不可弭息。两先生更有深层次的忧惧：他们心目中的道统即儒教文化，从兹裂敝而难以起复。对此，心梅先生似更悲观且有取譬，取譬千百年传承有序的道统犹如一大树，"发匪之乱，斩伐其枝干耳，根本未坏，发春后不难茂；今则一蚁溃防……则俗所谓霉根矣，似枝干庞然，行见日即枯败耳"。

话多沉痛，语亦未必不偏。但这还是表面的，骨子里，先生是寄希望于文化的起复。不然，就难于理解先生为何在知非楼孜孜穷年地从事搜救补苴的文化功业了。

知非者，知革命暴力之非也。

对祝廷锡在辛亥前后的政治趋向，应作如是观。

在筑造知非楼后五年，心梅先生又于节母祠东侧建俟庐，为藏书三万卷之所。此时，先生五十五岁，应该已经辞去钱庄经理，悠游于林下了。但先生并未闲着，从建俟庐的次年起，他开始撰写《竹林八圩志》，至1932年完稿，都十二卷，十三万言。志中记坛庙祠宇、冢墓、第宅、金石碑版等，当时大多或毁或佚，但仍不避烦琐地详载。后人阅读至此，可以体味到纂者用心之苦。

"遗著勤搜，残碑订古，守先待后，百载尤新……"这是陶葆廉先生在序文中给出的评价。葆廉博览群书，精史地之学。他的话是可信的。

祝节母祠、振夏堂、铭斋、知非楼、俟庐、归云亭（亭下为祝氏生圹），合地二十余亩，园宅可观。

1935 年，心梅先生离世，享寿七十有一。遗著有《明诗综姓氏韵编》《俟庐藏书志》（三十四卷，并《补遗》二卷）及《梅里志校勘记》《知非楼文稿》《知非楼杂缀》《讱翁随笔》等。其《稻》《姜》《蚕桑》三篇，不涉饾饤，讲求致用，思想健朗，尤可喜。

先生藏书多珍本，于身后渐散。1951 年，知非楼部分藏书归嘉兴图书馆。又，上海合众图书馆（今上海图书馆长乐路书库）亦得知非楼旧藏若干种。

知非楼三楹两层，楼前挺立广玉兰两本，合抱，枝干丰茂，20 世纪 80 年代初犹见。今遗址为某化纤厂所据。

草木皆非，遑论藏书楼庐。

1931 年，嘉兴建辛亥革命烈士纪念塔，唐纪勋列名为七烈士之一。

顾仲清与《食宪鸿秘》

引　言

　　汪曾祺先生《知味集·征稿小启》开篇就说："浙中清馋，无过张岱。白下老饕，端让随园。"这四句，言得精当，不容有异。

　　我的家乡虽然出不来像张宗子、袁简斋那样的大美食家，但若要讲到与美食相关的食谱，至少在清中叶风行全国的五部专著里，我家乡就占了三部而吴门空缺。这个比例和说法，是会使大多向来自认什么都要低苏州一头的家乡人为之搓手，为之感到有些吃惊的。

　　我的家乡浙江嘉兴，位当三吴东南，处在杭嘉湖平原腹地。东临大海，南倚钱江，北负太湖，西接天目苕霅，而京杭运河蜿蜒流贯境域。古昔以来，土膏沃饶，拥农桑之丰；地兼山海，享渔盐之利；食材富穰，庖厨多兴，亦江南饮馔之名郡。明清时期声闻南北通都大邑之"嘉湖细点"，即其佐证者一也。

我曾撰《味生谈吃》，多从历史、个人经历上说。我个人经历原本也无甚可以取择的价值，譬如讲到吃喝，此生与"权门""土豪"素无沾溉，所以名菜若鲍翅、名酒若茅台、名茶若龙井，或都可以免提，以避寒乞。但无奈偏生好在这上头，有些从书上看来的，有些听前辈吃家传言的，鲍翅席如何，燕窝席如何，乾嘉年间的盛馔十二簋又如何，等等，尤其是"传言"，虽不能知味，却也不妨谈谈。又，我家从先母在世日起（先母大半生一人在乡下小学教书，荣休后始得回城和我团聚），一家饭食即全经我手，执爨无烦亦乐于此，我对饮膳之道不少会心，觉得调鼎之术，其实和文章之事相通，而美食的奢俭，也足可以觇世风的变趋。职是之故，记下一点文字来，味生谈吃，于社会人文的补苴罅漏，谅也有些许的用处吧。

至于前人的日记、笔记，我选取家乡熟悉的几位：明代的冯梦祯、李日华、项鼎铉，清代的项映薇、张廷济、管廷芬等。摘取乡贤笔下所记名物、平常的食材，并略加藻饰成文，以方便阅览。由引举的日记、笔记而牵涉到别地的饮馔之事，我自然不会局牖家乡一隅，轻易地放过。因为从大的范畴说，"谈吃"总不脱江南——杭嘉湖与苏松锡常及上海——这样一个地域历史文化的背景。

食谱之始

食谱，记肴馔名目并讲求食材配搭与烹饪法之书册也。

最早的食谱之作，发轫于唐，尤以两家著名，分别出现在武则天朝和晚唐。

一家，韦巨源食谱。巨源，雍州万年（今西安）人，北周名将韦孝宽五世孙。武后时以夏官侍郎同平章事，位居宰弼；唐中宗李显恢复帝位，巨源封舒国公，不三年，为乱军诛杀。唐史称韦巨源有干才，但为政却委碎无大体。大约巨源位极人臣的十来年，在霸悍女皇的裙下，除了端拱，也只能无所作为的吧。他唯一有所为的，似乎就是上烧尾食——向皇帝进献美食。因此，在巨源死后，有人从他家的藏书中发现夹杂着不少献供御膳的食单。好事的人择其奇异者，摘抄汇辑成食谱。这部食谱，我们现在看到的自然只是残篇断简了。据上海古籍出版社 1993 年 6 月出版的《饮食起居编》载，韦巨源食谱仅千余字，记饼饵、鱼虾、肉食五十八种，其内"生进二十四气馄饨"按单个计数，拢共八十二种。如何做饼，如何做菜，其记甚简，难为法式。譬如"二十四气馄饨"，注曰："花形、馅料各异，凡二十四种。"这是对着二十四节气来的，所谓"周公辨二十四气之应，以顺天时，作《时训解》"，立为教令，以导农作云云。而食俗历来也有融和气节之说，迄今无所变易的有清明食青团，立夏制麦芽塌饼及冬至夜进补大吉宜之类也。但无如一个馄饨，仅大小之别，在我的家乡，小馄饨四角对折而中空，馅为鲜红一点肉末；大馄饨裹馅而两角对折，状似一个元宝。近三四十年来，家乡开馄饨店的以胖子家最知名，所以店号亦曰"某胖"，所制大馄饨仿湖州周胜记，鲜肉馅，大如鸡卵，可以由此化出荠菜的、芹菜的、韭菜的、榨菜的、笋尖的、香菇的、开洋的、三鲜的、蛋黄的等十数样，如是把虾仁、蟹粉、蟹黄、干贝、海参、鲍鱼这些河鲜海味用上去，凑个二十四一点儿都不难。

在我的家乡，人们是惯于吃河鲜亦好海味的，并以此为珍馐。

家乡地邻上海。甲午年（2014）秋，我去上海访友，逛城隍庙，在九曲桥对面桂花厅吃蟹黄汤包，一客六个，来两客，一百二十元，真是吃了"老虎肉"！

汤包跟馄饨都是面食中的小吃，一个笼蒸，一个水煮，都裹馅。把馄饨馅的档次提提高，不难，难在形。二十四节气，每两节令间相隔半把来月，那二十四种花形怎么弄？举例说，白露的馄饨花形该如何？吃过白露，过十五六天，秋分来了，那馄饨的花形又该如何？思之却都茫然。

推想舒国公府上的家庖里，一定有一位巧手非凡的厨娘！

韦巨源食谱附载"附谢讽食谱中略抄五十三种""附张手美家""附建康七妙""附花糕员外"等，所附者可往前溯至南北朝，有"北齐武威王牛羊脍"云云；往后则讫于五代后周世宗显德年间，京中糕坊老板某捐赀员外官，都人咸呼其糕为"花糕员外"，有"满天星""花截肚"等六种。

五代后周显德年间去韦巨源死近二百五十年。这部食谱，为北宋初人抄撮成书也未可知。

另一家，段文昌《邹平公食宪章》。

段文昌（773—835），字墨卿，齐州临淄（今山东淄博东北）人。唐太宗爱将段志玄三世孙。宪宗时召为翰林学士，穆宗朝入相。公元827年，李昂即帝位，文昌封邹平郡公。唐史记他为人疏爽任义节，治尚统静。精馔事，享用奢僭。自编食经五十卷，名《邹平公食宪章》（以下简称《食宪章》）。

段文昌的《食宪章》，海内外治中国食史的学者都认定早已亡佚，无可寻索。如美国加州大学河滨分校人类学教授尤金·N.安德森先生在《中国食物》一书中说："中国第一本著名的烹调书和第一本营养学教科书都出现于唐朝。"并加括号注云："两书现在均已失传。"安德森所说前者应是韦巨源食谱，尚存残篇，并非全逸。后者则是段文昌之《食宪章》，而"营养学"云云，其实并无现代科学那样的系统，只是古之文人士大夫最喜欢说也是善谈的摄生方术或曰养生，至今仍有着一些特殊的价值和意蕴。

我的趣味不在此，或可以免谈吧。

在撰作本节文前，我总是隐隐地感觉到，段文昌的《食宪章》和我家乡托名朱彝尊的《食宪鸿秘》有着某种瓜连，并且牵涉到另一位乡贤的著作署名。这点且容我后文表见。

唐代除食谱外，还有一位以食事豪奢著闻后世的大美食家韦陟，字殷卿，和韦巨源同宗。开元中，袭封郇国公。唐肃宗乾元初，征拜洛阳留守，迁礼部尚书。这位郇国公，性好奢靡，厨中饮食，香味错杂，人人其中，多饱饫而归。当时人称"人欲不饭筋骨舒，夤缘须入郇公厨"。

不食而知甘脆肥酿，并且使人感觉到餍足而通体六脉调和——这样形容郇公的美食，恐怕千百年来除此并无其二。《新唐书·韦陟传》记殷卿："性侈纵……穷治馔羞，厨中多美味佳肴。"穷治，必臻于奇而异。像是韦巨源食谱中的"曼陀样夹饼""七返膏""羊皮花丝""水炼犊"……今厨谁个能解析？

段成式《酉阳杂俎》曾写到韦陟："其于馔羞，犹为精洁，仍以鸟羽择米，每食毕，视厨中所委弃，不啻万钱之值。若宴于公卿，虽水陆俱陈，曾不下箸。"

唐代的食谱，所知仅此两种，文章不能多作，自亦当然的耳。

朱彝尊与顾仲清

巫仁恕《品位奢华——晚明的消费社会与士大夫》（以下简称《品位奢华》），第六章第二节第二分节"食谱出版的高峰"有云：

> 清代出版的饮膳书籍与明代作比较的话，在形式上而言，最大的不同点是在于清代单纯以饮膳为内容的食谱或食单，在种类与数量上皆远超过明代，可以说是达到有史以来的高峰。至清中叶至少就有五部专著，如清初浙江嘉兴人顾仲所撰的《养小录》，成书约在康熙三十七年（1698）前后。号称朱彝尊（1629—1709）所作

之《食宪鸿秘》，有雍正九年（1731）序刊本。朱彝尊号竹垞，浙江嘉兴府秀水县人，康熙十八年（1679）举博学鸿词，授翰林检讨，诗词均负盛名。有人认为该书可能是乾隆中叶时人伪托，也有人题为"新城王士禛著"的本子。不过，由顾仲在书中引述朱彝尊的话来看，该书成书的时间可能更早于《养小录》。其后有四川名人李化楠著《醒园录》一书，李化楠系乾隆七年（1742）进士，曾任浙江余姚、秀水县令……

所举五部食谱专著的另两部，即一部为袁枚之《随园食单》，一部为童岳荐之《调鼎集》，因不在我注重的点儿上，故不复赘。

我注重的点儿是《养小录》的著者顾仲清。按：顾仲清原名康孙，字咸三，号松垄；更名仲清，字闲山，号中村，别署浙西饕士。

忘年知交姚蝶庵兄提供的"顾氏名讳演变系年"显示，署名"顾仲"有三处：一是康熙三十七年《养小录》自序文末所署"浙西饕士中村顾仲漫识"；二是康熙四十七年（1708）八月二十一日，朱彝尊八十初度，为恩师绘八十小像，名款题"门弟子顾仲敬图"；再便是康熙五十九年（1720），徐照辑祖父徐贞木（字士白）《对山草堂印谱》一卷，有"中村顾仲"手书题记。

为行文方便，此后章节凡涉及顾仲名氏，均以"顾仲清""仲清"表之。

顾仲清，王店镇人（1996年版、新编《王店镇志》有顾仲清传，偏重丹青，不及著作；"清"作"卿"）。镇多植梅，雅称梅里。明清时属嘉兴府秀水县，巨镇，烟灶千百，市声繁响。清初，因朱竹垞先生居于此，里中文风蔚起，著名的浙西词派在此地孕育萌发，而词派六子，梅里居半（浙西词派盟主朱彝尊及"六子"中李良年、李符昆仲，均为王店人）。有清一代，镇有诗人四百四十六位，顾仲清即其一也。光绪三年（1877）《梅里志》卷十《文苑》载仲清小传云：

> 顾仲清原名康孙，字咸三，号中村，又号松壑处士，玘徵孙。增生入太学，见赏于王阮亭、汤西崖诸前辈。著述甚富，兼善丹青。以画蝶擅名当时，称为"顾蝴蝶"。篆刻法徐士白。

又补《梅里诗辑》云：

> 仲清画蝶极妍尽态，妙传栩栩之神。积题咏至五六百篇，较谢无逸更为倍之。

按：谢无逸南宋诗人，尝作蝶诗三百首，多佳句，时人以"谢蝴蝶"呼之。

由是知仲清不特画师，亦诗林中之俊士。

《梅里志》卷十五《著述》记顾仲清著《说庄》《扶青

阁集》《中村诗草》《记韵急就篇》等九种，而《养小录》凿凿在目。

民国十一年（1922）《梅里备志》卷六《著述》记顾仲清著《孔林汉碑考》一种。

祝廷锡《梅里志校勘记》（稿成于民国初年，未刊）谓仲清"六岁辨四声，十岁能琢句，稍长于书画篆刻及纤悉艺事，靡一不精。两入北闱，旋以亲老归侍，一意著书"云云。

祝氏未及提到，仲清是小长芦入室弟子。

后人所辑《曝书亭集外稿》卷七刊载朱彝尊《顾咸三〈记韵急就篇〉序》，通篇读下来，老师赞许学生："此顾子《记韵》一编为初学计者，直创古人所未有……顾子与余同里，自其大父文玉翁传有家学，而好学不倦，久从余游。性恬淡，不务为名声，尝两至都下，不妄投一刺。性喜著书，所著有《松壑诗稿》《咏史诗》《说庄》诸种。其他纂述，未易指屈也。"

撇开《记韵》不说。顾氏著作三种，前两种收入《扶青阁集》或《中村诗草》也未可知。所说"尝两至都下，不妄投一刺"云云，是仲清以增生（秀才）入国子监肄业，并两次赴顺天乡试，两次北闱均不第。所谓"旋以亲老归侍"，其实是面子上的好听话，是廋辞。倒是"不妄投一刺"，说着了仲清的人品。他是例监，入太学得捐赀——花一笔银子。顾家本寒素（《养小录序》直言"余家世耕读，无鼎烹之奉"），祖父顾玘微（字文玉），一介老儒，明亡后，弃举子业，守着祖遗的几亩薄田，十年不下楼居，皓首穷经地磨墨吮笔，著书立说。《梅里志》称玘徵"所著《十五国风疏》，说郑、卫诗不尽泥朱子《传》"，学术的掂量，在一县一镇一乡之方域，受到后人的一点敬慕。父却名与生业都不详。捐监花去不菲的银两，加上两入北闱，开销用度也不小，而长安珠米薪桂，其困于场屋的窘迫之状可以想见。仲清个性狷，有才学，却不知交游。又因从乡下镇头上出来，未经世面，对京华的冠盖们，竟连光着两只眼睛看都不会。

幸好有恩师在京，可以为倚藉。朱彝尊把弟子引荐给京中的两位知交：一位王士禛（号阮亭），顺治进士，康熙朝官侍读，入值南书房，诗与朱彝尊齐名，称"南朱北王"；一位汤右曾（字西厓），康熙进士，翰林院掌院学士，有"诗公"之目。两位对顾仲清都赐以青眼，视作小友，以为遗才。仲清由此进入士大夫社交圈，有不少的机缘，得以结识名公巨卿，而名公巨卿每座，尊之以居西面东。用他自己的话来说则是："浪游十余载，传食于公卿。"

传食，辗转受人供养也；公卿，三公九卿即高官大吏也。

当然，供养不会白供。仲清做的是外傅，是教人子弟读书的塾师。

十多年的坐馆，陀螺似地出入朱门，使顾仲清领受了钟鸣鼎食的气派，见识到了各个势家食材的丰赡、庖厨的精良、肴馔的甘美，以及主人对待豪奢筵席的不同态度，大开了眼界。这为他著作《养小录》积聚了体验性的素材，而他在饮食上一向主张中庸的思想也由此不可动移。

本节讲朱彝尊与顾仲清。取年谱之便（《朱彝尊年谱》，张宗友著），查检朱、顾师生之间的过从，大概有这么几则：

一、康熙二十六年丁卯（1687），"三月六日，同陆嘉淑、乔崇烈、周笾、顾仲清、朱昆田、龚翔麟、刘国黻、刘中柱等至一峰草堂看花"。

二、康熙三十八年己卯（1699），"五月初一日，徐釚所赠之罗浮蝴蝶破茧而出，有诗以纪。弟子顾仲清为之图"。

三、康熙三十八年己卯，"除日有诗怀昆田"。《曝书亭集》卷十九《除日二首》诗："感念亡儿苦，难收泪两行。梦中犹定省，岁杪益凄凉。"诗夹注："上舍顾仲清咸三、文学金介复俊民、戴镆淑章、李宣景濂，俱有挽章。"

四、康熙四十七年戊子八月"二十一日，八十初度，未事庆贺。然弟子张大受曾广征诗文，顾仲清为写八十小像轴，其余友朋弟子，亦多有祝寿之诗。查慎行赞先生为'江东第一人'"。

四则，不多，但择其紧要的都有话可说。譬如康熙二十六年三月六日，顾仲清随同竹垞先生赴一峰草堂雅集。按：一峰草堂是翰林院庶吉士乔崇烈在京的池馆，而丁卯是乡试之年，据此可以推断仲清在太学坐监期满后，正准备着迎候八月间的开选。至于这次北闱是他初次还是再度参与，已不能测识。康熙二十六年，是朱彝尊应博学鸿儒之诏后居京的第十个春秋。这十年中，凡仲清北游京师，朱彝尊对这位同里门人必定会有多方的照拂，而举办诗酒文会，助其结识燕都名士是其一也。

朱彝尊家本嘉兴郡城，顺治六年（1649）为避兵祸移居城南三十里外之梅会里。顾仲清家则世居王店。李日华《味水轩日记》卷四记万历四十年（1612）四月"九日，同张嘉林往王店镇吊顾玉虬尊人肖山君。是夜留饮小园，红紫蔷薇盛开，在坐者玉虬从兄酉岩，从子西星，皆嘉庠生也。论文谈谑无忌，至三鼓醉矣"。

李日华字君实，号竹懒，斋名味水轩。万历二十年（1592）进士，官至太仆寺少卿。精鉴赏，工书画，亦擅文学。在他投闲里居的二十余年中，嘉禾士子载酒问字，文章以得味水轩评铨为荣。

日记中的顾氏都是嘉兴县学生员，和李日华有师生之谊。日记所称顾玉虬即仲清祖父，酉岩则堂伯祖，而西星为堂叔伯辈。

顾氏祖屋在镇大街，相距曝书亭不到半里地。

《梅里志》记朱竹垞六峰阁、顾仲清扶青阁，都可以遥望到名胜殳山，以为"送青致爽"，"借才异地者也"。

朱顾两家，结邻而居。仲清亦由此比昵师尊，但他是哪一年递的门生帖，却也无从考索了。其生卒年亦不详。他和竹垞先生相差的年齿，我从《朱彝尊年谱》获取到了一个大概。

康熙三十八年五月初一日，悬挂在竹垞先生卧室床帏中的一枚蝶茧——去年冬，同年至交吴江徐虹亭所赠，以产自广东博罗县道教第七洞天罗浮山而得名"罗浮蝴蝶"——忽然破茧，化蝶而出，其大如掌，绕床飞舞，拍拍有声。

竹垞先生的次孙朱稻孙在所作《中村诗草序》中有一段文字，谓罗浮蝴蝶云：

> 蝶神光陆离，五彩错杂，笼以白藤箧，饲以黄葵花，经旬放之，栩栩庭院间。先大父暨先君子赋长歌纪异，因属中村先生绘图并诗以传，一时称为佳话。

撇去诗人玩蝶化庄生那一套雅兴（宋以来，文人骚客有以咏蝶、放蝶、画蝶为雅道，称"蝴蝶局"），就画蝶言，中国画里头有"草虫鱼藻"一门，草虫如蟋蟀、蜻蜓、油葫芦、叫哥哥、游蜂、彩蝶……都画极工细，不像鱼藻可写意，可大笔头挥洒。画草虫须目力精准，手不能颤。一般画家画草虫最佳年龄段在青壮时。齐白石晚年画的花卉果蔬——爬在菜叶上的七星瓢虫，叮在桃花花蕊上的蜜蜂、蛱蝶、胡蜂、灰飞蛾——无一不是其青壮时预先绘下的。临老，取出来添上几笔枯藤阔叶、瓜果蔬葳之类的大写意，于是整幅画成。

康熙三十八年，朱彝尊七十一岁，在主持了曝书亭南梧桐树下的蝴蝶局，吟出长诗《罗浮蝴蝶歌》后，即命弟子顾仲清在一幅生绢上画蝶。这个场景出自朱稻孙的《中村诗草序》，是年他十七岁，未冠；被他称作"中村先生"的顾仲清，年龄当在四五十岁。

乾隆中，诗人徐晦堂有《梅里诗辑》之作，其十九卷"顾仲清"目下记云：

中村古诗恣肆排募。善画人物,有《临邛涤器》《琴操参禅》等图。尤喜画蝶,极妍画态,加以题咏,积至六百篇,时称"顾蝴蝶"。孙绣虎,字有堂,邑诸生,以画蝶名。

这一段与《梅里志》中的《顾仲清传》微有异,以是知仲清还擅画人物。他"尤喜画蝶",一蝶一诗,六百篇。按常理,若非一个青壮年并有与之相应的体力、精力、目力,是难以完成这么大量的画作诗作的。

据此,说仲清年未逾五十,是比较靠谱的。

是年十月二十一日,朱彝尊次子昆田弃世。十二月三十日,顾仲清和老师一起作诗痛悼昆田。

朱昆田字文益,号西畯。顺治九年(1652)生人,死时年仅四十八。仲清和昆田同辈,两人又是同砚席的知交。前一年,仲清著《养小录》书成,昆田为之题跋,百四十二字。

康熙四十七年八月二十一日,朱彝尊八十寿辰,顾仲清绘八十小像图以贺。小像白描,线条流畅,气韵雅致。字与画,笔法清婉。

画上端篆书题"竹垞先生像",左下行落款亦篆书"门弟子顾仲图",钤白文印"顾生"。

这是蝶庵从《曝书亭集》上获取到的,比较《养小录》的署名"顾仲",两者相隔十年。

至此,"顾仲"即顾仲清,应该无疑了。

但《养小录》一书的成因，它和《食宪鸿秘》之间是否存有某种关系，谈起来却不很直截简单，需另辟章节加以细说了。

宝丰驿馆

康熙三十七年的仲冬，年逾不惑的顾仲清已倦疲了在公卿士大夫家充当塾师的生涯，决计蹼被南归了。

促使仲清辞馆还有另一个原因：麦收后，远在中州（今河南）宝丰任知县的同乡世交杨宫建，给仲清寄了一封书信。信上说他在宝丰任官不到半年，结识同宗破落世家子广文先生杨子健。其家藏有一部先祖抄辑的《食宪》古谱，杂乱，几不能卒读。闻知贤世兄多年用心于饮膳之作，如有兴，可至中州一游，当为借观云云。

这封书信，两三纸，看得顾仲清怦然心跳。杨宫建字千门，海宁人。其家乡居，和顾仲清同住长水塘畔，相去十里地。康熙中，由附贡任城武（今山东成武）县令，后丁艰服阙补宝丰。附贡，不是正途出身，为乡试正榜的同寅所轻。但他是能吏，官声好，有"杨公渠"纪念之。

由北京南归（在通州张家湾登舟），或从嘉兴北上入都（在府城北门外杉青闸上船），运河水道计程两千九百八十三里，沿途经四省、一卫、八州、五府、九县、二驿亭、五十八座关闸。乡闾村市，多不胜屈指。

如是赴京公车会试，水陆兼程，期三十四五天。如是舟行，鼓柁张帆，背纤曳船，途中为风雨、水浅、堤塞、关闸放不放行等诸般因素所阻，期六十来天。

仲清来去都是舟行。

自从康熙二十五年丙寅（1686）赴京（仲清有挽同里周箕诗："丙寅予入都，相聚古藤屋。"）并于次年入顺天乡闱，至康熙三十七年，仲清在京城住了十三个年头。这期间，除了奔父丧、探母病、替儿子娶媳完婚这几件事曾买舟返南外，每年岁末的散馆都没有回乡一次。京城多饱学宿儒。因恩师朱彝尊的推介，仲清居京十三年，课徒授经之暇，访师问学，研求文章之道，不使一日闲过。他又"性喜著书"，十三年里完成的著作有《说庄》《学庸说义》《孔林汉碑考》等数种，而《记韵急就篇》则是他吃外傅饭的本钱，教子弟如何识字辨音知义，心法独具，被竹垞先生推为韵谱之功臣。刻下，仲清正孜孜于新著《饮食中庸论》的写作，草稿未竟，恰好接到杨宫建的书信，信中提到的《食宪》古谱，就像一帖催化剂，促动了他速速南归的念头。

这天清早，顾仲清去东城厢驴店雇了头小毛驴，骑驴出东便门，顶着天际的一钩霜月，"郭嗒郭嗒"地上了京通道。此去通州张家湾六十里，午后抵南码头，下驴上船，放闸起程。

航船载客二三十人，包住包吃。仲清有过七八回坐航船远行的经验，行囊只带一个小青布袱，袱里几件替换的内衣裤；一只京式网篮，篮里放一个铜墨盒，两支笔，那是预备在舟中作诗、作笔记，以抒旅肠的。画笔、画碟、颜料装一个尺把长、五指宽的竹箧，途中来了兴致，打开竹箧画几笔写生。

还有厚厚一摞《饮食中庸论》书稿，这是他出门都随身带着的。

船过江苏宿迁，仲清缴了票上岸，叫了一只本地的腽腽船掉头向西，由皖北入河南境，一眼望去全是黄泥土路。退了船，雇一辆骡车颠颠地去往宝丰。

宝丰县地僻人稀，穷得一塌糊涂。驿馆在牛舍旁边，舍前几畦菜地，全种的大葱。时令已交小雪，大葱收了，剩十多根在地里，葱叶萎蔫，黄疲疲的一绺耷拉着。

知县杨宫建在驿馆待茶待酒饭，召来典史、驿丞、一个催钱粮的胥吏和那位广文杨老先生作陪。官庖送上茶来，一把大瓦壶，六个黑陶茶碗，很糙。瓦壶沏大叶子茶。仲清啜了啜茶，回味有点咸。茶将喝尽，低头看茶碗里，碗肚底上沉着几颗黄的泥粒。

驿馆有专供过往官员、传递公文书信差役住宿的馆舍，用膳的庖厨。宝丰少有官员过境，一张榆木白茬八仙桌摆在那里空落落的。

官庖上酒上菜。酒，当地的土烧，一股烂红薯的药腥气；菜，烧牛肉、烧羊肉、烧腌鲤鱼，加几碗煨土豆、凉拌芫荽、水煮老豆腐做荤素搭配。碗盏一色的粗黑陶。每人桌前摆一头紫皮蒜。桌上还有一大钵麦酱，黑乎乎的。烧牛肉和烧羊肉用的调料也是麦酱，黑乎乎，硬邦邦。

仲清出于礼，搛了一小块羊肉，连皮带筋的，嚼不烂。

席间宾主说着话，连声"请请请"。北方人爽快，不见生疏。

仲清打量那广文杨子健（广文者，县学学官），年纪和千门先生相若，六十出头，乱糟糟的花白胡子，说话亢声，精神头十足。酒才三巡，他的蓝绸大棉袍胸前已经油了一大块。

胥吏是宝丰本地人，起身去牛舍前菜地拔了根大葱，撕了烂叶老皮，也不洗，把大葱往手掌里一捋，去麦酱钵戳了戳，嘎巴嘎巴大口吃。

北人嗜蒜，午饭吃面条，筷子粗，就着麦酱、生蒜吃。

知县杨宫建剥了个蒜瓣，雪白的糯，手指头捻捻，咯吱咬下半瓣吃面。他在山东任官多年，那城武也是个僻县，岁多俭年，老百姓吃面条生蒜蘸麦酱已是上食。宫建恤民，日久对这种吃食也惯了。

那四人也都剥蒜蘸麦酱吃面条，桌上一片咯吱唧落声。

仲清吃不了生蒜，又觑见麦酱钵里有几个死了的蛆虫，不敢下箸，向官庖要了点盐。

宝丰县驿馆膳食之粗恶，顾仲清在《养小录》自序中有几句交代：

岁戊寅游中州，客宝丰馆舍，地僻无物产，官庖人朴且拙，余每每呰食，诚恐不洁与熟，非不安淡泊也。

余家世耕读，无鼎烹之奉，然自祖父以来，蔬食菜羹，必洁且熟……管子曰："呰食者不肥体。"余真其食者，宜其为山泽癯也。

眚，刻字误，应作"鲞"，嫌食也。

嫌食，挑剔吃食，我家乡土白曰"挑食"。挑食有爱吃不爱吃的，仲清自谓"谨守色恶臭恶之语，遂成痼癖"，看来他对于吃食的精细粗劣乃至新鲜与否，是有着近乎病态的取舍的。但《养小录》序末自署"浙西饕士中村顾仲漫识"云云，盖"饕"在馔食之道中谓"贪食"也，或曰"极能饮啖"。历来士大夫文人墨客中的此类人，都喜以一"饕"字自诩为老饕、饕徒、饕客、饕夫、饕人、饕馋、饕士……带有几分嘲谑的意味不言自明。

千百年中，自苏东坡作《老饕赋》起，饕某们不以美食家相标榜，是古时尚无有此名词。苏州陆文夫先生在小说《美食家》中言，"美食家"之名，是近代从外国进口的舶来品，流行未久。这个，陆先生是考证过的。

由此，仲清亦今之所说美食家者无疑，不应只以挑食者视之。

山泽癯

顾仲清瘦高，白净。吃饭总拿个小碗，饭不满碗。捏筷的手伸得很长，脖子也伸得很长，挑挑拣拣，吃到嘴里一点点。他做外傅的十多年里，在公卿士大夫家吃燕窝、鲍翅、海参上等筵席，也是一点点，但吃到嘴的都是最好。譬如清炖鱼翅，他的筷头能分辨出哪是拆碎的鳞翅，哪是萝卜丝，分毫不差，每下箸必中。

重阳节，江南籍的京官节前节后忙着吃蟹黄面，亲友传餐，以应时令。北京螃蟹出天津，而天津的螃蟹又以产自其附近胜芳镇（今属河北霸州）石河者名最著，号为"紫蟹"，大的一斤四五个，小的才铜钱大，别称"灯笼子"。这怎么能跟家乡的比呢？家乡南湖的簖上大煤蟹，汾湖的大小螯紫须蟹，一斤两个。那蟹螯剥出的肉，雪白粉嫩一大朵，装满满一匙！并且，天津紫蟹不只个小，蟹粉蟹黄吃起来口感也有一点木。所以，师叔（恩师的表妹夫）、浙西六词家之一的沈皞日先生在唱和《桂枝香·蟹》时，有词道"看秋酿，新篘熟早。向松火山厨，蜀姜来捣。狼籍杯盘，那计悲秋怀抱，天津赵北东西路，也盈车、软尘吹道。沉吟乡味，汾湖一曲，不如归好"呢。

蟹黄面，挑几筷，面上舀一点蟹黄，应个景。

对人，仲清以"山泽臞"自况。

山泽，山林川泽也；臞，瘦也。山泽臞，即山林川泽中的瘦人也。但这样的解说肯定不带劲，仲清心目中的自己，是一个体魄清癯，饱读经史，怀持用世之心，却不得已被投诸野的儒生。

龚自珍《皇朝硕辅颂二十一首序》有云："惧山泽之臞，有不尽知，用敢仰衷国史，作赞二十有一。"此定盦反语。定盦为不世出的大才，是极其自负、目空一切的。但把这个看作是仲清在宝丰驿馆埋头编撰《养小录》时的心态，则也无有不可吧。至少，他觉得在食史上，他可以为后人留下一部传世之作，也不枉担了这些许的文名。

《养小录》成书后初名《食宪》。这是有来由的，"食宪"一词出自唐段文昌《邹平公食宪章》，而段氏这部自编食经据传有五十卷，却亡佚已久，后世只知其名和宋初陶穀在《清异录》中记下的那一则著名的掌故。

顾仲清在《养小录》自序文末谓：

> 适广文杨君子健，河内名族也。有先世所辑《食宪》一书，余乃因千门杨明府得以借录。

河内，古郡名（辖地在今河南省东北片）。杨子健，宝丰县县学学官。有清三百年，在地方职官中，学官大多选用举人，并且经上司考定由欠缺县令才具者充任，因此也被人看作是毫无前程的冷官。学官（教谕和训导）中虽学问好却已年老衰敝者有之；死读书，懵懵于经术，却以道统自居者有之；头脑完全冬烘，只知搬弄些恒饤文字者间有之；当然，具通儒之学，以育才为职志，精著述，终成宗师者也不乏有之。广文杨子健属何路数，不好说。他是世家子，名族，族中历代济济多士。从他虽为冷官穷官，却世守着先祖辑集的这部《食宪》来看，他一定尚未沦落到食贫的地步。关于这点，有朱彝尊次孙朱稻孙的一些经历可以比对。

朱稻孙其人

朱彝尊生二子，长子德万早夭，次子昆田成立。昆田生二子，长子桂孙，次子稻孙。桂孙一支，至孙休嘉、休命、应麟，均二十来岁、三十出头离世，并且都无力婚娶，绝嗣。稻孙一脉稍盛，但也已经是清门零落，乔木萎蕇。稻孙和顾仲清为忘年交，仲清的《中村诗草》是稻孙作的序，时间当在祖父朱彝尊弃养之后。稻孙（1682—1760）字稼翁，号芋坡，晚号娱村。府庠生，以例入太学（以例，捐银入学读书），考授州判，荐乾隆元年（1736）丙辰鸿词科征士。今人张宗友著《朱彝尊年谱》卷末《身后》，谓："先生身后，子孙多贫，清门零落，学问文章，不复乃祖之盛。曝书亭八万卷藏书，亦散佚殆尽。"此说去事实不远。雍正庚辛间（1730—1731），朱稻孙供职浙江通志局，充纂修。据局中同事赵一清记，曝书亭旧藏有宋版书半部，朱竹垞生前视同性命。同事钱塘吴绣谷探知此书尚在稻孙手头，而稻孙每常叹穷，遂由他作缘说合，赵一清得以白金一斤购之。白金，银子也。一斤，十六两也。赵一清带点儿自喜的口吻说，"曾未及三之一也"。也就是说，按市价这半部宋刻起码值个五六十两白银。

朱稻孙以这么低廉的价钱，把祖父宝同球璧的古籍撒手易了主，他的心情当然是郁闷极了。这年，去祖父辞世二十一年，他四十八岁。这岁数在彼时已经被人尊老，称"某翁"。但念想自己，科举功名，仅得考授州判，铨选无期，等同画饼。即使铨选了，无非知州的佐史，从七品，官比芝麻绿豆还小，况且是捐监出身，虽经吏部廷试（考授），但非正途，只一介杂流耳。

稻孙取出一点碎银，去通志局隔壁的成衣铺做了一件湖绸长衫。入夏以来，他拜谒上司，会晤访客，穿的还是葛布夹袍，如铜钱厚，双层，捂出一身痱子。出成衣铺，走着去艮山门新桥埠，托航船上的乡友把银子捎带给王店家里。家里，长子赐书年已二十五，尚未进学，此子愚质，读书不成，看来青一衿是难了。次子昌淳，六岁，髫龄小儿。开蒙，读《三》《百》《千》，塾师教一答一。哪里好跟他曾祖父比，曾祖父亦六龄入塾，蒙学胡先生出对子曰"王瓜"，群童哑默，独曾祖父应声曰"后稷"。先生原拟"紫茄"，大怒，斥胡对，欲加体罚。叔父蒂园公却见而奇之，以为吾家白眉。"一代聪明三代笨"，稻孙每念叨起这句俗语时，钝卵脾气上来了，禁不住连连皱眉，头发旋。老妻盛氏和小妾，养蚕采桑，纺纱织布，以换取脂粉，也贴补一点家用。儿媳生子名休承，尚在哺乳。赐书拙于治生，只知张口吃白饭，两年一次的县考还得花银子。家中雇一老妈子为照看门户。纳妾、使唤仆佣，是世家以及做乡绅的招牌，尽管穷到举家食粥，这块招牌拼死也要扛着的。

稻孙家大小老幼八口，食指近于繁。祖父在去世前七年，为长孙次孙析箸，书有《竹垞析产券》，券云："竹垞老人虽曾通籍，父子止知读书，不治生产，因而家计萧然，但有瘠田荒地八十四亩零，今年已衰迈，会同亲族分拨，付桂孙、稻孙分管，办粮收息……"据券记，稻孙一房分得四十一亩八分五厘。这些田地，有在吴江县的，有在嘉兴县、秀水县的，东一搭西一处，全由佃户耕作。一年中，收租解粮，朱稻孙跑得屁夹慌忙。

我家乡清初时，农田种稻一季，称"一熟"。平常年景（无水旱灾），亩产谷三石，合三百六十斤。朱稻孙名下的田地，除去坟地、屋基池地等，水田为三十三亩。以亩产三石计，一年获谷九十九石，合一万一千八百八十斤，折兑成糙米八千九百十斤（砻谷脱粒七五折）。张履祥（号杨园）《补农书》云："佃户终岁勤动，祁寒暑雨，吾安坐而收其半。赋役之外，丰年所余犹及三之二，不为薄矣。"杨园先生是清初我家乡大儒，他的《补农书》流布影响至今。所说"吾安坐而收其半"云云，诚有讥世微意。这个，不展开。但据此可推知，按通例地主朱稻孙一年田产所获，除去佃户力耕应得之半，缴纳赋税后，实收糙米二千六百三十六斤。

这是就风调雨顺年景及熟田而言，如是遇旱涝灾年，颗粒无收亦有之。稻孙的三十三亩水田，大多属瘠薄，亩产能收个石半已经算是熟年。家乡往昔有正月十五"掼火把"旧俗，是夜村童扎稻草为火把，举手中奔跑跳跟田塍，口中高呼谣词，亦承转有韵如歌，其词曰：

> 哗啊哗，曲啊曲，
> 我家田里三石六，
> 你家田里三蚌壳。
> 哗啊哗，曲啊曲，
> 我家田里白米堆，

你家田里砉糠堆。

　　……

　　歌讫，村童纷掷火把于田中，积一大簇任其燃尽。这原本是上古刀耕火种的遗风，如是全用方言写出，别地方人很难懂，且兔。惟有二字需稍加解说：一、"砉"为助词，此处却作"多""势盛"；二、"曲"应作驱虫之"驱"，方言读别为"曲"。把自家农田的害虫驱赶到邻家的田，这种小农经济下的自私，当然鄙猥可哂。但驱虫之外，也有以火炬杀灭越冬虫螟之意，近于科学，不无可取。据说"掼火把"最晚在宋元时已流行，以嘉湖称盛，又名"烧田蚕""放宵火""田柴之会"等。宋范成大《照田蚕行》有云"侬家今夜火最明，的知新岁田蚕好"，盖农人祈年也。又云"乡村腊月二十五"，这是南宋例行此俗的日期，全明清演变为元宵也未可知。

　　我今引据来作文，是喜其谣词有"三石六"，即三石六斗也。我家乡素称江南稻米之域，这三石六斗应该是数百年间家乡每亩田稻的高产数，也是稼穑所梦寐以求的。拿这个来比照地主朱稻孙，其田多硗埆，远不能逮此，甚或减半也是可能的。我给出的年入二千六百三十六斤糙米，亦属善意的高估。所以，朱彝尊在《竹垞析产券》中写下这么几句作遗训：

　　　　孙等须要安贫守分，回忆老人析箸时，田无半亩，

110

屋无寸椽。今存产虽薄，若能勤俭，亦可少供饘粥，勿以祖父无所遗，致生怨尤……

这讲的是实话，符合农耕现境，那少供饘粥，也非文人的漂亮话，属情是真。

稻孙一家的衣食仰赖于斯，能不窘绌？

家乡老辈衡人穷富，一般谓这一家“吃饭的”则其家小康富，谓“吃粥的”则其家食贫。

稻孙的治生，应当另有谋稻粱的路数。可以像顾仲清充当塾师，寄食于公卿；可以像乃祖在博学鸿儒之前，从二十来岁到五十岁，一直浪迹江湖卖文，四处依人游幕；也可以鬻字，朱稻孙擅书，楷法在褚、欧之间，尤工分隶。如此等等，亦才子文士沦落时的世情。

但观稻孙的行状：当塾师，未见记载。鬻字，他并无祖父那样的功名——翰林可以炫耀，书法难为时人所重也是当然的。稻孙是以无良史之辞可假，无飞驰之势可托，只能“晚景益穷，稍藉此自给”而已。游幕，他直到年过七十一衰翁，越发贫不能支，拄杖去扬州，为盐运使卢雅雨（见曾）上宾，卢大人助其完刻乃祖所著《经义考》，又怜其老，吃了一年半载的隚饭。卖文，他两入国史馆、一入通志局也算，但时运顺逆难定。康熙末，大学士、国史馆总裁王掞引举朱稻孙入馆纂修国史，因挟其家藏二百七十余种书以备修史，引起同事争构，他不干了，辞了。与修《子史菁华》倒是有始终，“书成，例得州倅。稻孙赴友人李宗渭之难于关中，比还，期已过。或云铨曹吏可商也，稻孙不肯，遂不选"。这两次都是先顺后逆，他的钝卵脾气又上来了，皱眉，头发旋，拒不去通款人情。他那些年在京中，还有一个脾气，但凡"遇故家子弟零落不偶，则涕泪不自持"，抽抽泣泣，半天缓不过气来。

雍正八年（1730）春，朱稻孙去浙江通志局，跟国史馆一样，不在职官编制内，虽被尊为纂修，待遇上却并非厚禄，薪给远比总裁、总纂、总校、提调乃至校对等，都少了去。这和现今各地的地方志编纂室很相似，不在编的外聘人员与在编的干部，并不按劳取酬。薪资是讲干部级别的，级别高，当上主任官或主编，却未必学问好。外聘有才学、能点校古籍的，出书时他的名字前头是主任某、副主任某、主编某、副主编某、成员某，最后才轮着他——点校者某某，居末位。吁——编制之内外有别，古今一律，能不感慨也乎？

朱稻孙在通志局混个肚子圆罢了，俸余之无几是可以想见的，不然何至于把半部宋刻羊肉当狗肉一样卖掉呢？

这半部宋刻，便是钱塘汪远孙等在道光十一年（1831）据以雠校、刻印的南宋《咸淳临安志》。

汪远孙，字久也，号小米，又号借闲漫士，嘉庆举人。家富藏书，有振绮堂。汪氏在宋潜说友《咸淳临安志》卷后题跋，于考证潜志版本收藏流转甚详明。汪跋中提到的"乡先辈绣谷亭吴氏"即吴绣谷，名焯，字尺凫，其瓶花斋藏书多宋雕元椠；"小山堂赵氏"即赵一清，字诚夫，藏书处名小山堂，异本数万卷。我在前引赵一清的记载，讲到吴、赵两人在浙江通志局向朱稻孙购得半部宋刻一事，汪跋未曾提及，且曝书亭所藏究竟是半部还是八十卷，也颇有扞格。这个，我不展开了，我没有力量作考辨。我关注的是潜志在流转中曾被朱稻孙贫甚出售的事实，这一点，我采信于赵记，因为赵诚夫是亲历者，所谓三对六面并有旁证也。

朱竹垞先生称潜志"为宋人志乘之最详者"，可见这部"纸色墨香，令人不敢手触"的宋椠，在当时人的眼中已具有非同凡响的地位和价值了。

我国历史文化的存没，不少是和图书文物的收藏流转如何有关的。朱稻孙有幸遇到了像赵一清、吴焯这样明识的藏家，使《咸淳临安志》在道光十一年得以重刻，成为传世宋志中近乎独一的善本。同样的，顾仲清和杨子健在宝丰县驿馆相遇，所幸两人也都是明识之士，于是不经意间，在我国的食史上闪放出一缕异彩，成就了《养小录》传于后世的声名。

借录《食宪》

顾仲清的生平我已经做了一点勾勒，而杨子健的生平，除了他是宝丰县学的学官，科举功名顶多是一个贡生外，其他只好阙如。至于河内名族，杨姓谱系极繁复，我拣便宜的说：杨氏祖始山西，秦汉时已成北方显家，著名的郡望有三——弘农郡、天水郡、河内郡。弘农与河内毗邻，两郡的四至大致在今河南省黄河南北两岸及陕西省境内华山以南至柞水之东，纵横二百余里，山川巍峨而人文蔚秀。

查《中国人名大辞典》《大辞海·中国古代史卷》，杨氏在隋唐时出了重臣、权臣、名臣达数十位，此为家族鼎盛之期。唐文宗时，杨虞卿、杨汝士、杨嗣复等与段文昌同朝辅政，而文昌的《邹平公食宪章》为朝野尽知，应当已无可疑。据此，我揣测杨子健所说的"有先世所辑《食宪》一书"，正是杨嗣复等以同为朝士之由，或以彼此过从、饮燕的机缘，而有辑录的方便呢？如是，顾仲清在宝丰驿馆借录的《食宪》，有相当的篇幅即是久已佚失的段公五十卷食经亦未可知。

但揣测终究是揣测，如我家乡的方言，"勿作数"。

那么，求其次：广文杨老先生说的"先世"（写至此，我像是见到了杨君子健出现在宝丰驿馆时，双手捧着部《食宪》，嘴巴嗫嚅着"先世，先世"，连带着乱糟糟的花白胡子也抖了起来），至少不会是本朝，往上溯，明代、元代、两宋、五代，都有可能。这位杨氏"先世"是何人？按常理，顾仲清拿到《食宪》后是清楚的，然而他不说，不说无非是书已年代久远，纸页残破，不复旧样，无从辨识辑成此书者为何许人了。这个只能存疑。且看顾仲清是如何处置《食宪》一书的，《养小录》自序文末云：

适广文杨君子健，河内名族也，有先世所辑《食宪》一书，余乃因千门杨明府，得以借录，其间杂乱者

重订，得复者从删，讹者改正，集古旁引，无预食经者
置弗录，录其十之五，而增以己所见闻十之三，因易其
名曰《养小录》……

　　讲得简切，文含嚼头。何谓"辑"？盖辑者纂集也，可
知这是一部大半集古而成的食谱，并非全是原创之作；至于
重订、删节、正讹、择录，种种编辑工夫，凡干过此种活的
老手都知道，十五万字，没个十天半月是绝对收不了笔的。
在那些个长天时日里，北方苦寒，驿馆旁边的牛舍里，两头
又瘦又老的黄牛冷得站立不住，整天卧倒在麦草堆里。牛舍
前的几畦菜地，结了一层白森森的冰，把土冻得像石头。顾
仲清趴在驿馆那张榆木白茬八仙桌上，呵砚磨墨，搓手握
笔，小心翼翼地揭开纸色灰黑、有点儿黏连的书页，边看边
抄录。抄录的纸是当地用麦草做的土纸，二方尺大，很粗
糙，吃墨，一整张可写数千字。一张字满了，换一张。驿馆
里没什么人——宝丰是僻县，一年收递官书文告的差使也不
多，上司官员嫌这里的吃食坏，更不愿意来——很安静，只
听见仲清手上那支小楷紫颖在土纸上"沙沙沙"的。停停，
"哗——"传来掣纸换纸的声响。

　　官庖端上吃的来，两个高粱窝窝头、半钵麦酱、一满碗
大叶子茶。官庖矮矬，出去时低头垂手，两个腿一拔一拔地
倒退着，脸上似含一点愧意。

　　顾仲清哪里顾得计较这些，他抓起窝窝头就往麦酱里蘸，
一边手中笔不停。初来时看了心里发毛的麦酱（有蛆虫），早

就不当回事了，觉得窝窝头蘸麦酱，吃起来省事，挺好。

两个高粱窝窝头吃净，仲清的嘴上一圈黑乎乎的酱渣。

早、中、晚三餐，高粱窝窝头和筷子粗的面条、小米粥，轮着吃。再不挑三嫌四（唯蒜头和藏在地窖里越冬的大葱，还是不能吃），不觉着苦，是眼瞅着这部《食宪》如品甘馔，心不以为苦了。

历代有关饮膳烹饪的记述，从先秦、两汉、魏晋南北朝、隋唐至宋元明，仲清都曾寓目，早已了然。唯独眼前这部《食宪》，一打开便有一种陌生感袭来，凡有用的条目，都从未见过。仲清如入宝山，不停笔地抄录，所见阐义精当的，更是喜出望外，嘴含唾沫，急舔笔头，旁加密密细圈。

卯时即起，午时也不歇着点，一直干到酉时上灯。吃喝就在那张榆木白茬的八仙桌上。天天如此。小寒前数日，书稿成。带来的两支小楷紫颖也写秃噜了。

"录其十之五，增以己所见闻十之三"，是仲清言其《养小录》的书稿从《食宪》一书中辑录了百分之五十，他自己在餐饮上头的见闻为百分之三十，还有百分之二十，以意度之，应当是仲清的厨灶亲历和本乡土的名物了。因书稿半数获自《食宪》，故初亦仍袭旧名，后才易名《养小录》。这说起来有点绕，暂且打住，因我马上就要讲到据传出自仲清恩师朱竹垞撰的《食宪鸿秘》了。何以到了竹垞的名下，"食宪"二字就那么堂而皇之了呢？

康熙三十七年（1698）十一月下旬，顾仲清在驿馆完成了书稿的自序。这篇序文应该是未定稿，大体上是以他在

《饮食中庸论》里的一些观点写就的。

同时，宝丰县知县、同乡世交杨宫建的一篇序也已早早地送到了他的手上。杨序中略谓"或亦寓讽谏之旨乎，阅《食宪》者，首戒宰割，勿多戕物命，次戒奢费，勿暴殄天物，偶遇物品……以洁为务，以卫生为本，庶不失编是书者之意乎"的说法，不但和仲清秉持饮食中庸的那些观点相契合，亦佐证了书稿的初名为"食宪"。

某天，知县杨宫建在驿馆为顾仲清饯行。学官杨子健和典史、驿丞、胥吏等陪席。席间不让菜，不拘礼，谈谑欢洽，喝掉了一大陶壶宝丰土烧。

席散，典史、驿丞、胥吏都红头赤耳。仲清跟众人一一揖别，连说"叨扰，叨扰"。跟官庖也揖别，官庖慌慌地后退几步，直着头不知还礼。

出了驿馆，众人一齐举手。仲清回头对广文子健先生深深地望了一眼，提着行李上了骡车，冒着风寒颠颠地往东去。

途中打了两次尖。进入皖北地界时，退了骡车，雇一只艒艒船直趋宿迁。船中仅容两三人坐，眠食将就。过三十里白洋湖，在宿迁县城西门外上了岸。天已近日中，航船候放闸还有半个时辰，仲清把行旅托付给船上，进城去采办些银鱼干、金针菇、黄烟叶和红衣小花生等土仪，准备到家分送王店的本家和亲友。恩师竹垞先生也有一份。当然的，到家后第一要紧的是把《食宪》抄辑本面呈恩师，让恩师先睹为快。他们师生平时在一起谈诗论文之外，对于饮食之道是有同癖的。

临近岁末，西门外的码头已很冷清，南客和北客，该回乡过年的都在腊月头上走了。客栈、卖草鞋纤绳蓑衣笠帽的店，写票的船行和烧饼包子铺，门都半掩着。麻石河埠的水低了下去，裸着斑驳一层青苔；河埠只泊停着两三艘航船，船首船尾比载客繁忙时高出许多。一个精壮的小伙子站在船头上，"呜呜呜——"吹响一阵又一阵的海螺号，心里盘算着还有没有迟来的客人。

航船长可十五六米，宽三米多，船顶棚覆黑油漆篾篷。每只船上有船夫六七人。一支大橹，两支铁头篙。顶棚上安桅杆，可升降。无风，一人摇橹，一人拖绷（橹杆一头系棕丝编织的绳，一握粗；摇橹时一人推拉橹绳使船增速，俗称"拖绷"）；有风，张帆鼓风，船踏浪进。遇浅水使篙，逆水则上岸拉纤。此两项船夫最为苦辛。

航船有客舱、卧舱。顾仲清去了卧舱，舱里的榻可坐卧，旁有茶几可放置笔墨砚纸。仲清在船中倚着茶几看起了书稿，在写满密密麻麻蝇头细楷的宝丰土纸上，用笔蘸硃砂圈圈点点。

离乡十余载，传食于公卿，虽然所遇不薄，但终究是一个教书匠罢了。不意年逾不惑，竟获得这样一部著作，既不枉为以浙西饕士自诩，又不负竹垞先生对自己"性喜著书"的赞称，人生至此，可矣。

从宿迁至嘉兴府城杉青闸，水程九百九十六里，过五府一州六县，十来座关闸，抵家的日期大概正赶上吃腊月二十三的送灶汤圆。

书名之改

我在上一节文中写到，顾仲清在驿馆完成的自序是未定稿，所谓"未定"其实只是一个书名。仲清在自序中原用的书名是《食宪》，和杨宫建的序文一致，都出自杨子健先世所辑的那部食经古谱。书名相同有何不妥吗？有。顾仲清整理辑录成的书稿，虽然有百分之五十的条目出自杨氏先世所辑《食宪》，但著书的旨意却有了很大的变化，凡怪异淫巧的吃食一概不录，有些条目只存其名，下缀的文字或掺入己见，或索性改写，所求"务清洁，务熟食，务调和，不侈费，不尚奇"。仲清认为饮食之道，指归在质朴自然，无他奇谲也。此外，尽管杨氏的辑本不能断定即是依据唐段文昌的《食宪章》，但杨氏乃河内名族，先世簪缨门第，钟鸣鼎食之家，不若自己家本寒素，一介布衣，镇头上老儒生，如书名仍袭"食宪"，担心会遭人误解、讪笑，有盗名掠美之嫌。故此，自序完稿后他一直犹疑着，等待回乡面呈恩师竹垞先生，让恩师斟酌斟酌，再定夺书名也未尝不可。

顾仲清的这些想法，得到了竹垞先生父子的赞许。书稿由原名《食宪》改定为《养小录》，是康熙三十八年（1699）的新正，朱彝尊和昆田参订其中。

"养小"一词，语出《孟子·告子上》，所谓"饮食之人则人贱之矣，为其养小以失大也"。审其义，亚圣这里所说的"饮食之人"，专指满足口腹之欲的"吃货"之流，非关美食与养生之道。

改定书名一事，知道的至少还有朱稻孙。

我这么说虽然是揣测，但也并非绝对的向壁。朱彝尊晚年住曝书亭园宅中的醧舫，舫三楹，位处潜采堂西南隅（和今之醧舫的四至正相反）。梧桐修竹环绕，翠色与舫中的插架丹黄相映。七十一岁的朱彝尊招来镇上的弟子王浤、沈翼、朱琪和孙儿稻孙一起在此读书。这四人年相若（稻孙是年十七岁），和顾仲清虽为同门，但因年辈相悬，见了仲清都称"顾先生""中村先生"。新年新岁上，仲清携书稿去醧舫请益，不会不遇见四人，即便四人中只一人，那一人也必定是稻孙，他陪侍祖父是寸步不离的。此其一。

其二，顾仲清《养小录》卷之下《佳肴篇·总论》，引朱彝尊谈庖厨与吃食需讲求新鲜、滋味、不及省约，谓：

> 竹垞朱先生曰：凡试庖人手段，不须珍异也。只一肉、一菜、一腐，庖之抱蕴立见矣。盖三者极平易，极难出色也。又云：每见荐庖人者，极赞其能省约。夫庖之能惟省约，又焉用庖哉。愚谓省费省料尤之可也，甚而省味不可言也。省鲜鱼而以馁者供，省鲜肉而以败者供，省鲜酱、鲜笋蔬而以宿者供，旋而鲜者且馁且败且宿矣。况性既好省，则必省水省洗濯矣，省柴火候矣。赠以别号，非省庵即省斋，作道学先生去。

这一段文字，有学者据以判断，谓《食宪鸿秘》"成书的时间可能更早于《养小录》"云。这样的判析未免轻率，《食宪鸿秘》托名朱彝尊所作的疑点多多，成书的时间跟朱彝尊扯不到一起。窃以为仲清的引文，应当视作是他们师生就庖厨与美食看法的一次闲谈，从中可知两人对于烹饪饮啖之事的主旨如出一辙，并无扦格。引发谈兴的，说是师生俩在酝酎商定《养小录》书名时，而昆田、稻孙父子旁坐侍话也无不可。

其三，据朱昆田《养小录跋》云：

> 《清异录》载，段文昌丞相自编食经五十卷，时号《邹平公食宪章》，是书初名"食宪"，本此。文昌精究馔事，第中庖所榜曰"炼修堂"，在途号"行珍馆"。家有老婢掌其法，指授女仆四十年，凡阅百婢，独九婢可嗣法。乃知饮食之务，亦具有才难之叹也。夫调和鼎鼐，原以比大臣燮理。自古有君必有臣，犹之有饮食之人，必有庖人也，遍阅十七史，精于治庖者，复几人哉！

跋文百三十六字，引宋初陶谷《清异录》记段墨卿享用奢僭，有"炼修堂""行珍馆"云云。炼修，一作"炼珍"，烹龙炮凤也；"行珍"，出游途中庖厨之美称也。沈复《浮生六记》记其妻陈芸为满足一众文友郊游而不废饮馔，出妙思雇一馄饨担同往，担上锅灶、柴火、碗盏、匕箸乃至油盐酱醋色色齐备。到达游地南园，取出鸡鸭鱼肉等半成品，生火做菜，煎茶，温酒，煮粥……无一不从担上出。这日沈复等"至南园，择柳荫下团坐。先烹茗，饮毕，然后暖酒烹肴。是时风和日丽，遍地黄金，青衫红袖，越陌度阡，蝶蜂乱飞，令人不饮自醉。既而酒肴俱熟，坐地大嚼"。此记乾隆年间吴中文士的一次出游聚饮，抑亦稍存唐邹平公"行珍"之遗意欤。

跋文叙灶婢事，多见引述，不赘。

跋文落款未署干支，但可以推定撰于康熙三十八年己卯，因昆田是在这年的十月二十一日一病不起，遂赴修文的。朱昆田诗才几与乃翁埒，京师人呼"小朱十"。他和顾仲清年相若，两人同砚席。由昆田的卒年可推知，《养小录》初稿完成于康熙三十七年冬，定稿及书名之改则在翌年的春上或夏秋，竹垞父子与闻了其书之成。彼时朱稻孙虽年未及冠，但他知会此事是一定的。《养小录》何时交付郡城书局剞劂，未见版次，不好说，但在康熙末，似无可疑。

《养小录》和《食宪鸿秘》这两部食谱著作，同出自我家乡的梅里（今王店镇），前者著书人的名氏谨以印证，后者向来有托名之说，致三百年来予人疑窦，难能获释。今以我的认知，两谱作者实为同一人，即别号"浙西饕士"的中村顾仲清先生也。

两谱之异同

《食宪鸿秘》著者之托名，其实早在二百多年前——乾隆的中叶，就已经有人知觉到，并且用了一点曲隐的手法来以正谬传。这个人便是编纂《梅里志》的杨谦，和朱彝尊、顾仲清同闾邑。

杨谦，字子让，号未孩，廪生，存殁失记。他的祖父杨汝霖，字璀文，贡生，曾官临海县训导。杨汝霖和朱彝尊交厚，康熙四十八年（1709）王店镇方圆数十里水旱频仍，饥民无数，竹垞先生倡施粥于古南禅院，而璀文先生首为景从。父为裘，字冶良，庠生。年少时常问字于曝书亭，与竹垞及门弟子王浵交游，相从唱和。杨为裘又以孝行著闻里中，门人私谥"孝让先生"。

杨氏与朱氏祖孙三代以系，杨谦仰慕竹垞，为著《朱竹垞先生年谱》一卷、《曝书亭集诗注》二十四卷，虽然囿于一镇之域，却为后世开启了研究朱彝尊的窗户。而朱彝尊在经学、史学、金石学、诗学、词学诸多方面予后世弘深的影响，毋庸我再缀一字了。迨至杨氏第四代杨蟠，嘉庆元年（1796）受浙江学政阮芸台之命，编录《竹垞小志》，卷一对竹垞园内各建筑的四至方位，作了极翔实的记载，杂以掌故，诗文可诵（《竹垞小志》是规摹、重建曝书亭的重要资料）。

杨谦不是乡曲，他是有点儿狂态的，读书不屑章句，以为小儒"空守章句，但诵师言，施之世务，殆无一可"。他科举只青一衿，多半生以乡塾师糊口。他没有像顾仲清游学燕京、受知于公卿士大夫的经历，一辈子最远大概只到过郡城（参加秀才考试），充当"猢狲王"，教鞭所及不出家乡三十里，往复于柞川（桐乡炉头）、桐泾（桐乡梧桐镇）二十余年，只一蒙师耳。前人有《蒙师叹》诗，专嘲这一行的窘苦之状。诗云：

> 蒙师苦况最难言，聊假吟诗代诉冤。
> 帐为鼠穿蚊屡入，衣无人洗虱堪扪。
> 毛坑每见屎流地，马桶常教粪着臀。
> 大率起居都类此，谁云西席向来尊。

又云蒙师受供饭食："美膳居然添一品，南瓜秃炒竟无油。""炖蛋破圆能补角，碎鱼残肚又翻身。一盂薄粥堪充饮，半注黄汤不醉人。"五十曰艾，过了，就是艾老。杨谦收拾青毡，不干了！返里住镇西市，自号"四十二间廊底客"，和顾仲清一样，三不朽选一——立言，潜心于著述。

乾隆三十八年（1773）新正，在上元的烟花灯影里，杨谦完成了《梅里志》十六卷的编纂。《梅里志》先后有四种刊本，我手头备览的是后经李富孙补辑、余楙续补的光绪三年（1877）仁济堂刊本，十八卷，对王店一镇之历史人文记述最为详博，洵良志也。未孩先生在《自序》中略云："闻朱太史昔曾欲辑里志未果，后嘱门下顾松壑且语与莲西共成之，卒亦未就。今距太史殁又六十载。"以是知里志之纂，倡议于朱彝尊，后顾仲清、徐行健（字兼六，号莲西，海宁人，寓王店，从朱竹垞游）二先生未克致力于此，而杨氏的底成圆了朱氏的遗愿。

当然的，我最萦心的是《梅里志》有无《养小录》与

《食宪鸿秘》的消息。检得《梅里志》卷七《物产》，记王店名吃"薄脆"条下有云：

> 薄脆饼，蒸面每斤入糖四两、油五两，加水和，擀开半指厚，取圆，黏芝麻入炉。

文后小字注明是从顾仲清《养小录》辑取。又卷十五《著述》记仲清著作多种，而食谱在焉。据此可知，在杨谦着手编《梅里志》时，《养小录》早已面世。同样的，《食宪鸿秘》（雍正九年［1731］刻本，有年希尧序）梓传已久，杨氏也不可能未曾寓目。他在此前编讫《朱竹垞先生年谱》，对朱氏的行状、著述所知甚悉，未把亦记载"薄脆"的《食宪鸿秘》录入里志，可证彼时其对"托名"一说，业已了然，并无疑惑。

或曰征引尚嫌不足，那么我可以再举"檇李"为证佐。檇李亦名"醉李"，是李子中的珍异，独产于我的家乡。日本的桃太郎和我家乡的檇李，都是以方物而为一域之称号。檇李之产至今已逾两千五百年，孔子著《春秋》载有其名。檇李花白如冰雪，果大径寸，形扁圆，色紫红，密缀金黄细点；瓤如琥珀，食时取银簪在皮上戳一小孔，可一吮而尽，比之醴酪甘露。《梅里志》卷七《物产》"檇李"条引载十位诗人的诗作，都是唱和朱彝尊的《檇李诗》（五言排律），篇幅数倍于其他名物条目。朱彝尊咏赞檇李最具代表性的作品是《檇李赋》，于名果的栽植、养护、品尝，赋予文学的形象。至若他在《鸳鸯湖棹歌》（百十五首）中，吟出"携来取酒但轰饮，一醉浑忘夏日炎"后，又继之"听说西施曾一掐，至今颗颗爪痕添"的呻唔，真是一唱再唱不能罢休了。查《养小录》与《食宪鸿秘》"果之属"，均缺失樱李，这在顾仲清是疏漏（或者，仲清对于名物是据实的。康熙雍正时，樱李已无产，他未及见，不记。这也是一种治学的态度，没错），在朱彝尊却决不可能，因为他对家乡的名产是那样的一往情深。以是，《食宪鸿秘》不出自竹垞的手笔可谓明矣。但这一点，研究食史的学者是不大会注意到的。那么，"两谱之异同"又是如何的呢？

我读《养小录》和《食宪鸿秘》，觉得两谱在体例上大致相仿，分类亦"同"多于"异"。卷帙，前者上、中、下三卷，后者上、下二卷。条目则繁简不一，分别为前者二百七十七目、后者三百六十五目（附汪拂云七十九目不计）。检点两谱条目，《养小录》中一百四十目与《食宪鸿秘》相同或稍有增损。相同者，条目文一字不改也。如前举薄脆外，若酱之属下的糯米酱方、一料酱方、收醋法，蔬之属下的腌菜法、冬月白菜（又法）、糟姜，果之属下的青脆梅、腌柿，鱼之属下的鲫鱼羹、酥鲫、酒发鱼、蛏鲊、酒鱼，禽之属下的粉鸡、炉焙鸡、让鸭，肉之属下的夏月冻蹄膏、兔生、熊掌等，皆是。条目文稍有增损的，往往文意更显豁，状物也更到位，试两书蔬之属下"菜齑"为例：

《食宪鸿秘》"菜齑"：大菘菜（即芥菜——原注），

洗净将菜头十字劈裂。菜菔取紧小者切作两半，俱晒去水脚。薄切小方寸片，入净罐加椒末、茴香，入盐、酒、醋。擎罐摇播数十次，密盖罐口，置灶上温处。仍自摇播一晌。三日后可供，青白间错，鲜洁可爱。

《养小录》"菜斋"：大芥菜洗净，将菜头十字劈开，萝卜紧小者，切作两半，俱晒去水迹。薄切小方寸片，入净罐，加椒末、茴香，入盐、酒、醋。擎罐摇播数十次，密盖罐口，置灶上温处，仍日摇播一转。三日后可吃，青白间错，鲜洁可爱。

按：菘在我的家乡通常称作"青菜"，有两种。茎圆厚微青者味重，茎扁薄长而白者味轻，俗呼"矮脚""长梗"，家乡旧时以冬月腌一大缸"矮脚"为旨蓄。芥菜有三种，叶用芥菜即雪里蕻，茎用芥菜即榨菜，根用芥菜即蔓菁，一作"芜菁"。此处当指蔓菁。菜头者菜根也。蔓菁块根肉质，拳大，腌吃味美，雅名"诸葛菜"，俗名"大头菜"。菘与芥菜不能混同，故《养小录》改为大芥菜，正误。又，"仍自摇播一晌"，晌，正午或午时前后曰"晌"，也称"片刻"。改笔为"仍日摇播一转"，转，量词，一下也，更为贴切，也便操作。

又如蔬之属中"煨冬瓜"：

《食宪鸿秘》"煨冬瓜"：老冬瓜切下顶盖半尺许，去瓤治净。好猪肉或鸡鸭或羊肉，用好酒、酱油、香料，美味调和，贮满瓜腹，竹签三四根，仍将瓜盖签好。竖放灰堆内，用砻糠铺底及四围，窝到瓜腰以上。取灶内灰火，周围培筑，埋及瓜顶以上，煨一周时，闻香取出。切去瓜皮，层层切下，供食。内馔外瓜，皆美味也。

《养小录》"煨冬瓜法"：老冬瓜一个，切下顶盖半寸许，去瓤子净。以猪肉或鸡鸭或羊肉，用好酒酱、香料、美汁调和，贮满瓜腹，竹签三四根，将瓜盖签牢。竖放灰堆内，则砻糠铺底及四围，窝到瓜腰以上。取灶内灰火，周回焙筑，埋及瓜顶以上，煨一周时，闻香取出。切去瓜皮，层层切下，供食。内馔外瓜，皆美味也。

按：改"半尺许"为"半寸许"、"美味"为"美汁"、"培筑"为"焙筑"等，使之更符情理。

又如鱼之属"蒸蟹"：

《食宪鸿秘》"蒸蟹"：蟹浸多水，煮则减味。法用稻草捶软，换（挽）匼（扁）髻入锅，水平草面，置蟹草上蒸之，味足。山药、百合、羊眼豆等，俱用此法。

《养小录》"松壑蒸蟹"：活蟹入锅，未免炮烙之惨。宜以淡酒入盆，略加水及椒盐、白糖、姜、葱汁、菊叶汁，搅匀。入蟹，令其饮，醉不动，方取入锅。既供饕腹，尤少寓不忍于万一云。蟹浸多水，煮则减味。法以稻草捶软，挽匼（扁）髻入锅，平水面，置蟹蒸之，味足。山药、百合、羊眼豆等，亦当如此。

按：松壑，顾仲清号。此条目文增字甚多。"活蟹入锅，未免炮烙之惨。宜以淡酒入盆，略加水及椒盐"云云，在今人眼里实属繁琐，亦不免迂阔吧。但在彼时的儒者，确是持这样的心识，亦杨宫建在《养小录》序文中所说"阅《食宪》者，首戒宰割，勿多戕物命"也。

此蒸蟹法内有顾氏一家之法，椒、姜、葱汁、菊叶汁，四物除腥，可取。

又，《食宪鸿秘》肉之属"煮猪肚"云："治肚须极净，其一头如脐处，中有积物要挤去，漂净不气。盐、水、白酒煮熟。预铺稻草灰于地，厚一二寸许，取肚乘热置灰上，瓦盆覆紧，隔（宿）肚厚加倍，入美汁再煮烂。一法以纸铺地，将熟肚放上，用好醋喷上，用钵盖上候一二时取食，肉厚而松美。肚脏用砂糖擦，不气。"

而《养小录》"煮肚"云："治极净煮熟，预铺稻草灰于地，厚一二寸许，以肚乘热置灰上，瓦盆覆紧，隔宿肚厚加倍，入盐酒再煮食之。"按：条目文减去数十字，突出稻草灰法，意更显豁。"一法以纸铺地"云云，推想顾氏作过尝试，以不符事理故删去。肚脏用砂糖擦无气味，断无此理，那应该用盐搓擦，故也径删。

两谱中凡《养小录》同目收录并作增损的，大抵如以上四例，不复引举，以省纸墨。

从两谱的异同及条目的增损观之，可以推知《食宪鸿秘》便是顾仲清在康熙三十七年冬，从河南宝丰县带回家的那个稿本。此非妄断，尚有语言文字可以佐证。稿本中有些北方的日常用词、方言，譬如"晌"，在我的家乡抑或江南，至少在食谱中绝对不会出现。顾仲清在宝丰驿馆抄录向杨子健借的《食宪》古谱时，碰到这个词没有改，南归编定《养小录》时改了，改"晌"为"转"，字义"片刻"。

次年春，仲清参酌朱彝尊父子的意见，根据从宝丰携回的稿本，删汰修订成《养小录》一书，并由昆田题了跋。跋文百三十六字，中有"是书初名'食宪'，本此"句，说出《养小录》原名"食宪"，概由《邹平公食宪章》而来。以是，两谱的著者属顾仲清一人无假。但《食宪鸿秘》又何以托名朱彝尊行于世的呢？我想到了一个人——朱稻孙。

两谱之梓行

两谱的刊印日期俱佚，我手头可作依据推考的是跋与序。跋，朱昆田撰，附《养小录》卷末，不署干支。昆田是在康熙三十八年（1699）十月十二日病卒的，病因不明，死得有些突然。但不是因为沉疴似可肯定，因为这年的五月初，吴江徐虹亭去年冬所赠的一枚罗浮蝶茧——悬于朱彝尊床帐，忽然破茧而出，神光陆离，五彩错杂，栩栩飞舞于庭院间。父子俩见而异之，相继赋长歌歌咏。昆田的《罗浮蝶歌》，九言，四十四句，三百九十六字。韵藻上佳，神完气足，一点不像是久困于病榻的人所作。并且，昆田还有余兴，不几日再次长吟，以与诗友争胜。

在朱氏父子赋长歌纪异之际，仲清奉师命绘《罗浮蝴蝶图》，以助曝书亭韵事。

这样讲来，昆田撰跋当在他病革前的夏秋。

昆田下世后，离康熙一朝终讫尚有二十二年，以常情揆度，《养小录》的梓行应在此时期，不大可能会迁延至雍正朝或更后的乾隆朝。

出书请名人作序、题跋是当然的。《食宪鸿秘》序文为年希尧撰，文末落款："雍正辛亥仲冬长至后五日，广宁年希尧书。"年、月、日清楚，不容置疑，是可以征信的。辛亥是雍正九年（1731），正是朱稻孙入浙江通志局，在西湖边闹穷，把祖父宝藏的半部宋刻卖掉纾贫的一年。

年希尧（1671—1738），字允恭，号偶斋主人，大将军年羹尧兄。能医，通音韵，工绘，尤精数学。雍正四年（1726），"复起内务府总管"兼理景德镇窑务。雍正时官窑瓷器习称"年窑器"，以胭脂水釉为最著。人与物，名满天下。

年希尧长朱稻孙十一岁，稻孙是如何结识上这位偶斋主人的？这个很好说，他的头顶上有一个"皇清敕授征仕郎日讲官起居注翰林院检讨竹垞朱公"长长的名衔，再加上胜国相门裔孙，两块招牌使他"以华胄之后，所至人倾慕之"。但稻孙亦自恃才学，有几分目空余子。国子监考试录科，监丞防诸生夹带作弊，搜检极严。稻孙的钝卵脾气发作，当众解衣袒腹，拍打拍打白如瓠瓜的小肚子，咬牙说：

"吾此中大有夹带哩！"

监丞睨了他一眼，一笑了之。

年希尧的序文，骈四俪六，洋洒七百余字。我观其旨通，不外乎"盖大德者小物必勤，抑养和者摄生必谨，此竹垞朱先生《食宪》谱之所为作也"这几句，而指称的书名，和杨宫建、朱昆田在为《养小录》作序、撰跋时言及的书名一致，恰好为《食宪鸿秘》即是顾仲清所持原稿本《食宪》更添了一重证说。年序中还有两句尤可注意："贵师其意，不须费及朱提；善领其神，自可餐同白玉。"此正是仲清的膳食中庸之道，"养生之人……不侈费，不尚奇"也，而朱提者则银钱之别称也。

在年序中，提到朱彝尊处有二百来字，虽然并无谀辞，但揄扬也是有加的。这固然是因为偶斋主人亦学者，对前朝故臣且以经义、金石、诗词享盛名的竹垞朱先生心向往之；也是因为求序者企望借重名人，书既出，燥（快）卖！

像两谱这样的"日用之编"，专讲灶婢之事，言文浅近，都为居家可用之书。

《食宪鸿秘》的刊印，最迟在乾隆初。盖书局（即今出版社）出书，冀图出书快，来钱亦快也。

我把《食宪鸿秘》的成书归结在朱稻孙头上，是出自揣测的。揣测，不仅是因为他具备求序的人望。在王店镇上，朱、顾两家世交。仲清为稻孙父执，稻孙称仲清"中村先生"，从声口到礼仪都是恭敬的。仲清自宝丰县归里后，不再囊笔出游，而是潜心著述，晚年和朱稻孙这位世兄过从密迹，是可以想见的。《食宪》原稿本在《养小录》梓行后，经仲清之手转而为稻孙所持，是有可能的，毕竟两人走得那么近（仲清有一子死在他前头，进入老境，孙子绣虎年尚幼）。至雍正年间，稻孙沦落到举家食贫时，把这部书稿卖给书局，换钱来籴米买柴也是可能的。

托名及给书名加上"鸿秘"二字，或是出自书局燥卖的生意经也未可知。鸿秘，鸿，大也，秘，希见为奇也。这些都是书商之推销术耳。

但实在的说，《食宪鸿秘》的著者是谁，在今人眼里本也可以无所谓的。我之所以费了拙劲来辨正，是出于对乡贤著作的尊重，觉得顾仲清先生有点憋屈。

三百年来，两谱持续流布不绝。当时被顾仲清删汰的部分古谱条目（晚唐及宋元文人撰，均有出处可证。如"煮蟹"目下，注曰"倪云林法"，又文引"孟诜《食料本草》云"，孟诜于武则天时官台州司马，精馔事，所著今佚），正因两谱的并存，可以比照着互补有无，在美食未始不为有幸。譬如鹿鞭、鹿脯、鹿尾诸目，中村先生本其食不侈费、尚奇之旨，除了"熊掌"，余皆尽削。这在《食宪鸿秘》中，都还是赫然在目的。

鹿鞭、鹿尾，膏味而壮阳大补。鹿脯，鹿肉干也。从前在嘉湖一带，鹿肉是不入馔只供制药的，《养小录》不予收采也对。就我所知，杭嘉湖闻名的药局，如杭州胡庆余堂、湖州慕韩斋、嘉兴童天成（初名来凤堂），自清同治到民国时期，都自制一种方药——"全鹿丸"，在坊间久传着童叟无欺口碑。

我家乡的童天成药局，每年秋季派人去古北口买回一头雄梅花鹿，圈养在栈房，至翌年开春，由药工牵到坛弄口（弄以筑有祭厉鬼之坛得名），给鹿披戴红绿绸带。两个壮汉抬着，雇一班乐户吹吹打打，过北丽桥去三街六市走一遍，轰动全城。鹿身上都是宝。鹿血滋阴，以是杀鹿不使刀，用一条白绫把它慢慢勒死，让鹿血缓缓渗入肌腠。鹿被勒时，像两颗杏子的眼睛向上翻（鹿长一对美目，眼神如羊温顺），四个蹄腿乱蹬，脖子一扭一扭地发出"呜呜呦呦"的叫声，很凄惨。常常有围观的人不等放下白绫，都伸手遮眼，头一偏，走开了。

药工支起一口大紫铜锅，搬来柴，挑水洗涤。锯下鹿角，摆开另作药材（取其茸）。鹿皮不褪毛。把鹿大卸八块，拿捣药的铁杵把鹿骨捶碎，连皮带毛带肉带血带骨头和脏腑一起放进锅内，加水，加当归、黄芪、玄参、山楂、川芎、何首乌、葛根、芡实、甘草等十多味中药，大火烧开，文火煎熬。过两昼夜，鹿肉和脏腑都化了，皮和骨酥烂，熬成稠稠糊糊一大锅，拣去碎骨片屑，收膏出锅，摊在药案上晾干，拿药刀划细丁。完了，药工把划成细丁的丸坯放在篾匾里来回摇晃簸颠，搦成绿豆大的颗粒，装在一个个径寸的小葫芦里，上柜出售。

"全鹿丸"治小儿疳积、老人气血亏虚，有验。

"全鹿丸"色泽淡黄、微苦，鹿肉的腥膻已全无。

鹿肉和羊肉都属腥膻。我家乡的老一辈人是不大碰腥膻的，惟冬令吃蒸缸羊肉是例外。鹿肉入药不入馔，是鹿在江南罕见，传统只把它作治病、滋补的药物。近十数年来，世风丕变，鹿肉在家乡一些供人游乐的农庄，成了筵席必备的珍馐。有钱人吃，没钱的和有钱人交上朋友跟着去吃，在酒席上说凑趣的话，都带谀辞。有钱人指名上鹿鞭煲参汤，把汤底的渣都吃掉。

我在海盐塘东的渔里农庄，吃过一回鹿肉，是脯，松木柴爿熏的。黑乌乌一大坨，装在一个金边白瓷腰盆里。很硬，筷子夹不动。叫厨师拿刀来切，厨师举着把刀来，不顺着丝缕切，横切，"唶嘁唶嘁"，碎成一块块，肉质紫酱色。这个厨师个头矮墩横阔，一望而知不是聪明相，有点像顾仲清在宝丰县驿馆遇见的那个朴且拙的官庖。

鹿肉的纤维很粗，煮烂了也粗。口感跟家乡的蒸缸羊肉没法讲。蒸缸羊肉糜酥、鲜嫩、肥腴兼有之。我吃过那一回鹿肉后，再没有第二回，不想吃。鹿鞭壮阳，我七十了，不是老板，我还壮什么阳。

《食宪鸿秘》记鹿鞭、鹿脯、鹿尾之烹饪，俱有法度，不赘。

两谱之优长短绌，各有取舍。我个人是比较倾向于《养小录》的。其记"餐芳谱"有七十六种花卉野蔌，可作肴（炒菜）、作菹、作羹、作汤、作饼、作面，造饭与点茶。《食宪鸿秘》则仅一篇二百来字的小引，讲"凡诸花及苗及叶及根与诸野菜，佳品甚繁。采须洁净，去枯蛀虫丝，勿误食。制须得法，或煮或烹，或燔或炙，或腌或炸，不一法"云云，与《养小录》所载大同小异，亦出自仲清手笔。

仲清显然不惬前作之简，在撰《养小录》"餐芳谱"时，他用了更多的心力。在他之前，野菜图谱之作以明人为最，鲍山的《野菜博录》及朱元璋第五子朱橚的《救荒本草》，采录品类都多达四百余种。我今只就所见及的几种略说，如宋人林洪的《山家清供》、陈达叟的《本心斋疏食谱》及明人高濂的《野蔬品》、滑浩的《野菜谱》，都是以花和蕨作馔的食谱，而收录方物最夥的是滑浩，六十种，惟不录花之属。滑浩，浙江余姚人，光绪《余姚县志》卷二十三有传。他在明成化年间出仕，正德年间开罪阉党，丢了官回老家乡居。

又云："暇简笥中书，见所谓《野菜谱》一帙，皆出寻常艺植之外。因各系以诗，啸咏之余，每饶野意，虽不敢比于先贤菜窝诸说，然而托物寓言，聊以备园叟农书之外史云尔。"

此处所说《野菜谱》一帙，当系高邮王磐所著，录蕨五十二种。但滑浩此谱，我数了数，有六十种野菜，似为滑浩增八种也未可知。亦附啸咏，诗格与王磐偕。

汪曾祺《王磐的〈野菜谱〉》一文，讲到他所持的王磐《野菜谱》见于清初陶珽重刊的《说郛》，文中引的几首诗，我比照了滑浩的《野菜谱》，无一字异。

刻书张冠李戴，多有舛讹，是明朝人的习气，这里不论。

王磐字鸿渐，号西楼，江苏高邮人，明代散曲大家，生活在弘治、正德至嘉靖年间。著《野菜谱》，搜辑五十二种，都经"目验、亲尝、自题、手绘"。上文下图，文"后面是近似谣曲的通俗的乐府短诗，多是以菜名起兴，抒发感慨，嗟叹民生的疾苦"。汪先生评价这位乡贤："我们不得不想到一个多年来人们不爱用的词儿：人民性。"又说："我觉得对王西楼的评价应该调高一些，这不是因为我是高邮人。"

我不能比附汪曾祺先生。顾仲清也不能比附王西楼。

我能不能像汪先生一样，把对顾仲清的评价调高一些，顾仲清应该得到一个怎么样的评价才恰如其分？对此，我是犹疑过的。但读《养小录》中的"餐芳谱"，记野菜之苗、叶、根可吃的五十多种，占了大半。汪先生说："穷人吃野菜是为了度荒，没有为了尝新而挑菜的。"顾先生也应持此观点，他记的五十多种野菜，极少有作"香不可言""味佳""香美"之类的评赞，大多只是"可食""熟食"，顶多教授制法：蒸吃、凉拌或焯着吃而已。他清楚，有好多野菜，不到万不得已，编氓们是不会去吃的。记下来，是因为想着有吃的一天也难说。这是顾先生的民生思想使然吧。这么评价算不算调高呢？

五十多种野菜，我大多未过口。我家乡对野菜的概念大约是三种——马兰头、荠菜、枸杞嫩茎叶，吃时沸水焯，挤去苦汁，以糟油、麻油、酱油、精盐、白糖拌，都是三春的美蔬。我的家乡不像汪曾祺先生的家乡经常闹水，故尔很穷。从三国东吴"野稻自生"起，我家乡"饭稻鱼羹"是常馔，但历史上遭灾的年头也是有的。说近的，我十来岁在乡下上小学，正遭遇"三年困难时期"。寒冬，地里只有一种叫马齿苋的野菜瑟缩着（马兰头越冬，但被饥饿的农民挖光吃了），老师组织学生采掘。马齿苋俗称"酱板草"，根带点儿肉质，可吃。茎多分枝，贴地生。茎和叶青绿中含紫色，肥厚多汁，也可吃。吃犹可也，滋味却不好（乡下有一种水马齿，与马齿苋相类，别称"水管草""革命草""东洋草"）。校工满泉伯把采掘来的马齿苋洗一洗，切切碎，煮一大锅薄粥汤，拿勺子舀给离家远、在学校小食堂搭伙的学生吃。

马齿苋煮熟后黑糊糊，气味似沤烂的花草河泥（一种农民壅田的肥料），带点儿酸腥，也有些臭。我母亲的同事汤老师，是我的班主任。人很温婉，说话细声细气。她这天也吃了，只一口，"哇——"的一声，全吐了。把胃里韧吊吊的黏液也吐了出来。汤老师家是"江阴汤家"，她对我母亲说过，从前她家花园里养金鱼的缸，和《红楼梦》里写的一模一样。

吁——，马齿苋之可吃也。顾仲清记马齿苋："初夏采，汤焯晒干，冬用。"只有了了九字。

顾仲清著《养小录》《食宪鸿秘》两种食谱，我以为是站在平民立场上的，绝非古之士君子以山林泉石自娱，出于"清玩"或"风雅"的那种态度，来撰写"聊供麈余而资谈噱"的所谓食谱。

顾仲清又绝无富贵气，或对富贵的歆慕，在此点上，他比袁枚高。

袁枚的《随园食单》中近乎随处可见的用以自炫的诸如"杨明府冬瓜燕窝甚佳""庄太守用大块鳗鱼煨整鸭，亦别有风趣""尹文端公家风肉至精，常以进贡""蒋侍郎豆腐""汤西厓少宰宴客，每碗四片，已用四肺矣"等文辞，在顾仲清的《养小录》《食宪鸿秘》中绝无，尽管他曾传食于公卿（袁枚提到的汤西厓是很赏识他的）。

顾仲清的饮食秉持中庸、遵生颐养以和于身的理念，是有益世道人心的，不只以今验之而已。

三百年了，两谱仍将印行。我希望今后出版社对著者的署名予以正谬，事虽不甚紧要吧，但因我是著者的同乡后学，亦浙之嘉兴人也。

我和大画家蒲作英的一次"相遇"

我对近代大画家、书法家、诗人蒲作英，有一种仿佛"故交"的感知。这种感知起始于四十多年前，半数得自公园茶馆的茶座上，听嘉兴的一班"文化遗老"闲谈，谈到蒲作英绘画书法如何的与众不同：画山水，喜大屏巨幛，不屑于团扇；画竹，最擅长，竹竿一笔到顶，竹叶纵横纷披，叶大如掌，看似乱，却法度其中，世以"蒲竹"称之。至若书法，也是率性。纵笔，对晚清推崇碑学的时风，不管不顾，一意致力于帖学，兼参于碑，自成一体，不带依傍旭素之迹，虚捏出一个吕洞宾、白玉蟾的讲法，所谓"我，神仙笔也"。

老先生们还谈到蒲作英好狭邪游，去的地方大多属"野鸡窝"、上海的"卫生旅店"，简直一塌糊涂；又好酒，放纵，一有银子便挥霍……

以上是我在吃茶时所听闻到有关"蒲作英其人"的半数，还有半数则是一次我和蒲作英的不期"相遇"，有了亲近的直观。

我和蒲作英的"相遇"，是在嘉兴城内众安桥头的旧货店里。

四十多年前，我终于放下锄头铁锘，由"黑脚杆"变回到"白脚杆"——从乡下上调回城。大约近一年半里，"县知青办"让我在家待业。我成了社会上的游闲之民，上午孵茶馆，下午跑旧货店，晚上进书场听书。

孵茶馆。一毛钱一杯茶，大叶子，泡开了极釅，吃半天，不白；吃茶得配茶食，尤其是这种大叶子浓茶，空腹吃会刮肚子伤胃。我不能像《儒林外史》里的成老爹那样，空肚子吃"那盖碗陈茶，左一碗，右一碗，越吃越饿，肚里说不出的苦"。成老爹吃的"陈茶"，便是隔了年的大叶子茶，去年清明过后采的草青。成老爹在虞华轩府上吃陈茶，主人故意弄怂他，不端出茶食来让他先垫一垫肚子，真是害苦了老爹。

茶食是吃茶时备的食品，在我的家乡分干湿两种，叫法也有别。干的叫"茶点"，指糕点饼饵如胡桃云片、绿豆燥片、状元糕、枣泥糕、荤油雪饼、骨牌酥、小桃酥……明代著名的"嘉湖细点"，就出在嘉兴和湖州。茶座上"文化遗老"之一的夏先生，对此能一口气说出六十多种。湿的，称"点心"，如蒸饺（蒲作英家开店卖的"保福饺"是蒸饺的别一种）、包子、生煎、馄饨、烧卖、汤团、大肉粽等，拿来佐茶，趁热吃。

家乡管午饭也叫"点心"，据说是古人传下来的，古人一日两餐正经吃饭，"朝曰饔，夕曰飧"，中午一餐不算正经吃饭，随便吃点儿包子馒头垫垫饥。这便是午饭称"点心"的由来，乃至学生放午学，又名"放点心"。

这些最初也是听夏先生讲的，他对家乡的"掌故"，托熟。

我茶食吃一毛钱半两粮票的小桃酥，一筒十个，铜钱大小。包装纸涂点蜡，油浸浸半透明。

我不吃二毛钱二两粮票的大肉粽。我钱紧。

吃茶还抽烟，香烟是茶的绝配。我抽二毛四的"新安江"，烟壳上有水电大坝、铁塔图案，被抽烟的下乡知青戏谑为"铁塔牌"。这烟中低档，抽着满嘴一股青草气味。

我对一起吃茶的"文化遗老"印象特别深的，除了夏先生，还有庄一拂先生、沈茹松先生、臧松年先生、许明农先生、朱瘦竹先生。

茶叙起始于1972年大暑，这绝非是一时兴起的偶然。当时，社会大背景出现了松动。老先生中诸如庄一拂、沈茹松、臧松年等，率先萌发了"嘤其鸣矣，求其友声"的念想，以传统文人的"茶叙"，自觉地集聚在一起，以茶代酒，诗文风雅，代表着社会上一个虽边缘却并不落寞的小群体。

我是稍晚一点忝列到茶叙的。我现在把保存数十年，由朱瘦竹先生拟稿，许明农先生笔记，写在香烟壳纸上的《公园茗叙记》迻录如下：

公园茗叙记

晨曦初上，空气清新。老年者策杖，少艾者徐步，行向城东之园林深处，于绿树蝉声之下，或拳练太极，或静坐养气。吾侪则坐围圆桌，效卢仝、陆羽之味茗。偌大园林，暂居我辈；一别三日，复又相叙。周而复始，靡有涯涘。迨骄阳高悬，各归所自来，咸抱无吾境界。迺此炎暑，既无晤会难再之感，又无萍踪莫定之憾。羲之兰亭修禊，不免伤感之辞。吾侪闲云野鹤，力除尘垢，今胜于昔，岂其然乎？呷茗解相如之渴，吟哦抒一己怀抱。投砖引玉，寄希望于异日。

七二年大暑第一天，朱瘦竹拟

许明农记

三百来字，文不分段，老先生的习惯，似乎意在一气呵成。文并句逗，照录。文中"一别三日，复又相叙"云云，是茶叙为一周内两次，星期三及星期日，均上午。

茶馆在火车站前的人民公园内，是苗圃花房改造成的八开间长方平屋，打通，东西两头山墙，南北两边前后各装十多扇明晃晃玻璃长窗。南窗前三四米，有两棵高大的广玉兰树，暮春开花，一大朵一大朵，花色洁白，错落夹杂在浓绿的枝叶间。花瓣肥硕，香气幽微似兰，可双手捧起。

公园茶馆这两棵广玉兰，树身高过屋顶，不掉叶，枝叶繁密。

茶馆装了那么多玻璃窗，茶馆十分敞亮。吃茶的桌子除了一张很大的圆台，都是方板桌长条凳，拢共四十来桌头，每张茶桌上搁两把竹壳热水瓶，沏茶一律用青花瓷杯。

大圆台摆在西南旮旯儿，围一圈木椅，带扶手，在茶馆里显得"殊别"，有点像"雅座"。

这是不是茶馆的特意安排？我不大清楚。但我感觉得到，这里谈诗论文的声音大了，众多茶客会把目光一齐投过来：这班老先生在说些什么呀？之乎者也的，听也听不懂。

大圆台供十多人吃茶，每人一把椅子。庄一拂先生的座位是固定的，向南，正对窗外的广玉兰。庄先生未到，这把椅子空着，没人会去占座。

庄先生来吃茶，穿一身银灰卡其布中山装，上装右口袋别一支派克金笔，裤线熨得笔挺，脚上一双黑直贡呢鞋，戴一副金丝边眼镜，手持藤杖。藤杖杖柄下端刻铭文"世路多不平，携君杖而行"十个草隶，嵌石绿；旁刻折枝梅花，填胭脂红。

他似乎不论季节，大多是这么一副行头。夏天进了茶馆脱去上装，手里摇着一把折扇，白纸双面，一面画细笔头的"四王"山水，另一面小楷书写曹子建《洛神赋》，满纸墨色很黑很亮。像这样的题写诗词、有绘画的折扇，当时很少见，庄先生有多把，经常换。庄先生对宋玉的《高唐》《神女》《登徒子》三赋也很推崇，以为"虽褒美女，而实刺国事"。或者，干脆在扇面上写他自己的"南溪词"，很工。

画和字，多出自茶座上擅长此道的沈茹松、张秋池两先生。

我通常见到庄先生来吃茶，他人一到，把手杖倚在坐椅靠背上，缓缓坐下，从中山装口袋里掏出一盒香烟，伸手

144

"拍"在桌上，金丝边眼镜四顾，向众人点点头。

他抽"蓝西湖"，锡纸包装，三毛七一盒的高档烟。

庄先生是吃了早点小笼汤包来的。他家在南门外，鸳鸯湖遗存的一处半墩上，三间正屋带一间厨房，两边临水，竹木葱茏，别称"白茅庵"。我去过多回。家由他舅嫂料理，简素、干净。他家常备吃茶糕点，一个月饼分切四叉，装小瓷碟，客来，端出来与茶一起款待。

庄先生有钱。

庄先生的名山巨作《古典戏曲存目汇考》三大部，凡治戏曲史者绝对绕不开去，为案头的必备。

先生为旧式才子气十足文人，性喜诗词曲。早年负笈上海圣约翰大学，修法学；完成学业后，在南京国民政府财政部公债司供职，其间稍有调迁，往来于白下春申，交游多文化名流。

先生虽然不曾与闻社会进步组织，但在国难发生、民族存亡危急之际，大局观极其明晰。在上海沦陷为"孤岛"后，他断然拒绝熟人介绍去汪伪教育部谋职，在租界秘密从事地下抗日救亡工作。同时，他又执着于对古典戏曲史料的搜集、整理和撰著。先生深知，敌伪的"大东亚共荣圈"是把侵蚀中华传统文化乃至吞没其遗产，列为除了政治、经济以外的一项重要的策略。而他，一介文人，以研究古典戏曲救国报国，既非迂执，也绝非隔靴，却是他的本分。

我觉得这是庄一拂先生不大为人知的另一面。吁——，先生岂只是一味地吟诗填词撰曲风花雪月而已哉。

皇皇一百三十万余字的巨作，也给庄先生送来了经济上丰厚的收获，先生不再感叹"量沙都是卖文钱"……

就在公园茶馆吃茶那会儿，上海古籍出版社预支给先生稿酬六千元。

庄先生座位左右依次是：无锡国学专修馆高材生、诗人、画家、著作《中国美术史评估》的沈茹松先生，上海美专肄业、曾供职南湖书画社、发现海内孤本《萝轩变古笺谱》居首功的臧松年先生，一生酷好金石瓦当、在煤球炉上研炼出古黑陶的许明农先生，杭州都锦生画师、常把手指头长乌黑一段"麒麟屎"托在掌上谛视良久说"此乃亿万年桑树枝之化石也"的陈贤林先生，老年不幸眇一目、年轻时经常在地方报纸副刊上写"茶余闲话"之类小品文的朱瘦竹先生，工绘仕女的郑牧先生，隐名于市井、精擅《灵飞经》小楷的张秋池先生，喜好拍曲的徐先生，醉心篆刻的钱先生，研修佛学的单居士，师从庄先生习诗词曲的郁先生，装了一肚子地方文史掌故的夏先生，等等。

这一众先生大多年过六十七十，在我眼里都是有学问的前辈，称之为"文化遗老"并无什么不敬的意思。也确乎是，前辈们（夏先生除外，他是别一路人物）随口出的雅言之乎者也，不要说茶馆所有的人听不懂，便是在乡下读过一点《古文观止》（限于唐文以下）、被村里"小芳"姑娘当成"半个古人"而终致恋爱失落的我，觉得和这些前辈也隔着好几个世代。

我二十六岁从乡下返城，在茶叙时，自然是"乡后学"，叨陪末座。

茶叙谈古多。我坐"末座"上听，不吱声。

我那时对唐诗，所知止于"抽刀断水"；宋词，止于"欲说还休"；元曲，顶多是"古道西风瘦马"；并且都不甚解，不辨四声。我于书画篆刻所知更是不及皮毛，对沈茹松先生口讲指划的"四王四王"，我听着一脑子浆糊。

我对古白话小说知道多些，这跟打小就爱"听书"有关。

我第一次去公园茶馆吃茶，正好遇上郁先生在向庄一拂先生请教"词曲"，拿着一册庄先生的《南溪词曲稿》，双手捧在胸前。

两人也才相识，庄先生问郁先生：

"请教足下尊姓、表字？"

"不敢。不敏鄙姓郁，草字么，以不敏这个年纪，出生在民国，社会丕变，起名已经不甚讲究表字如何了，虽然家里也曾经是书香门第——"

"啊，抱月村郁家，晓得晓得。啊，夫子有言，郁郁乎文哉也！尊兄贵庚？"

"不敏知非之年矣，虚度虚度。"

"啊，老朽六十有七，肖羊，三羊开泰之羊。啊——哈哈哈。"

"先生词曲泰斗，不敏仰慕已久……"

"焉有斯理，焉有斯理！当今词曲泰斗应推老君堂俞平伯先生。想十数年前，老朽与炳炳曲师合力为《毛主席诗词》订定工尺谱，全仗了平伯先生'逢人说项'的提携，才一时间名响京华的。现如今，咳咳，炳炳在'文革'初离世，老朽也马齿徒增，马齿徒增罢了……"

我在一旁听，感觉就像是两个明朝嘉兴人在昆曲戏台上说"道白"。

郁先生口口声声的"不敏"，我起初以为他大名叫"郁不敏"，结果被前辈们笑话了，闹了个大红脸，从此更多哑默，只是支棱起耳朵听。

茶叙也总会时不时地讲到蒲作英，似乎他是大家身边随常见到的人，提起他就像是邻居家的阿猫阿狗，没一句"中听"的，更不用说有一星半点的"翘须"（嘉兴话，诶词）。

谈说蒲作英往往是夏先生起头，众人附和。其间，庄先生只是微笑，似听非听；沈先生总是皱眉头，抽烟、吃茶。

庄先生微笑，似听非听，是他对夏先生向来瞧不大起，认为"掌故"是杂学，助人谈资而已。至于"地方掌故"更是杂学中的杂学，跑出嘉兴谁买你的账？

沈先生清瘦，个头不高，前额挺而秀。典型的江南才子学者。我在开篇写到对蒲作英书画的艺术评介，主要出自沈先生。我注意到，沈先生在夏先生和众人谈说蒲作英时，凡讲到声色、私德，眉头越发皱紧，抽烟时头稍稍仰起，嘴里的烟雾向上喷，一副不屑的模样。

沈先生的生平知己，是徙居在湖州南浔的画家、词人吴藕汀先生。在嘉兴，他和庄一拂、臧松年谈得来。

我很少见先生开怀大笑，多沉郁。先生自号"江东余

148

子"，此有深意存焉。先生非不鸣，以待时也。在茶叙老先生中，沈先生的思想、见解都新。

比较沈先生，夏先生学识差太远。但夏先生在茶叙时的角色不可或缺，他十分健谈，口无遮拦，虽俗，却很本色，举止挺好玩，在《儒林外史》中有他忽隐忽显的影子。夏先生注重口腹之欲，这一点，我受到他的影响，觉得在人生的根本意义上，并不坏。

现在，夏先生又一次开讲蒲作英，而众人杂七杂八地附和发声如斯：

"蒲作英嘛，出身低微，他家在城隍庙隔壁开饺子店，士农工商，商居末流。"

"他老爹没有大名，人都叫他'蒲饺子'，就好比烘大饼的姓王叫'王大饼'，做汤团的姓刘叫'刘汤团'，卖烧鹅的姓赵叫'赵烧鹅'。东西好吃，却没人看得起，死了数十年，有人提起他来，还是这个绰号。"

"蒲饺子娶的老婆是不第老秀才姚磐石的独养女儿，蒲、姚两家结亲，横看竖看不搭调。"

"姚小姐下嫁蒲饺子，随夫家姓叫蒲姚氏。"

"咳咳，可惜了，一枝鲜花插在牛粪堆！"

"此话有点过矣，有点过矣。"

"那姚磐石秀才尽管秀才，却有些疯癫，是个书毒头。"

"想当然耳，想当然耳。书毒头，如何充当塾师？"

"听老一辈人说，蒲姚氏嫁后多年不生育，常去送子庵烧香求子，这里头大有名堂……"

谈说到蒲作英本人：

为人很"放荡"，嗜酒，好色，色更甚于酒。

妻子缪晓花，身世大可疑。两人结褵，不是正经路数。那缪晓花是倾脂河河房的"游妓"也未可知。

三十出头丧偶，从此独身。犇姘头，一生不知道犇多少个姘头。

画卖不掉，穷窘。画卖掉，有了钱，招朋引友去酒楼吃光。

绰号"蒲邋遢"，画画写字乱涂——邋遢；衣衫不整也邋遢……

谈说间，那些个"放荡""鲜花""牛粪""送子庵烧香求子""犇姘头""游妓"，都出自夏先生，他的嘴很"损"。

我听众人这么说蒲作英，因之前从未读过记载蒲作英行状的文字，更从未见过他的书画，吃不准那些闲话有哪几分可信，尤其是从夏先生那张"破嘴"里出来的。

夏先生说话叽叽歪歪，无休止。特别是触到他装了一肚子的"掌故"时，开口徐一士，闭嘴郑逸梅。讲到得意处，直呼"一士一士，逸梅逸梅"，两人府上如何如何，好像亦佳庐和纸帐铜瓶室在他都是熟门熟路。

其次，一提到蒲邋遢，来劲，无倦厌。

夏先生仿佛有肺结核病，形瘦，脸狭长，嘴很大，凹颊，颊上两颗核桃似的颧骨微红。

夏先生食痨，好吃"厚"，不好吃"薄"，众安桥吴三娘的冻猪头肉经常被他挂在嘴边。

夏先生的茶点是固定式的，一只大肉粽。他不像庄先生，小笼汤包、生煎、梅花糕、馄饨、汤团、葱油炉饼、奶油蛋糕换着花样吃，也不像另外几位先生从家里带来一点云片糕、状元糕和小孩吃剩下的动物饼干，放一片（块）嘴里，呷半口茶，慢慢抿。他认准了只吃大肉粽，最爱粽馅里那一大块白乎乎、亮晶晶似化非化的肥肉，以及被肥肉汁液浸润得酥软的两块板栗模样的精肉。

大肉粽二毛钱二两粮票。夏先生茶点开销虽然比不上庄先生，但实惠。他讥笑庄先生家的舅嫂，把一只黑芝麻豆沙月饼切四叉，大小匀称，刀口细洁，卖相好，却不经吃。那么光溜溜的一小叉，还不够嵌他大嘴里的牙缝呐。

夏先生吃粽子用一双象牙筷，一只金边细白瓷碗。筷和碗放在篾青小篮里，盖一方白里泛黑的小手巾。

他那个篾青小篮里还放着一把小剪刀。清早，夏先生去五芳斋买了刚出锅的大肉粽，拎着篮兴冲冲上公园茶馆来。他向先到的郁先生、徐先生、许先生等人一一点头，坐下，泡了杯茶，取出象牙筷、金边细白瓷碗，拿小手巾仔细揩抹一遍（擦嘴、擤鼻涕也用这手巾，不常洗），把冒着热气的粽子放碗里，举起那把小剪刀，眯着老花眼，瞄准裹扎粽子上的麻线，一剪刀下去，"丁"的剪断线头，两个手左绕右绕，把长长的一根麻线绕开，抽出，轻轻放一边。

接下来剥掉箬叶吃粽子。粽箬上粘着些糯米粒，油漉漉，他翘起大拇指甲刮了舔嘴里，顺手拿象牙筷"吱吱"两下，把粽子夹开成四等分，每块粽上都沾满了肥瘦相间的馅肉，撩一块送进嘴，满口，缓缓咀嚼，颊上两个核桃大、微微发红的颧骨在上下抖动。

吃完粽子剔牙。夏先生六十多，还是全副牙，唯一不足是齿缝宽，天生的。他剔牙拿一支象牙筷伸嘴里，筷头左右摆动、旋转、拨拉，把塞在宽齿缝间的肉末屑、糯米粒一一清理出，喝一大口热茶，搁嘴里，仰脖、闭眼，"囖落落，囖落落"漱口。完了，又缓缓地把漱口的茶连同肉末屑、糯米粒和大肉粽尚存的一点咸鲜味、余香，"咕嘟"咽了下去。

这是夏先生一天里除了吃吴三娘的冻猪头肉，最令他食欲心满意足的时候。他接着嘴巴哑出很大的响声，拎起白里泛黑的小手巾，甩了甩，对折成三叠，双手托着来回擦嘴。

擦了嘴，收拾了碗筷吃茶闲聊天。这双象牙筷是在众安桥旧货店偶然淘来的，筷身奶白油润，筷头却发灰，很尖，剔夏先生的牙挺管用。

这双象牙筷比通常的七寸六分短了一二分，也不知道多少代人生前用它吃酒、撩菜、吃饭，才磨损成这样。

夏先生去旧货店跟我跑旧货店不同，他是冲着吴三娘的冻猪头肉去的，旧货店只是顺带便拐进去歇歇脚。1976年后，市场渐渐放开，小贩世家出身的吴三娘重操老本行，每天半下午在众安桥摆摊卖她祖传的猪头熟食。三娘的丈夫阿明做炒货，市井里都叫他"炒货阿明"，油氽长生果、椒盐南瓜子、奶油五香豆。两个摊头并排平，都是一张老杉木半桌，摆在旧货店转弯角上。

猪头熟食分四种：猪耳、猪脑、猪舌头，小锅卤煮，单卖；冻猪头肉快刀切卖，过秤。

夏季，天大热，人一动汗流如浆。正午在水门汀上放一个鸡蛋，过一会就"吱吱"烤熟了。吴三娘的猪头熟食摊上，照常一样不少。她提前一天准备。清早，把二十来斤重一个猪头劈两大爿，割下猪耳，挖出猪脑、猪舌，刮掉猪头上的毛，洗净，焯一下去腥，白水煮熟酥，捞出锅，拆骨，把肥肉精肉和猪鼻切碎，回锅小火煮，加黄酒、盐，放一点冰糖吊鲜。汤汁变稠，赶紧生粉勾芡，装钵头搁水缸脚边晾一夜成冻。饭店的冻猪头肉掺皮冻，很结实，却比不上吴三娘的不化而酥软肥腴。

半下午，北丽桥吹来一丝凉风，吴三娘出摊了。她烧一壶水，把钵头底焐热，反扑在白净布上，双手扶着缽头边摇晃边轻轻提起，只听"壳托"一声，冻卤冻肉囫囵脱落，其形似钵，其大也径尺。外面裹薄薄一层冻卤琥珀色，里面肥肉凝霜般雪白，精肉桃花瓣般粉红，用一个正方的大玻璃匣罩罩着，边上摆一厚叠翠绿的干荷叶，望去挺养眼。

夏先生一辈子害食痨，他一旦想起吃猪头肉了，总是迫不及待地赶在半下午前一点到众安桥。来得早，去旧货店歇脚等候。他那双象牙筷，便是在等候时无意中看上的。他是老吃客，对食器也有讲究，识货，知道这不是骨粉压模，花五块钱买下了。

我和夏先生在旧货店的几次相遇，缘由与他从西埏桥贤娟弄家里穿过半个城赶来买冻猪头肉吃有关。

我在近三年的"游民"日子里，下午跑旧货店跟夏先生的"食痨"完全不相同，是出于"生计"的必需。假如没有旧货店，很难想象我这种看上去还体面的"小有钱"的城市闲散人的生活竟能够维持下去。

就说听书吧。

听书分两种，大书和小书。大书称"评书"，也叫"评话"，只说不唱，一个人表演，单档；小书即弹词，两人说唱，有男双档，女双档，最多见是夫妻档。说小书，上档一把三弦，下档一把琵琶。女说书的下档，半抱琵琶犹遮面，于姿色之外平添三分妖媚。处在青春期的年少人，听小书是冲着"妖媚"去的，那女说书年轻漂亮，穿旗袍，开叉很高。

小书多"弄堂书"，拖沓，心理描述过多。严雪亭说《珍珠塔》方卿见姑妈，书中小姐陈翠娥下楼来和表弟会面，整回书，十八级楼梯只迈出一步。

老听客有的爱听小书，有的爱听大书。

小书缠绵悱恻，情思缱绻旖旎。大书有英雄好汉气概。

我是"大书党"。

我的青春期早已交付给十年插队下乡了，村里的"小芳"不和我好下去。

我打小就爱听书，小学时，没钱买票，趁"大落回"前的一段时间无人把门，溜进书场听"蹳壁书"。蹳壁，便是在书场两侧的走道上，拣空地儿站着，大半个身子紧贴着墙壁，两个脚后跟跐起，连听带看台上艺人说书。

我家离塔弄口公益书场近，我从小学四年级起，在公益

154

书场没少听戤壁书，像《三国》《水浒》《说唐》《封神榜》《施公案》《金台打石猴》等，都是断断续续由戤壁听来的，没花一分钱。

我在公园茶馆里有时听庄一拂先生、沈茹松先生他们讲起《三国》《水浒》里的词曲，忍不住会插话。

现在，我早已经不是当年听戤壁书的毛头少年了，我成了一名城市的闲散者，但我好像还为自己有这样一个"身份"感到有点儿满足。盖闲散者，游荡于社会的边缘者也，不需要去迎合、趋奉什么，挺好（和我一起吃茶的"文化遗老"们，也无一不是"边缘"）。

"文革"十年，书场封锢十年。

一天，我吃茶时听庄一拂先生他们谈说公益书场也"拨乱反正"了，不觉怦然心动。晚饭吃了二两半"枪毙烧"（劣质烧酒，又称"山薯烧"，六角二分一斤），便去探望这个我年少时无数次趁着"大落回"前二三十分钟，溜进去听戤壁书的老书场。

书场一切依旧，不变。"状元台"正中粉壁上那四个狂草"百花齐放"，重新勾了金边，填了红。听书票也依旧二毛钱，其中连带五分钱一杯茶。

听书到"小落回"（上半场结束），休息一会，书场里去厕所的脚步声，擤鼻涕声，咳痰声，交谈声，嗑瓜子声，续茶声……嗡嗡嗡响成一片。听书到"大落回"（散场），出了书场去馄饨担上花一毛钱，买一碗小馄饨，舀一朵红辣酱，一手端碗，一手拿调羹，站着吃。碰到熟人互相请：

"我惠钞，我惠钞——"

"我来，我来，上趟——"

互请是客气，热络。其实心里都清楚，谁请也不白吃。

我听胡天如先生的《吴越春秋》整三个月，接下来是他最拿手的《三侠五义》《彭公案》《五鼠闹东京》，这些是他早年成为响档的代表书目。

胡先生说表诙谐，他放的噱头都是"肉里噱"，譬如说某人冷不防后背上挨了一刺刀，他形容那人"只觉得溇飕飕一来兴"！很逗人发笑。"溇飕飕"是冰凉的意思，"一来兴"即一下子，都是吴语。

胡先生曾拜师习武，他手中那把黑纸折扇，挥舞起来如枪如刀如棍如戟，变化百端；他的拳脚功夫绝不花绣，在四五平方大的"状元台"上，纵跳腾挪，一个破空旋风腿豁过书桌，听众彩声满场。

胡先生也擅书画，画学费晓楼，多绘仕女，走清雅秀丽一路；书法却不然，狂放，不端谨，似蒲作英，我很喜欢。

陈二幼撰《蒲华生平行迹、交游及其画迹考略》发表于《徽学通讯》1989年第5期，我读过多遍，文中有她采访记录胡天如先生的口述史料。胡先生是苏州人，久居嘉兴，他讲到蒲作英生平那些事，得自于"嘉兴的几位老先生"。

我揣测这几位老先生里，一定会有公园茶座上的"文化遗老"，尤其是喜谈掌故的夏先生。陈二幼文中提到，胡先

156

生转述"某先生"说，蒲作英是"由郭似埙资助去上海卖画的"，这使我想起来一个人——画家郭蔗庭。在公园茶馆里，我没少遇见郭蔗庭。他每次来和夏先生一样，手里拎个篮，篮里放一只碗、一双有长短的毛竹筷、一个小酒瓶，碗和酒瓶都是空的。他的样貌让人很容易记住：黑矮，身高五短（一米五十），头奇大似冬瓜，眼珠子向外突，如相面说的"爆眼"。就是这么一双"爆眼"，我从未见过它正视或仰视，而总是随着向左边歪斜的头（据说是拆卖旧屋梁椽时，被下坠的木头撞伤了颈椎骨），向下滴溜溜转来转去，像是希冀会从地面上捡到一点什么值钱的东西。其时的郭蔗庭已是一副末世的潦倒相，在社会上几乎与乞丐为伍，沦落为以"窃骗"度日，对象是老熟人、从前的朋好。"文化遗老"们，没人愿意搭理他。

郭蔗庭生长在丹青世家，他是郭似埙第四子。乃祖、乃父、乃兄与蒲作英生前死后都有交集，从他口里讲出来的蒲作英，必闻之于父兄，属真。

那位"某先生"，会不会便是郭蔗庭？

我上午吃茶，晚上去书场听书，加上抽烟喝酒，一天的花销，茶钱、烟钱、酒钱、饭钱、点心钱、听书钱、七七八八，拢共一块多，一个月毛估估三四十块，是厂里工人的薪水，能养活一家三口人。

我家三口人，我和祖母在城里，母亲在乡下教书，她把工资的半数（二十五元）给了我和祖母，自己除了吃饭穿衣，还得存点钱以备不时之需。按理，我和祖母也够温饱了，可我偏偏染上了烟酒茶的嗜好。嗜好多属不良，在别人眼里，我是一个"荷包"。

祖母随我吃饭，我每饭必酒（二两半"枪毙烧"），下酒菜不缺小荤，饭食还算不恶。这也是天下大多的贪爱杯中物人共有的特点——不会吃素酒，像夏先生、郭蔗庭他们，都是这个路数。

我没有亏待祖母，但我得把每月亏空的窟窿填补上。除了向朋友借钱（这是我曾经的"丑事"，恕不展开），我看上了家里久存的一些长物，先拿它来变钱，而变钱在旧货店，官称"调剂商店"。

这便是我跑旧货店的由来。

旧货店和公益书场同处一条街——建国路，坐落在众安桥西埭，两开间，前临街，后枕河。向南的店面是个拐角，宽屋檐，吴三娘的冻猪头肉摊和她男人的炒货摊，摆在屋檐东旮旯，占地不大，避风雨日晒。

我出入旧货店走南开间，北开间门面窄，来卖出买进旧衣旧裤的人多，有点挤。

南开间店堂大，摆一长溜玻璃面木柜台，中间有容一人侧身过的缺口，盖一块活络的板，店员进出掀起木板就得。

柜台里放一些废旧的钟表、残缺的珠翠宝石和品相很一般的金银首饰，以及陶瓷的笔筒、笔架、红木镇纸、紫檀木砚盒、竹刻的臂搁、拇指葫芦、匏尊等文房小摆件。除此之外，养蟋蟀的瓦罐瓦盆也有不少，叠一堆。

那些文房小摆件，是红卫兵破四旧抄家时顺手牵羊"哈夫"来的。"哈夫"一词是英文 Half 的音译，意谓数人见到财物瓜分，也即各取一份，或者更直截痛快地说是以不正当手段非法取人财物。

1976 年后，这些曾经被批判为封建文化"玩物丧志"的小摆件，出现在旧货店里，让爱古玩的人挑选买了去，也算不枉担了"调剂"的店名。

南开间一长溜柜台里侧的东墙壁上，偶尔会挂上几件装在玻璃镜框里泛黄的旧画，夏先生对我说，这是"苏州片"，是从前苏州画匠摹绘唐伯虎、文徵明、仇十洲等名家字画，拿来兜揽出售，买主都是附庸风雅的商人。

夏先生又使我长了知识。在"文化遗老"里，讲学问和才情，夏先生远不如庄一拂、沈茹松、臧松年，虽然夏先生也作诗，但他的诗很"干"，不像庄先生的诗"水露露"，敢炼"新词"，一句"粉红江上石头红"，鸳湖才子本色就尽显出来了。夏先生则不然，出现在他诗中多是"凭栏说愁愁更愁""青衫更添酒痕深"之类套话。讲到诗，我最佩服沈先生，作诗快而好，人称"捷才"。他自己也以"捷才"自许。沈先生只有在谈诗时，讲到过他对蒲作英诗才的看法。沈先生说，蒲作英的题画诗也是快而好，不愧是捷才。每画成，不假思索，也从不咿唔哼唧，提笔在画上一挥而就。吴昌硕评介作英诗"犹野鹤翔空，幽兰蔽石，隽逸时芳，斯为画家之诗"。吴昌硕也善诗，中规中矩，谨守格律，跟蒲作英两路。他的诗风过于板正了一点，因此"斯为画家之诗"

这一句，实在是含着些妒意的。

听沈先生的话语里，他对蒲作英似乎有几分惺惺相惜的意思，两人有程度不同的"怀才不遇"的经历。

在吃茶的前辈中，我得承认夏先生的影响最大，他引发了我对掌故（野史）的兴趣。多读掌故小品，对于历史文化传统乃至艺术，至少不会是十足的外行。

夏先生隔三岔五也来旧货店。手里拎着那不离身的小篮，眍着眼在店堂里东看西看，一边等吴三娘出摊。他从不进到北开间去。他瞧不起来旧货店淘旧衣旧裤的，说那保不定是在死人咽气前从身上剥下来的，趁死人还软乎，穿戴上寿衣寿帽。谁穿上这种旧衣裤谁倒霉一生世。

夏先生的嘴总是这么"损"，说这话时却全忘了他那双淘来的象牙筷也是死人用过的。

嘉兴有句老话：穷虽穷，家里还有三担铜。夏先生吃钱庄饭出身（解放后从信用社退休），老伴夏师母年轻时做过县妇女会干事，是全县第一个女子学会游泳的新女性，圆脸，体态丰腴，穿一件粉红无袖旗袍，在苏小小墓前石埠头下水，沿着州东湾来回游一大圈，子城城楼东侧墙垣上站满了看热闹的人。

夏先生是在送子庵吃枣泥糕时，遇见来庵里宣讲"废娼"的夏师母，两人都年轻，风流自赏，就对上眼了。

像这样的家庭背景，出身出处都不错，夏家自然小有"底把"（积蓄），从来不缺吃穿。

北开间临街一扇窄门，门里头也窄，像弄堂，两侧墙壁和天花板上，钉一排排瓷钩，挂满了布的、绸的、麻的、海夫绒的及皮货的旧衣旧裤，人一进到这里，扑面而来一股阴凉潮湿混杂着樟脑丸和旧衣裤霉变的气味。

旧货店拢共五人：老袁、小王、小李，还有两个女子。女子的样貌，我忘了。自从在"小芳"那里吃了瘪，我对女子有了戒惧。小李面长面短，我也忘了。他跑外勤，不常在店。我相熟的是老袁和小王。

老袁坐在北开间尽头，一张有铜环铜锁的老式账桌，朝南，挨着窗，坐太师椅上，可以倚窗探头望见后河上的众安桥。

我卖旧衣旧裤是按季节往前推。我春季里从乡下上调回城，于是便先卖刚刚脱换下的冬衣冬裤，尔后是秋季穿的，夏季穿的。春天过去便是夏天，把夏衣夏裤也送去旧货店变了钱，我就不怕夏天没衣裤穿吗？回答：不怕。死蟹活蟹都是蟹，船到桥洞自会直，这是我对付穷窘的理念。

我跑旧货店，很快和老袁相熟了。这是一个小矮胖的老头，短脖子，圆头圆脑，淡眉小眼，脸色灰白，稀疏的头发和胡髭也灰白。老袁的长相像电影《停战以后》里的国民党宛平县县长。世上有老袁这般长相的，大约都好静，爱独处，对人不善于表露他的同情心。

一次，我见郭蔗庭冬瓜大的脑袋上淌着油汗，气哺气哺来找老袁，从小篮里取出一个申报纸纸包，放账桌上，翘起两个兰花指，把纸包一点点拆开，是两只旧电灯泡。

郭蔗庭对我有些尴尬地笑笑，两手撑着账桌，身子前俯，半抬着头，眼睛如铜铃似地直望着老袁。

旁边两女子交头接耳，不停地撇嘴。

老袁不说话，默然，拉开抽屉，低头拣出一张角票，又从自己口袋里掏出一毛钱，别转头递了过去。

老袁微皱起眉头，望着那有些歪趔的背影，叹口气，只轻轻地说了一句：

"唉，天官牌楼郭家。"

旧货店回收灯泡，五分钱一只，取灯泡里那点钨丝。老袁多给一毛钱，他知道郭蔗庭又到了身无分文的地步，而两只灯泡的回收价，是无论如何过不了酒瘾的。

这两只旧灯泡还能点亮。郭蔗庭去某老友家趁人不备，随手"哈夫"来打算凑个几毛钱，杀一杀肚子里的酒虫。

那些年，民用电灯大多是小支光，灯光昏黄，灯头还是插口。郭蔗庭个头矮，爬上桌踮脚、耸肩、伸脖，把灯泡往上一顶"壳托"就卸了。

他这种施展在老友、熟人家的"窃骗"，吃茶的"文化遗老"们都熟悉。有一次他"哈夫"到夏先生家，害得夏家这天点支蜡烛吃夜饭。夏师母摸黑去灶间取酒，误拿了醋瓶，夏先生吃了一口，把象牙筷往桌上一摔，大吼：

"吃啥短命醋！"

"吃醋？不照照镜子，棺材板都响了，还吃醋？"

夏师母早已不是从前那个穿旗袍在州东湾游水的县妇女会干事，她在四九年后被劳动教养两年，放出来后一直在家烧饭做菜，侍候夏先生。她年近六十，有点儿怅惑，以为老头子又想起当年两人在送子庵吃枣泥糕，为一个小尼姑争风吃醋的旧事，至今仍觉得委屈，老两口为此又吵了一场。

郭蔗庭的"窃骗"最令人哭笑不得的是"借书还书"。他向熟人借书（大多是画谱书谱、掌故丛谈、《康熙字典》之类），书到手立马去南湖书画社找臧松年卖掉，转身到众安桥吴三娘熟食摊切半斤冻猪头肉，到高公昇酱园打一斤"枪毙烧"，两人一起去他家的"谷园"吃酒。吃酒时，臧坐在马桶盖上，他自己盘腿坐六尺长三尺宽的石碑上。"谷园"无一桌一凳一椅，马桶为来客坐具，倒在地上的石碑则为床、榻、桌，画画也在这上面。

吃了酒，过数日到了还书这天，他找一块和书差不多大小的砖，拿申报纸包了，抱在怀里去书主人家。他一般选择白天烧饭前，厨房没人，一头溜进去，把纸包轻轻放在菜橱里，说声"书还来哩噢——"手捂着嘴，一脸坏笑，转身拔腿就跑。他跑得飞快，"劈开头"发型的冬瓜脑袋上，两半边的头发"噗噗噗"上下翻飞。

郭蔗庭可以入"畸零人传"，蒲作英亦是。作英的一生大半也属"畸零"。郭蔗庭因家族，尤其乃兄郭和庭与蒲作英交谊匪浅，曾亲理作英丧葬，他打小从乃兄那里间接地受到蒲作英的某些影响，也不是不可能。

除了寒乞和行为的小不端，郭蔗庭个性的某些方面有和蒲作英相似之处：两人看起来柔和，无可无不可，好说话。可骨子里却挺傲，于时流不苟合，独持己见。这种"不苟合"，总会在某种情势下，性之使然地表现出来，毫不计利害。

蒲作英傲上不傲下。对官场有人来索画索字，不管来头有多大，是道台抑或臬台，是知府抑或知县，看着顺眼的，画和写；不顺眼的，敷衍，不愿多花力气磨墨。写四个条屏，大尺幅，写到最末一个，不停地往砚台里添点水，添点水，越写越淡……

郭蔗庭在"文革"时，时流好"红"，他却偷偷画了两幅"黑画"。一幅《百花图》，满纸都是花骨朵，旁题长款，略谓：天寒，花开不出。一幅《百雀图》，满纸都是张开嘴的各种知名不知名的雀，鹦鹉、竹叶青、画眉、白头翁、黄头子……最多是麻雀，无款，意思却显豁："文革"的所谓"形势大好"，只是群雀乱噪而已。

一次，臧松年去他家坐马桶盖上吃酒，看了画，连连惊呼：

"郭兄，你真好大胆呀，好大胆呀！"

他"嘿嘿"一笑，收了画，没介事。

二十多年了，郭蔗庭游荡在社会底层，沦为边缘的边缘。像他这种杀杀没有肉、割割不见血的游民户头，不管任何年代、任何政府，也都只能任其自流。抓牢里去，他有老娘，谁管饭？

那两幅"黑画"，我未之见。我在公园茶叙时，在旧货店见到郭蔗庭时，都从未听到有人提及。

在旧货店里，我和老袁说话不出三四句，三四句后就没话了。我拿一件旧衣去店里，老袁双手接了，摊在柜台上，照例先翻看衣领、袖口、下摆贴边，这些最容易磨损的地方。翻看完，顺手把旧衣抚平整，若有所思地望着我，神情有点儿踌躇。这时，我往往忍不住先问：

"老袁，几钿？"

"这个嘛，四块五角。"

"涤卡中山装，穿了不到半年——"

"晓得，旧衣裳卖不大动。"

"帮帮忙，急用——"

"嗯——"

他点点头，取下夹在右耳上的圆珠笔，小眼睛飞快瞥了两女子一下，拿笔开收据发票。

老袁拿笔的笔杆竖直，是从前在估衣行用毛笔记账的习惯。

发票上的洋码子是大写的汉字，正楷，一笔不苟：肆圆柒角整，也是在估衣行养成的习惯。比报价时多给了二毛，这于我不无小补。

我把钱和发票塞口袋里赶紧离开，我不想看到两女子撇嘴。

老袁让两女子用叉杆把旧衣挂上天花板瓷钩，缓缓坐回到太师椅。没生意时，他就探头望窗外众安桥上过往的人。

他和桥上的人两不相干。

他对谁都不爱说话，脾性有点闷。

我对小王的感激不下于对老袁。

小王左手戴一个绿松石嵌宝戒，很粗。这是那会儿"跑社会"的标配。"跑社会"说白了便是在社会上混吃混喝，打架斗殴，赌博出"老千"，勾引女人……不干正事，身上都带一种"猾气"。这种人，往往为安于传统生活的人所不屑、讨厌。

　　但小王不是"跑社会"。他左手无名指上戴这么粗大一个嵌宝戒，并不令人讨厌。那是他职业的需要。

　　他负责的店堂，时不时会出现两三个从上海来淘珠宝，淘名牌旧钟表，淘文房古玩的"老克拉"。

　　挂在东墙壁上的"苏州片"，是绝对入不了"老克拉"法眼的。

　　上海"老克拉"，用几句话简单说："人过中年，穿做工考究的旧西装，领带鞋帽与之相配，绝不马虎。戴铂金戒指，纤细优雅。有钱，不乱花。一支牙膏用到挤尽，拿两支筷子卷起来轧。遇事无一不在行，懂经。讲体面，好休闲。善交际，绅士风度十足。"

　　出现在旧货店里的"上海老克拉"，有一位阔脑门、梳大背头、穿咖啡色风衣的贾先生。他和小王托熟，两人在一起有说有笑。

　　贾先生做珠宝生意，还癖好名家字画。

　　小王戴的嵌宝戒是黄金指环，鳗鲡边，有点俗，虽然不入"绅士流"，但这样至少不至于"外道"，可以使他显得也有几分"懂经"。

　　小王清瘦，高个，为人"乐开"，韭菜面孔，和陌生人

166

一搭话便熟。在一长溜柜台里侧，有一张三屉桌，那是小王的工作台，摆一个黄牛皮扁扁的工具包，打开，大大小小的尖嘴钳、镊子、撬刀、十字螺丝刀、锤子、起子、放大镜（有眼罩，用时夹在眼眶上），二十来件，都擦得锃亮。旧货店没有修旧钟表这项业务，这些工具是他自己掏钱买的。他和老袁，在店里都公私分清。

日常，小王大多时候就坐在"工作台"前，摆弄那些旧钟表。他半个身子伏在桌上，右眼上夹个黑胶木放大镜，两个肩胛斜撇，背影像个"凸"字。

这些旧钟表里，有一种半废的手表（有进口的，大多是国产），发条、轴芯老旧了，走一会，分针和秒针搭牢，得摇动几下手腕才走，走走停停，没准时，人称"摇表"。

小王初和我搭话，是在我卖掉穿了不半年的涤卡中山装那天下午。

我离开老袁后，从小王的柜台前走过，他放下正在摆弄的一台废座钟，摘下放大镜，走到柜台前，笑吟吟主动问我：

"下家里？"（上海话，家读如"夹"。前缀姓，如金家里、郑家里，即称呼某人，带点戏谑。下家里，专指下乡知青。）

"嗯。"我答。

"做几年'刮底'？"（吴语，刮底即刨土，知青称农民"老刮底"，用在自身则系自嘲。）

"十一个年头。"我比划一下手势。

167

"喔哟，苦煞！'抽'上来了？"

"嗯。"

"生活呒不？"（吴语，工作谓"生活"。）

我点了点头，眼睛转向店堂外，避开小王含着同情的目光。

这时，吴三娘的熟食摊和炒货摊也到点摆了出来。我知道，用不了多久，夏先生准会出现在熟食摊上。上午吃茶时，他还对庄先生、沈先生他们说，四天没吃冻猪头肉了，走路脚筋酸，脚头也重了许多。

我见夏先生拎着小篮来了，高叫一声："夏先生迟到了？"夏先生说："路上碰见熟人，说了一阵闲话。"

我本想趁机离开店堂去摊头上和夏先生说几句，这样显得自然不突兀。小王对我释放善意，是因为我"穷窘"，我得领他的情。

可是小王谈兴十足，不容我走，一把扯着我的衣袖说：

"老弟呀，晓得哦，乡下不比城里，农民老实，只晓得一铁镂四个洞，种种六棵头。城里人头子活，社会上鱼有鱼路，蟹有蟹路。像殿基湾'礼拜六'，政府分配'生活'，不管全民、集体，都不去。他穿旧西装，戴黑框平光眼镜，梳分头，天天吃早酒白鸡面，哪里来的铜钿？就做点小生意嘛。嘉兴人过年家家吃老笋干红烧肉，这'礼拜六'一个年档卖老笋干，够他一年的花销！

"像秀水兜大脚阿炳，卖上海'光明'牌棒冰，五分洋钿一根。别人在城里卖，他跑乡，熬苦，背百把斤重棒冰箱，跑两个来回。一根棒冰比别人多赚一分。热天做三个号头（吴语，月称号头），全家一年顿顿肉汤淘饭。

"再讲吴三娘，夫妻俩解放前就卖冻猪头肉和炒货，那是她家的祖业，老本行。当初打击投机倒把，包括摆小摊的，吴三娘上不了街，就在家里偷着做。她有老熟客，那十年里，我和老袁经常看见夏先生手上拎个小篮，跑过众安桥去风车弄吴家。

"夏先生好这一口，性命交关，你能叫他'革'这个'命'？"

小王吐吐舌头，接着巴着我的耳朵说：

"老弟，说出来吓你一大跳！吴家两个儿子两房媳妇，手上戴的都不是'摇表'，全是世界名牌英纳格。孙子孙女三个，戴浪琴。他们夫妻一个号头赚的铜钿不比县长少，县长十五级老干部，工资一百四十块，香烟吃六角二分一包的'中华'牌。"

小王说完松了手，笑眯眯看着我，等我的反应。

我摇摇头叹了口气，说：

"县长吃'中华'牌香烟，我相信。我插队下乡时，大队书记吃大前门，公社书记吃'牡丹'，都是甲级好烟。再往上去，除了中华还有更高档的。看纪录片，毛主席夹在手指上那支烟杆黑乎乎的，绝对不会是'臭雪茄'。"

我对小王说的并不怀疑，譬如"礼拜六"，我也面熟，经常出入早酒店、茶馆，卖相不错，说话"迭个，哪能"，人也挺斯文。譬如"大脚阿炳"，"卖三个月棒冰，全家吃一年"的说法，我也听说过。至于吴三娘家，手表都戴英纳格、浪琴，这个连有绅士、学者风度的庄一拂先生和在吃食上从未受过半点委屈的夏先生都也要自叹莫及。

我知道小王是在劝谕我，与其待业坐吃山空，不如做点小生意，来钱快。他这是善意，我理应谢他。但我秉性好文，还有一丁点自命不凡，我哪里会有做小生意的心思呢？

小王见我油盐不进，转身离开柜台，退后几步，紧了紧手指上的嵌宝戒（他的手指细瘦修长，是双巧手），像个相面先生似的，把我的面相仔细打量一番，"噗嗤"一笑，说："老弟是要吃文场饭的。"

我不清楚小王从我面相的哪一点上看出我是吃"文场饭"的。他也不说，或许这是他的一句戏言。

我自己心里当然明白，我和庄先生、沈先生这些"文化遗老"交游，原本是以"文人"自居的，还带点儿"旧式"。

这之后不出六七年，小王的戏言竟然应验，但这已是后话了。

那天，我向小王告别。这时从北丽桥那边过来买冻猪头肉的熟客生客越来越多，夏先生仍在熟食摊上。我和夏先生打了招呼，花五分钱买了一包椒盐南瓜子，这是我听夜书时的"零嘴"。

我特意多看了吴三娘儿眼：她半老徐娘，身面上收拾得干干净净。黑香云纱裤衫带褶，熨得笔挺，穿布鞋。微胖，白脸，耳垂上戴绿豆大的翡翠玎。一双金鱼眼，水汪汪。她男人"炒货阿明"，老相，有点呵腰，说话喉咙口"咕噜咕噜"响，哮喘，余长生果叫油烟吞的。

从这天起，我每天下午有事没事都往旧货店跑。有事，找老袁卖旧货，填那个"窟窿"；没事，去找小王讲"空头"（聊天），打发掉日子。我每次去找小王，他都不厌烦，挺热络，让我进柜台坐在他摆着旧座钟的工作台对面。有时，他正埋头"丁丁当当"修理旧钟表，见我来了，立即放下手中的镊子或尖嘴钳，说声"抱歉"，让我自便（抽烟，喝茶）。

有了小王这里的"落脚点"，我觉得待业的日子好过多了。

小王对旧货店生意最感兴趣的是废旧钟表、珠宝首饰和旧瓷器。对珠宝中的绿松石，能说出深天蓝、湖蓝、苹果绿、草青、暗绿等许多种。他手指头弹弹戴在左手无名指上的嵌宝戒，说这是深天蓝，极品，不是店里收的货，是上海贾先生（就是那个阔脑门、梳大背头的）半送半卖"让"的，他捡了个漏。

小王对文房摆件、古旧名家字画，不感冒。

在小王和我两人所讲的"空头"里，记忆印象深刻的莫过于吴三娘夫妻俩的事。

我常常因此联想到夏先生在公园茶馆每次提到蒲作英家开饺子店时脸上那种鄙夷的表情，我就很不以为然。

"县知青办"发布的"返城知青分配工作名单"分第一批、第二批，都没有我的名字。我去知青办打听。我中午喝了半斤"枪毙烧"去，到了，身上酒气没散尽。负责人年近退休，老迈，长一个酒糟鼻。嗅到了酒气，说：

"急什么急，有酒吃，生活很好过嘛。"

"不好过，吃'枪毙烧'。"

"什么'枪毙烧'？你要枪毙？"

他一愣，立马惊觉起来，站在他面前的我像是甘愿要成为枪毙犯。

我小时候常听祖母说，清朝有死罪没有饿罪，犯了杀头罪，临刑前都让死犯一顿酒肉吃饱喝足再上黄泉路。因此民间流传一句俗语：饿煞不如犯法。

我对负责人讲了什么是"枪毙烧"，他释然了，笑道：

"噢，原来是这样。劣酒伤肝，少吃点，吃好点。工作嘛，有了第一批、第二批，还会有第三批、第四批……"

我头也不点，走了。

这天下午，我把祖母忘了的一件羊皮袄，从搁在楼梯旮旯儿的破樟木箱里翻了出来。这是家里最后一件可以变卖的旧货。之前，我除了随季节换穿的衣裤，把铜器锡器譬如烫婆子、脚炉、手炉、蜡扦、酒壶、帐钩、茶叶罐、炒米罐和父亲留下的一双香槟鞋，也都送进了旧货店。这件羊皮袄，黑斜纹布面，七成新，羊毛卷曲微黄，是祖父的遗物。我拿一块蓝印花布把羊皮袄打了个包裹。

这天小王的店堂比平时热闹，七八个人聚在一起看小王往墙上挂字画。熟人有郭蔗庭、"礼拜六"、夏先生。另外四五人面熟陌生，是吴三娘的老主客。我因变钱心切，拎着包裹一晃而过。

老袁照例慢悠悠解开包裹，把羊皮袄平摊在柜台上，双手按了按卷曲的羊毛，右手奓开五指，把羊毛顺逆捋了两遍后，低下头对着腋下"噗噗"吹几口气，说"秋毛"。行话"秋毛"，指放牧羊在秋天剪过毛，为越冬御寒长出新的绒毛又厚又密，远胜于"春毛"。

老袁又说"口外的"，也是行话，指锡林郭勒大草原上的蒙古羊。

老袁嘴对着羊皮袄的胳肢窝部位吹气，是羊皮在这地方摩擦最多，他检查毛绒有多少破损。

我等待老袁报价。心里有点忐忑。嗓子发干。我卖旧货一般不出十块，大多三五块。刚才老袁吹气时，我看见毛绒深处有两三个细小的蛀洞。我家最后一件能变钱的旧货，老袁会给出一个什么价呢？

"十七块！"样貌像"宛平县县长"的老袁，嗓音有点响。

两女子年龄大的那位，走过来拎起羊皮袄翻了个身，伸手在鼻子前甩甩，侧转脸指着黑斜纹布面说：

"喔唷唷，土财主穿的呀，现在谁还会要这种老旧羊皮袄，穿身上重得要死！"

女子嫌老袁给出的价太高。

老袁稍微皱一下眉头，有一点无奈何。老袁出身小业主，从旧社会过来，吃了几十年旧货饭，胆小谨慎。其实那女子左右不了老袁，买卖旧货连小王也得听他，他是行业"老法师"。

那女子咋咋呼呼，见识短浅，心也单纯，人其实不坏。她上中学时，学校里的红卫兵有一支"毛泽东思想文艺宣传队"，经常排练演出革命样板戏。她大概想起《白毛女》里的黄世仁，在北风吹雪花飘里，身穿这样的羊皮袄，带一帮狗腿子去杨白劳家逼债。

如果宣传队不消失，这件羊皮袄倒是可以充当道具的。

这或许是女子的想法，也是她的青春记忆，有点自豪。虽然她连跑龙套都轮不着，也只是一名看客罢了。

老袁取下夹在耳朵上的圆珠笔，那双小眼睛习惯性地飞快瞟了瞟两女子，两人正你让我推"嘎吱嘎吱"合吃一包吴三娘摊头上的奶油五香豆。

老袁手上的圆珠笔笔杆竖直。

我的心情顿时大好，嗓子也不干了。我在此时立马想到晚饮的下酒菜——近在眼前的吴三娘的冻猪头肉。

我那时的"没出息"于此可见！

老天爷，十七块！我自从和老袁交易旧货以来，这可是最大的一笔钱。

十七块，相当于一个五保户两个月免于饥饿的活命钱，况且还多着一块呢。

十七块在我，可以去填补两个月的窟窿，照常吃茶、抽烟、喝酒、听书，过我的闲散日子。

十七块使我得以暂且纾解因知青办那位老迈领导所说"第三、第四批招工"带来的纠结。

我的日子，比郭蔗庭强多了。由郭蔗庭联想到蒲作英，从夏先生破嘴里讲出来的蒲作英，三十二岁丧妻，只身去台州游幕，卖字卖画，不得意；中年晚年漂泊江湖，最终落脚上海卖字卖画，仍不得意，穷窘潦倒以死。我对大画家、大书家、诗人蒲作英的感知，归结也在"一生穷窘潦倒"此点上。

现在我口袋里紧揣着十七块钱，我和蒲作英"相遇"在旧货店，这种"感知"就会愈发真切。

小王挂好了字画，拢共六件，四件书法屏条，两件中堂——一花卉、一山水，落款署名蒲华、作英。六幅字画排满大半个东墙壁，把"苏州片"挤到一边去。

小王说，这六件旧货是昨天夜快边一个盛泽人乘末班轮船送来的。盛泽也有旧货店，不收，说蒲邋遢是嘉兴人，还是去嘉兴碰碰运气。小王看盛泽人也是一副穷相，他和老袁商量了，花十二块收进，十七块出售，按公家的规定，赚五块。

小王说完，便坐到工作台前，低头摆弄起拆卸了一半的座钟。

众人抬头看挂上去的字画。那四五个老主客看了一眼，说："烂纸窠，卖十七块？"扭头就走，去店门外买冻猪头肉。

其中一人还提高了嗓门：

"三娘的冻猪头肉，才卖八毛钱一斤！"

这一淘人里——包括我，真懂字画的是郭蔗庭；会说一大篇、带点添油加醋"掌故"的则要数夏先生，尤其是对蒲作英。

我偷眼看夏先生，沉着脸，嘴角含一丝冷笑，看一会字画，掉过头来怒视郭蔗庭，那眼神逼得郭蔗庭缩在一边，半张着嘴，爆眼睛滴溜溜转个不停，像是有话要说，却又欲言又止。

夏先生一定没有忘前一阵子郭蔗庭来他家偷走电灯泡的事，害他晚饭没好吃上酒。

两人手上都拎个小篮子。一个篾青小篮里，放小剪刀、小手巾、金边细白瓷碗、象牙筷和巴掌大一个荷叶包的"肥而不腻，入口即化"；另一个，破篮里放一只碗，一个小酒瓶，一双有长短的毛竹筷，碗和酒瓶空的。

郭蔗庭来旧货店和我一样，凡身上穿的，卖出买进，随季变换，十只瓶子九个盖。他刚才从老袁手里，花五毛钱买进一件褪色的棉毛衫。白露过了，天气早晚凉冷，他上衣还是光身子穿件黑印花缎子面没纽襻的烂夹袄，拦腰紧拴一根布条筋。

他碰上夏先生，心虚，低着头等挨骂。

夏先生没骂仍只是怒视，一脸的不屑。

"礼拜六"一直在看那六件字画，他动静有点大，一会朝前走几步，一会又后退几步，扶了扶黑框平光眼镜，偏着头上下打量。忽然，他掸掸旧西装，指着中间的"富贵神仙"说：

"迭个牡丹太素，要加点颜色上去，阿是？"

"阿是"既是问别人，也是自问自。他知道自己属于后一种，却并不尴尬。他是存心来买"苏州片"的，让小王把挤在边上的"贵妃醉酒"取下来，付了六块钱，拎手上摇晃而去。这件"苏州片"，托名仇十洲，迹近春宫，极艳俗。

我右手插在裤袋里，捏着十七块钱。我几次想把手和钱从裤袋里抽出来，一旦抽出来，我和蒲作英就不只是"相遇"了。

可是，我捏钱的手越捏越紧，耳边有两个打架的声音在嚷嚷。

一个："吃茶、抽烟、喝酒、听书，人生几何，难得快活……"

另一个："蒲作英的字画就值这点钱？'礼拜六'买去的'苏州片'一件抵蒲作英三件，太无是理，太无是理……"

嚷嚷声不止。

我这是第一次见到蒲作英字画的真迹。

我那会儿对字画的欣赏还摸不着门道、挨不上边，只是拿"苏州片"来作价格上的比较。按旧货店的进价，大小不计，每件两块，觉得实在太亏负了这位画家书法家。

我望望夏先生，小声问站在旁边的郭蔗庭：

"郭先生，郑逸梅纸帐铜瓶室里讲，蒲作英写字懒得磨墨，习惯不停地往墨里掺水，越写越淡，以致字都模糊不清。可是看这四个条屏，墨色浓淡自然，收笔也干净，不邋遢，是怎么回事？"

郭蔗庭听我称他"先生"，微微一哆嗦，"爆眼"里放出罕见的光彩。被夏先生怒视逼迫着的他，终于有了一吐为快的机会，抬起头说：

"小老弟呀，郑逸梅和蒲作英不同代，他没有见过蒲先生，把道听途说的传闻写成掌故是要贻误后人的。先家兄和庭，年少时和蒲先生交游，知道他的为人傲上不傲下，一身文人风骨。家兄曾对我说过，蒲先生写字往墨汁里掺水，越写越淡，是对付倒挂三天滴不出半点墨水做官的。

"小老弟你看。这四个条屏，墨气酣畅，都是单款，是笺纸店订件，要卖钱的，蒲先生不会不用心写。条屏上写的是苏东坡《超然台记》：'余自钱塘移守胶西，释舟楫之安，而服车马之劳；去雕墙之美，而蔽采椽之居——'啊，好，真是好！蒲先生的字配东坡的名文，双璧呀双璧！唉唉，一件进价两只洋，两只洋——唉。"

他旁若无人地说，连连叹息，耸耸肩，烂夹袄豁开，露出皮包骨的胸脯。

老衰和两女子走过来听。小王也在听，有点不耐烦了，把尖嘴钳、镊子往工作台上一放，说：

"蒲邋遢嘛。谁真要买，按进价，店里一分钱都不赚！"

我听得出这是气话，故意说说的。

"是呀，蒲邋遢嘛，两只洋一件，一点不为过。老郭，你趁快买进，碰上'洋盘'再转手卖出去。比在扇面上画一只鸟，赚钞票省力得多……"

夏先生的破嘴夹带着讥讽，那话里的"洋盘"指公园茶馆里曾经有人买郭蔗庭的画，不多，我仅见到一二次。一次，郭蔗庭来茶馆，双手托着一把印刷园林风景图案的纸折扇，扇面花枝上有他添笔画的一只竹叶青，在几十张茶桌之间来回踱步，一边踱步一边喃喃说：

"卖画噢，卖画噢，两只洋，买去扇子扇风凉——"

踱步到他的故交老友这里，只见沈先生低头抽闷烟，庄先生两眼半闭像老僧坐禅入定，陈先生手持乌黑石硬的"麒麟屎"凑着鼻子嗅，许先生拿一枚昨晚上刚从煤球炉烧炼出来的黑陶印章请郑先生、钱先生、郁先生等传观赐教，夏先生则举着象牙筷、矜持气十足地吃他的大肉粽……没人搭理郭蔗庭，他也识趣，讪笑一笑，转身去旁边的茶桌上兜揽，这把纸折扇结果被常来吃茶的一个包工头买下，那包工头拿扇子往郭蔗庭头上"啪"地敲一下，郭蔗庭赶紧缩头，站直，准备挨第二下。包工头却不再挥扇，戏谑道：

"你比老子地下黑包工还黑呀，几角洋钿的扇子，画只鸟（吴语鸟读如吊），卖两只洋，老子做一次'洋盘'算啦！"

沈先生和邻座的包工头背靠背，不照面。沈先生摇摇头，长叹口气，小声对庄先生说：

"一拂，蔗庭何苦自取其辱——"

庄先生缓缓张开双眼，像是什么都没有发生，吟出了两句诗：

"即看图画与金石，野鸟岩花识此君。"

没人知道这对沦落的郭蔗庭究竟几分是称赞几分是惋惜。

对夏先生的讥讽，郭蔗庭心里明白，他刚上来的一点精神头，又"瘪"了。

我对眼前这位"畸零人"开始抱有了同情心，我的一声"郭先生"并没有轻许于他。他特别称道蒲作英的"文人风骨"，应当有一种惺惺相惜的成分。

我对夏先生一口一声的"两只洋"，不敢全信却又不得不信。我想明天去茶叙时，还得求教于"文化遗老"们。

我插在裤袋里的手松开了，手上有些汗湿。

天色向晚了，小王和老袁准备收店打烊。

我走到吴三娘摊头前，大声说：

"切一斤！"

吴三娘"哎——"的应声拿起雪亮的薄刀，笑微微说：

"小弟要待客，阿是？"

她晓得我平时偶尔切二两三两，买的最多是五分钱一包的椒盐南瓜子。

我回头找郭蔗庭，他早走了，那矮矮的像一团垃圾的背影，由北丽桥堍转向荷花堤，一刹那就没了。

夏先生也早走了，他走孩儿桥，两人不同路。

第二天，我比往常早一点到公园茶馆，沏了杯茶，买了筒桃酥，点上烟。不一会，沈先生、许先生、朱先生、钱先生、郑先生、郁先生他们三三两两来了，纷纷依次入座。庄先生住南门外，照例来得晚，那把朝南的椅子照例空着，恭候它的主人。

夏先生没有来。他托贤娟弄一个邻居（也是老茶客，但不跟"文化遗老"同茶桌）带信，说昨晚夏师母去儿子家，不在，他独酌，不知不觉酒和冻猪头肉吃多了。睡到半夜口渴，懒得烧水，喝了大半壶冷茶。肚子叫冷茶一激，抽筋一般的疼起来。躺倒爬起，爬起躺倒，后半夜坐了六七回马桶，上吐下泻，直到放了一阵响屁后，才止了吐泻。摸摸两腿，大腿和屁股片叫马桶沿扣出一圈深沟，实在走不动，只得不来"与诸老友茶叙了"。

听说夏先生吃坏了闹肚子，钱先生和郑先生相顾摇摇头，脸上微露喜色。原来，夏先生的破嘴不只损贬蒲作英、郭蔗庭，他对钱先生刻的图章、郑先生画的仕女，也总是百般讥评，以为都是"老童生"，都不给人半点面子。老先生中不少位都烦他。

我的反应和钱、郑两先生不同，夏先生不来吃茶，我感到遗憾。我本想当着夏先生面，说出昨天下午在旧货店的所遇所见，并就夏先生说的蒲作英书画每件不计尺幅大小只值"两只洋"和郭蔗庭与之迥异的看法，听听庄先生、沈先生的意见。现在，夏先生闹肚子来不了，郭蔗庭又不见踪影（他即便来了，也没地儿吃茶，更没人愿意搭理他），我只好一人直说，保持原话不走样。

沈先生研究美术史，积学有素，比谁都懂书画，他清楚蒲作英在美术史上的地位。

庄先生的尊人益三翁，以一己之力编纂《嘉兴历代先贤像传》（陈贤林先生等绘像，郭蔗庭补景），合二百余幅，蒲作英以书画家厕身。据此，庄先生对蒲作英持论必趋公允。

十七块，对我是个大数，而于庄先生却是小数，何况他的第二部书稿《明清散曲作家汇考》，已送审通过，稿费绝不区区。

庄先生曳杖摇摇而至，郁先生起身相迎，接过藤杖，倚在椅子靠背上。沏茶，盖上茶杯盖。庄先生坐定，从口袋里掏出"蓝西湖"，"拍"桌上，把挂在臂肘上的一个杏黄颜色、鼓鼓囊囊布袋取下来，双手捧着放桌上，轻轻按了按。这布袋是觉海寺和尚装茶饼、木耳、笋干、素包子，散福送与有身份的香客。先生有多个，曾送我一个，说让我也沾点"佛气"。我因与僧道无缘，吃了茶饼、木耳、笋干、素包子，日久，那布袋却不知丢哪儿了。

庄先生"呛"两声，扶了扶金丝边眼镜，手指头笃笃茶杯盖，缓缓说：

"诸位：岁月似流水呀，妥兄玉楼修文，忽忽已将四年。妥兄以鲁才子而南来，词俊溯风流，和松禅、竹禅、老朽等相聚于白茅庵，饮酒论文，拈韵唱和，最为相契。古人说，人死已已，人间知交情厚，莫过于收集整理亡友诗文，存一念想。我辈欣逢盛世，恰当其时，诸位以为如何？"

说着，去布袋里取出一大卷碎纸片，大大小小，都写满了字。纸片有齐整的，一笔行草书，能辨识，有诗词、散曲，有书札、便笺，也有墨描的仿汉印图稿；纸片霉烂的，看上去黑糊糊，只能从字里行间摸索出点意思了。

纸片上凡落款署名不是"郑妥拜稿"便是"妥娘万福"及"合十""和南"之类。

纸片有一条两寸宽、一尺长写给沈先生的，文与书法都极耐看，耐寻味。我抄录如下：

> 大画家们全是英雄割据，遂使异军苍头，无立锥之地；方命不恭，以无赖之笔，佛头著粪。恕我狂妄已尔！
>
> 侗楼一粲。

妥娘万福

二十四夜，三月，一九七四年

烦代盖章，藏而不露为是

以上是我称之为"文化遗老"们在"文革"阑珊时从事"地下文化活动"的写照。

庄先生说的"妥兄"便是臧松年先生，他以明末秦淮歌妓郑如英的小名"郑妥"为别号。松禅，即沈茹松先生，号侗廎，亦作侗楼。竹禅，即朱瘦竹先生。

我的印象里，臧松年和郭蔗庭有些相似，两人都有与生俱来的艺术秉赋，前半生生活优渥，后半生落拓穷窘以终。我这里多说臧先生几句：他是山东诸城人，父亲是清末秀才，善书画篆刻。四个舅父，大舅亦秀才，二舅进士点翰林，三舅、四舅从医，俱饱学之士。臧家有书塾，六岁发蒙，读《三》《百》《千》乃至四书五经。处馆先生都是当地有名望的遗老、廪生。抗战前入读上海美术专科学校，师从诸乐三习书法篆刻三年。在上海时，穿着讲究，英国料子香港做

（西装）；爱玩，跳舞、喝咖啡、吃酒、抽烟、打牌，样样不落下，一心想做"洋场名士"。抗战爆发，投笔从戎。1949年随军南下，1950年代初来嘉兴任中心文化馆馆长。1960年代初，供职南湖书画社，从事古旧图籍、名家字画的收购鉴别，以发现海内孤本——明代《萝轩变古笺谱》为最大成绩。

臧先生嗜酒无度，抽烟无度，又恃才傲物，性好使酒骂座，不自爱惜。1975年冬病肺癌死。身后环堵萧然，无长物。

想想，在十万人口的城市里，一个才识学问类乎旧式文人的文人，他为何自比妓女呢？是自嘲还是自辱呢？

鲁迅有诗云：

> 旧帽遮颜过闹市，
> 破船载酒泛中流。

以我对臧先生的认知，他的"郑妥"别号，还是自嘲的成分更多一些。

这天茶吃到一半，众先生拢了拢那一大堆碎纸片，议论再三，酸文捏醋，意见不一。最终由沈先生拟出个"臧松年文艺手迹留念集"，众先生一听，齐说："用'文艺'好，文章合为时而著，歌诗合为事而作。好，极好！"沈先生接着补充解释说：

"松年平时疏懒，述而不作，没有大部头著作稿本，编不了书。这些零零星星诗文、断简片语，加上我辈的悼怀诗词曲，汇编印个册子，也好让后人见识到，当年家乡有这样一些处在文化边缘的文人，不甘沦落，在传统文化中寻找各自的精神慰藉，以薪火点亮人生，此于历史岂不也是一个交代？"

众先生当即赞成，都拍手。又议定由庄先生修书一通，请杭州诸乐三先生题签。

庄先生倡议的纪念臧松年，就此暂告敲定。

我看看杯里的茶水快喝白了。窗外，太阳正移向那两棵高大的广玉兰树，再过小半时辰，日将正午，吃茶也散了。我赶紧把昨天下午在旧货店"相遇"蒲作英那六件字画及标价十七块，一口气说了。我注意众先生的表情，都极平淡，没一点诧异。哑默一会，众先生颠头晃脑地小声嘀咕起来：

"六件字画卖十七块，一件差不多三块，旧货店卖高了。"

"从前南湖书画社，挂出齐白石一幅'虾画'，六尺对开，定价一百块。张大千也是这个数。蒲作英的竹石，单款，三平尺，和四尺三开的对联都是两块一件。"

"哼，双款还没人要。"

"拿去叫裱画的德宝割款。"

"那是松年在操办？"

"不是松年，他右派分子，和我辈脚碰脚，控制使用，没权！"

"蒲邋遢么，人家给他吃酒，他就画，出手快，毛糙……"

"夏家里不在，要不然他这张破嘴——"

"我辈就字画说字画——"

"他的东西太多，乱！"

这时，沈先生摆摆手，问了我一句："昨天蔗庭也在，他说点啥？"我如实回复："郭先生很伤心，连连叹息'两只洋，两只洋'……"

沈先生点点头，说：

"蔗庭看过，肯定是蒲作英真迹，是不是精品且不去管他。历来画家有画以人传的，也有人以画传的。蒲作英两者都不是，生前不会像吴昌硕善于经营，死后又少有人替他揄扬，有些画传上说他'至殁后，身价顿增，视昔数倍'，其实是客气话。他一生为穷窘所困，为'邋遢'所累。松年写给我纸条上那几句，倒也合符胥山野史的遭际。"

沈先生这番话有他自身的感慨。是年（1979）他的"政历问题"平反，次年应聘去阜阳师范学院任教，为美术系副教授。暑假回禾，在政协小礼堂作"嘉兴画派讲座"。沈先生讲了一个故事：清末秀水县有位画家，在家乡不受待见，愤而把随身带的汉砖砚台，手一挥"咕咚"掷进南湖，从此别去，漂泊江湖。

这位画家便是蒲作英。

庄先生不发声。他只是和郁先生交谈，兴致勃勃地讲他当年在白茅庵和臧禅、松禅、竹禅一起吃酒唱和的往事。

庄先生是很自我的诗人、词曲家。

我见此情形，把鼓动庄先生去旧货店买下那六件字画的想法，自然而然地打消了。

1986年春，我应嘉兴报社招聘，去做报纸副刊的编辑、记者。我受招聘，是我在有名无名的文学刊物上发表了七个短篇小说。某天，我去绿岛浴池洗澡，在那里遇见小王，他披着浴巾，盘腿坐在浴榻上捧着把紫砂壶吃茶，戴在手指上的绿松石嵌宝戒放在榻几上。多年不见，已过四十的他没发福，清瘦、高个，见人笑吟吟，一张韭菜面孔。

小王听说我去了报社，放下茶壶，戴上嵌宝戒指，拱手向我道贺：

"老弟，我还是识人头的吧，我当年就说老弟是吃文场饭的。做记者，记者叫'无'啥的？"

"无冕之王。"

"对对，不戴皇帝帽子的皇帝。听老袁讲过，从前商报有个姓许的记者，人称'醉记者'，是个酒鬼，采访新闻，喜好揭人家隐私，警察局长都怕他。老弟深好'三点水'，会不会也成'醉记者'？"说完，哈哈大笑。

我知道他开玩笑，他祝贺我出自内心的真诚。

小王提起老袁，这也是我生活经历过不能忘却的人。我生怕老袁人不在了，试探着问：

"老袁还在店里上班？"

"早退休了，在家抱重孙子，四世同堂。"

"好人有好报。当年我刚从乡下抽上来，穷得叮当响，老袁收我的旧衣旧裤，总是多少也加点钱。那件旧羊皮袄，卖了十七块，我像是发了洋财……"

"老弟'下家里'，老袁的小儿子，我的大妹子，也都是

'下家里'。帮点忙，不算啥。"

说到羊皮袄，我难以放开的心结便是蒲作英的六件字画。小王告诉我，那六件字画不久就被上海来的"老克拉"贾先生掏出十七块买了去。贾先生很开心，为了谢小王，请他中午在北丽桥一乐园吃了碗双浇鳝丝面。

"贾先生就是那个阔脑门、梳大背头、穿咖啡色风衣的上海人？"

"是，是，他和我忘年交。"

小王说这贾先生不但珠宝玉石内行，对字画也在行。年轻时开过面粉厂，有钱，跟上海老一辈书画家、收藏家都有交往。那天他俩在一乐园吃面时，贾先生双手抚着那一摞字轴画轴，来回摩挲，感叹道：

"小爷叔，侬嘉兴真是个好地方，没文化，勿懂文化，让阿拉上海人来此地觅宝。"

说完，挑起一大筷鳝丝面送进嘴细嚼缓咽，不叫一滴汤汁溢出。

我听着，不禁百味杂陈。我知道，对小王说蒲作英的书法艺术如何，画的艺术又如何，那都会是白搭。小王本也是在商言商。于是我便告诉他，自从前年（1984 年）上海油画家俞晓夫画了一幅《我轻轻地敲门》，把蒲作英和吴昌硕、任伯年、虚谷并列为海上画派先驱、近代国画大师。往后，蒲作英的书画会上去好几个档次，十七块，不知要翻多少个跟斗，那位上海"老克拉"贾先生数钱都数不过来呐。

小王望着我，笑吟吟说了一句：

"天赐子路一锭金，横财不富命穷人啊。"

小王依然很"乐开"，他什么都无所谓。小王是嘉兴人中的"嘉兴人"。比较这种性格，我愧不及小王远甚。

近半个世纪过去了。当年，我和蒲作英"相遇"在旧货店的一段生活经历，以及我和庄一拂先生、沈茹松先生、臧松年先生、朱瘦竹先生等嘉兴"文化遗老"们在公园茶馆吃茶、纵谈古今的情景，至今仍历历如在眼前。

前辈们一个个先后归于道山，我至今对他们仍追念不已。讲前辈的往事，也有一些如《儒林外史》最后一回说的"述往思来"的意味。而对夏先生，我的不恭毋需掩饰，我甚至觉得当年被上海"老克拉"抢白的那几句："嘉兴人没文化，勿懂文化……"在如何对待蒲作英上，多半得怪罪夏先生那张好损人的破嘴。是耶非耶，于"理"似乎也能讲通。

蒲作英的生平行迹，虽然只是那会儿吃茶谈资的一小部分，但在我心中却占有很重要的地位。

在 20 世纪 80 年代前，美术界尤其是大多的书画爱好者、收藏者对于俞晓夫油画中的四位近代国画大师之一的蒲作英，极少有关注的热点。在蒲作英身后的近百年里，他的艺术声名几乎全被"蒲邋遢"的雅号所掩蔽。

这个，在他的家乡更其如此。原因毋庸讳言，除了命途的乖舛，更多的是个性特异的所致。

我这篇二万余字的长文真实地记述了蒲作英在家乡所遭

受的"冷遇"，所谓"书件画件不论尺幅大小，每件两只洋"即指此也。

我所写到的人物，大多用真姓名，少数如"夏先生""吴三娘""炒货阿明""礼拜六""大脚阿炳"等，都有生活原型，或是单个的，或是数个的杂凑。

对一众市井人物，我觉得"吴三娘"看似和蒲作英毫无关系，但从社会学的角度考虑，近十数年来，大多蒲华研究者讲到他的家庭时，都众口一词地断言"出身于贫民家庭""家境贫寒""无资贡成均"云云，希望以此来提升画家的平民性。这个，实在是悖违生活常识。开小店、摆摊、做小生意，在任何年代，任何社会，在百姓安居的前提下，大多可以发家致富。据吴三娘事例推测蒲家，衣食无忧，属于"颇有资产"的阶层也很是可信。要不然，作英的入塾、入县学、三上秋闱，都得花不菲的银子，岂是"寒门之户"能供给？

魟扁鱼・鲈鳢鱼・黄颡鱼及其他

魟扁鱼

正　名

魟扁鱼是海鱼，学名魟（hóng），嘉兴方言读如夯（hāng）。魟在我的家乡称作"魟扁鱼""魟扁鲞"（凡鱼曝干或盐腌，曰"鲞"。蔬菽经腌腊谓"茄鲞""笋鲞"等，不在本文题内），但在此前尚未有人知道此鱼的正确写法。吴藕汀《药窗诗话・四编》"鮎鳊鲞"一文第四节云：

> 我自从与王氏联姻，叔丈人瑗仲先生最喜欢吃"鮎鳊鲞"。每逢内子去上海探亲，必定送上，因为上海无有出售。叔丈人甚至在信中也叮咛再三，须要带去。本来"鮎鳊鲞"的"鮎"字，一时也写不出来，及见叔丈人写此，我也随而写之。此"鮎"字《玉篇》云："盐泽也。"不知是否可用，也不去管它了……

文中的"瑗仲"是王蘧常先生的表字，长兄王迈常是吴藕汀先生岳父。瑗仲先生是复旦大学教授、著名学者，治秦史。1986年我去上海走访嘉兴籍学者、老作家，见过先生。先生的寓所在宛平路口，一幢旧式的三层楼，上去扶梯很陡很窄。楼道一侧有个小间，堆满了线装书。先生以章草著闻当世，外界只知道他是大书法家。我在三层的楼道看到墙壁上贴一纸条，大意谓年迈，访客时间请勿过长；又注明星期某日为研究生授课，勿多打扰云云。这年他已八六高龄，复旦大学照顾他，让他在家带研究生。家里只他和夫人沈静儒女士，加上一位中年阿姨，很清静。瑗仲先生在书房据案坐，一张很厚重的八仙桌。先生的身量亦厚重，一双手很大，十指很粗，可以想见握管作字时的力量。一听我是嘉兴来的，先生显得特别开心，打起了乡谈。我素畏弯舌头（说官话），碰上这样一位大学者大书法家跟我满口"吾奴，伊拉"的，起初的一丁点拘谨撇下了，放开了畅谈。当然，不干学问。谈的全是家乡旧事，民国嘉兴的新老名士如何，槜李金石书画会如何，张家弄如何，寄园的"老爷厅"又如何……也谈酒，说他年轻时酒量甚洪，绍兴五斤不醉，吟诗挥毫如有神助……说着还爹开拇指和食指，比划玻璃酒杯的高低大小。临别，先生缓缓站起身，向我招手，口呼"来噢，来噢"。

　　第二次去上海见先生，我已从报社调市志编纂室。热天，夫人沈静儒女士打开冰箱，请我吃冰西瓜。老太太是沈钧儒堂妹，长相也挺像。这回是来访谈，谈有关人物立传的一些琐事。

两次造访都未提及鲚鳊鲞，我那时的兴趣尚不在名物上头，虽然吴先生的《药窗诗话》原稿我也已在披读。现在回想，当年没向瑷仲先生请教，对于学浅的我，未免是一个遗憾。今就我所知，鲚，盐泽也。盐泽，即今新疆罗布泊也，泊四周布满盐块。这鲚除了跟鲞的盐腌有点搭界外，诚如词学家藕汀先生所言，并未道出鱼的本名。

看来瑷仲先生是从字音上考虑，选检出"鲚"，给了家乡口耳相传已久的名吃一个多少有些随意的写法。

鲚鳊鲞的正确写法，我是在杂览地方志书时撞上，得到了启发。

老友邹汉明兄某年有浙东游，带回一册明代嘉靖《象山县志》（象山今属宁波市）送我。随便一翻，在卷之四《风物纪·物产》下记"鳞之类"中有"魟鱼"一目，虽并无解释，但我也是从字音上考虑：魟，吴语读如夯，和鲚音相近。早先我曾疑此鱼的学名是否是"鲎"，盖"鲎"与"鲚"音似也。然而查字典，鲎是节肢动物，有甲壳，只好放弃。这回看到象山县海产有魟，赶紧请出《汉语大词典》（第12册），翻到第1204页，"魟"下注文曰：

〔一〕鱼名。海底生活的鳐类鱼。体扁平，略呈圆形或方形。尾常呈鞭状，有毒刺。种类颇多，有黄魟、黑魟等。中国沿海均产。

循此线索查，唐段成式《酉阳杂俎续集·支动》"黄魟鱼"文云：

> 黄魟鱼，色黄无鳞，头尖，身似大檞叶，口在颔下，
> 眼后有耳，窍通于脑，尾长一尺，末三刺甚毒。魟
> 音烘。

又从《汉语大词典》获明屠本畯（字田叔）《闽中海错疏·鳞部下》谓"黑魟，形如团扇，口在腹下，无鳞。软骨，紫黑色，尾长于身，能螫人"。

我引据的两则笔记，段说黄魟"身似大檞叶"，檞即是松桷，一种木质像松的树。檞叶形如何，不得而知，但推想它应该是类乎棕榈叶那样的吧。田叔是鄞人，生长在海滨，他对魟的描述更易明晓，一句"形如团扇"与我每年夏秋在鱼摊上见到的所谓"魟鳊鱼"形正契合。并且，颜色也是紫黑的。鱼摊上有整个的和切开的。整个的是圆形或方形，很大，鱼尾似鞭而长；切开的，肉质和鱼骨都鲜红，而骨能用薄刀断开，可以想见其软。这是盐腌后的魟，不需担心鱼尾"能螫人"。

魟扁鱼之"扁"，是状其形，而"鳊"则是另一种海鱼或河鱼了。

由此，王蘧常先生写作"魟鳊鲞"是随意的因素多了点。

我家乡取以烹饪的魟扁鲞是黑魟，黄魟却似乎未之见。

魟扁鱼在老一辈嘉兴人都叫"扁鲞"，又称"镬盖鲞"，

以其形大似镬盖也。家乡的近邻桐乡人则呼为"烘鳖鲞""方鳖鲞""乌龟鲞"，取其形状如鳖和龟也。梧桐毛乐庐先生著《乐庐文翰》，其卷一"乡音·蒋家八叔"一文，记烘鳖鲞有"重三四百斤"者，亦奇。

虹扁鱼烧毛豆是嘉兴的家常名菜，但虹有异味，怪怪的，父老名之曰：

臭虹扁！

滋　味

虹扁鱼生熟都有异味，但鼻嗅并不觉着怎么样，得入口。尤其是初次吃，才咬下一口，一股臭氨水（化肥）般的气味直呛鼻咽，使人气噎、打嗝哆。

虹扁鱼的臭跟臭豆腐干的臭有别。臭豆腐干闻着臭吃起来香，而虹扁鱼吃着未必香，也讲不到甜鲜咸鲜，只好说有殊致的风味吧。吃过几回，会惦记着，于是成"逐臭之夫"，也只能这样为之一说吧。

虹扁鱼烧毛豆，毛豆在我的家乡是对黄豆（大豆）鲜嫩时的叫法。毛豆从采摘的豆荚中剥出，粒粒碧绿，饱满如珠，有光泽。毛豆做菜有带荚的，荚两头剪齐，以生菜油、薄盐在饭锅上蒸熟。上口肥腴、清鲜。如把豆荚放在臭卤鬶里臭一臭，家乡称"臭毛豆节"，平常三碗饭的量，可再添一碗。毛豆子也是做菜的好配搭，毛豆炒小肉，蒸水鸡，煮豆腐，炒雪里蕻都极鲜。

毛豆分夏秋，品种杂，大致五六月产为夏豆；八月秋风乍起，秋毛豆上市了，前后持续两个多月，正当令。秋豆中"阔扁青"食之糯香，上品。迟至秋冬采摘的毛豆，乡言"冻勿煞"，鲜香稍逊。

入夏，毛豆初上市，魟扁鱼也来了，由近海的乍浦从杭州湾对岸的宁波装船运来，城里城外的咸鱼行、咸鱼店、鱼贩的摊担，到处都是卖魟扁鱼的。

家家户户剥毛豆，烧魟扁鱼。好像不做不吃这道家常菜，这一年的"好日子"就缺了点。

烹治魟扁鱼：洗净，切寸大的块，浸水中大半日，其间换水两三次。取出沥去水分，下锅稍稍油煸，加黄酒、冰糖、水，放入蒸七分熟的毛豆同煮，至收汤出锅。魟扁鱼肉头粗，易熟易酥，烧煮忌长汤。

这道菜热吃冷吃皆宜。冷吃，魟富含胶原蛋白，鱼块和毛豆都冻，拿筷子头轻轻撬着吃，下饭佐酒均好。

我爱吃裙边，在鱼摊前等摊主切卖到边上的一块，称了付钱，拿根草绳一束，拎回家去。

并非一方"偏嗜"

一地方的方物与一地方的生民（土著）、饮食，是不无关系的。

我的家乡"地兼山海，饶鱼盐之利"（王蘧常语），但濒海的乍浦、澉浦，却未闻有魟鱼的踪迹。清道光《乍浦备志》卷九《土产》引述明季姚士粦《见只编》文，千二百字，记季候、渔具、捕捞、鳞介、食法等颇为详约。其记海鱼蟹虾贝蛤二十余品类，未见魟。文中"鲆"一目，谓"鱼圆大如箕，腥而骨嫩，尾长，端有铦刺，人以手捉，能运尾击之，中刺，毒腐至骨乃已"云云。查字书，鲆属比目鱼的一种，所谓"鱼圆大如箕"有误。

姚士粦，海盐人，学究，有奇士誉，助同邑胡震亨纂《海盐图经》。他记鲆不记魟，在鱼的名称上，应该是据实的。

我在写此文之前的数十年里，对魟扁鱼的产地是忽略的，对于家乡何以偏嗜此物的成因也是忽略的，而对这两点生出探究的兴趣——尤其是后一点，则是在今春的汪园茶座上。一次和老友们闲聊起魟扁鱼的正名，詹虹兄说了一节话，使我豁然憬悟：一地方饮食习俗的养成，除了方物、生民等诸因素，还应有移民这一着。詹兄说，他的祖籍是温州乐清，世居雁荡山麓的白溪（今名雁荡镇），离海三里，煮盐、赶海、种番薯是老家的治生。清末民初，他的祖父携家徙居嘉兴郡城，今已近百年。他打小家里由祖母执炊，膳食喜好多半未脱故土。每年自夏至秋风薄凉，饭桌上常会有一碗魟扁鱼烧毛豆子。

查检清道光《乐清县志》卷十五《物产》，引明隆庆县志谓：魟，最大曰"鲸魟"，次曰"锦魟"，又次曰"黄魟"，又有鲛魟、牛魟、斑魟、虎魟等类。《雨航杂录》："魟字或作鱇。形圆似扇，无鳞，色紫黑，口在腹下，尾长于身，末有三刺甚毒。"《山堂肆考》："鱇亦胎生，其子出入母腹。"《古今事物原始》："其脂熬油可燃灯。"云云。

这里所说的各种魟，都出自明人的笔记，中有冯时可述"《文选》所谓'鲮鱼'也"一句，虑其缠夹，故删。但讲到"形圆似扇，无鳞，色紫黑，口在腹下"者，正是黑魟亦即俗称之"魟扁鱼""魟扁鲞"也。县志未及取食如何，推想在明代至清道光时，魟扁鱼尚未入馔，而此物之始成盘餐，或许在同光之期。

我做出此推想，佐证有一：移民。当然的，移民这题目过大，亦重，兜底写非我所能够。那么，用一点现成的材料，就近简单地说说，对于家乡影响至深至大的一次移民。

清同治十二年（1873），即太平天国战事敉平的八年后，嘉、秀二县人口由道光十八年（1838）的一百十二余万锐减至不足三十万。井灶烟荒，民生凋敝，战祸之厄，难以嘘枯。不得已，同治十三年（1874）起，嘉兴招募外省豫、湘、鄂、皖、苏及本省温、台、处、宁绍等四十多县客民来嘉兴垦荒立业，渐复元气。至 1947 年，嘉兴县人口四十余万，客民占比四分之一，而来源以温州、台州、绍兴等州县为最。今余新乡尚存"翻田庙"地名，为清咸丰后温州移民来此定居，始成村落。翻田庙者，祈神佑护田稻丰稔也。以垦殖而化为神祇，可见当时温州（辖永嘉、乐清等县）客籍在当地已深孚人望。

我下乡做知青时，本地农民说起温州人、台州人，都称作"客民人"，而对同属"上八府"的绍兴则称绍兴人。这种称谓上的差异，或可证近百年来温州、台州客民的势大。

移民的进入，其衣、食、住、行诸方面的习俗，必会与土著有一个互为渗入而终臻于融渥的过程。浙东、浙南沿海均出魟鱼，对魟扁鱼的烹以食，乃至偏嗜的风习，我以为应当就在清同治后的移民时期形成，首先由温州、台州等地的客民人携带而来。

这在人情物理上，也是能够讲通的吧。

魟扁鱼不产在我的家乡，但我视它如家乡的方物。我于魟扁鱼的情分，可谓不薄矣。

鲈鳢鱼·黄颡鱼及其他

鲈鳢鱼的学名，我还真有点弄不明白。"鲈鳢鱼""土步鱼""菜花鱼"是我家乡的叫法。上海人叫"塘鳢鱼""土咬鱼"。我查过三四种字典，鲈鳢鱼的叫法、写法，多了去！大致有"杜父""土父""吐哺""吐附""土附""吐鲛""渡父""土布""土步""土拌""鲈鳢""黄鱼幼""船矴""童子"等十来个，多无例外是字异音谐。

譬如"吐哺"或"土附"，古人对这种生活在河底和石帮岸、踏渡下的小鱼，是经过仔细的观察，依据鱼的习性才给出名目的。冯时可《雨航杂录》卷下谓："吐哺鱼名'土附'，以其附土而行也。或曰食物嚼而吐之，故名'吐哺'。"这是我见到的有关鲈鳢鱼释名最简约合理的注文。

冯时可，字敏卿，号元成，明隆庆进士，松江华亭人。松江以产四鳃鲈著闻江南，除古称"华亭""云间"外，亦雅名"鲈江"。松江在元文宗天历元年（1328）之前，差不多一千五百来年，地属嘉兴、海盐二县，方域相近，风物亦相类。

鲈鳢鱼之异称也不可谓不多矣。

汪曾祺《虎头鲨·昂嗤鱼·砗螯·螺蛳·蚬子》一文，引袁枚《随园食单》："杭州以土步鱼为上品，而金陵人贱之，目为虎头蛇，可发一笑。"汪先生接着写道："虎头蛇即虎头鲨。这种鱼样子不好看，而且有点凶恶。浑身紫褐色，有细碎黑斑，头大而多骨，鳍如蝶翅。这种鱼在我们那里也是贱鱼，是不能上席的……"

汪先生所说"虎头鲨"，鲨的读音如以吴语出之，恰与吴方言的"蛇"相似。袁子才，浙之钱塘人，乡音属吴侬；汪曾祺故乡高邮，由虎头蛇而虎头鲨，如何推演的，想来也会有说法。

清太仓人顾张思著《土风录》，卷五记"吐哺鱼"云：

> 《镇洋志》作"土鲋"，俗呼土步。《姑苏志》："类土附而腮红若虎，善食鰕者，名鰕虎鱼。"鰕虎见此。

这里已讲得很是直截明白。

虽然鰕虎鱼和虎头蛇、虎头鲨都着一"虎"字，但此"虎"非彼"虎"。鰕虎者，鲈鳢鱼之同类而为别一种淡水肉食性小鱼也。至若虎头蛇、虎头鲨，那都是鲈鳢鱼的异称。我下此断语，是汪文文末的描述"我们家乡通常的吃法是氽汤，加醋、胡椒。虎头鲨氽汤，鱼肉极细嫩，松而不散，汤味极鲜，开胃"云云，和鲈鳢鱼的食法、品味上多有契合。

但我对"这种鱼样子不好看，而且有点凶恶"的讲法不能苟同。

我的家乡属江南泽国，亦称"鲈乡"。我小时候城里有三十来条河，和城外的运河、濠河、秀水相通。城外缭城垣的河叫"外河"，城里的河叫"内河"。内河的水来自外河，水活的，潺潺地纡回盘通全城。

内河有叫"凤凰""倾脂""宝带""锦带""韭溪""杨柳""兴圣"……很美，都有故事可讲。内河小而窄，河上多石桥，石桥亦小而窄，桥洞容得一只小船过。

城里的街路多夹河。这么多的小河一条接一条，左右分流，七拐八弯，望去便是长而曲折的水巷，巷两侧栉比的房屋，木柱、木窗、木栏板、盖黑瓦的屋檐，高低参差，把水巷"轧"得愈加狭长了。家家枕河居，从后门下去，有一个条石砌成梯形的踏渡，考究点的人家在踏渡外侧配置有扶手的栏杆，或抹上桐油，或髹了红漆。踏渡上方是住房特地铺的地板，宽窄如踏渡，恰好遮蔽风雨。有一块地板是活络的，一平米大小，可启闭，以通踏渡。一天里，常有人去踏渡上上下下，汲水浣洗。

也有跨河的水阁，阁横架在河道上，连接两头房舍，俗称"浮桥"。水阁窗数扇，两两相对，阁下容一叶小舟穿过。水阁人家无踏渡，用水则把系了绳索的木提桶从窗口缒下河，"扑通"一声把水打上来。

梅雨季节，几场豪雨后，黄梅水来了，河水淘淘高涨，连夜石桥、房屋、水阁、树木都矮低下去。水漫没踏渡，人俯伏在后窗窗槛上，几乎伸手就够到急流的水。整座的城，浮动了似的。但在我的记忆里，打小我家和城里的所有居民一样，从未被淹过。城外的两个湖泊：南湖和西南湖，都是天生成的蓄泄水的水库，加上外河、内河数十条通水的水道，也占尽了排水的便利。

　　平常时日，城里的小河不起波，淳淳的。

　　小河里没有大鱼，多鳘鲦、鳑鲏、玉箸之类小鱼。玉箸鱼小末指头大小，无骨刺，上海人最爱油炸了吃。这些小鱼，我们那里叫"猫猫鱼"，喂猫吃。钓鳘鲦、鳑鲏鱼，大人不屑为，多半是小孩"弄白相"。黄梅水来后，有一种拇指指甲瓣大的鳑鲏鱼，彩色的，乘流而下，群游至踏渡前，不走了，汇聚成一堆，窜来窜去，水里闪烁五颜六色的荧光。把这小不点儿的鱼钓来，养在玻璃水瓶里，挺好玩。有刀鳅，钓上来就扔掉。这家伙长相似泥鳅而稍稍扁长，骨头刺石硬，乱扎扎，没法吃。猫见了嗅都不嗅。

　　鲫鱼、鲤鱼和鳗鲡、鲶鱼、黑鱼、虾蟹多在外河。内河里大一点的鱼，最常见黄颡鱼（汪先生写作昂嗤鱼），嘉兴人叫它"黄钉头"。一般长不及五寸，无鳞，青黄色，黑斑。头扁圆，阔嘴，鳃下二横骨，上下四对触须。胸鳍两根骨刺，背鳍一根骨刺，受惊即戳起。骨刺前后缘均具锯齿，极刚硬，尖锐无比。抓住鱼用力往树身上一掷，"啪——"，背鳍上那根楔子般的刺直劈劈钉进树干，拔不动，真是"钉头"！

这个细节是郁光明大兄告诉我的，他也是"老嘉兴"，年长，见闻的旧事旧物比我多。

黄颡鱼白天待在踏渡下的石罅里。它是"夜游神"，半夜三更，吃饱了，三五一伙地浮游在水面上，嘴巴一张一翕，对着踏渡发出"嘎咕嘎咕"的叫声。踏渡上空无一人，它是冲着谁来的？乡俗传说，黄钉头这是在"上朝"，踏渡上坐着个河水鬼（水獭），正在梳头、望月亮、数星星呐。

傍晚是钓黄颡鱼最好的时机。天将黑，黄颡鱼笃悠悠从石罅里游出来觅食，垂钓的人蹲在踏渡上放下钓饵去，不多会，浮子一沉，"哧溜"拎起钓竿，鱼上钩了。本事大的，哧溜一下，哧溜一下，一个黄昏可以钓满一提桶。黄颡鱼肉质细嫩，红烧、煮汤皆宜。现在饭店酒家都把红烧黄钉头当作招牌菜，卖三十元、四十元一盆。摆在以前，很少有人吃这种鱼，钓它也是为好玩。吃黄钉头，是家里有小孩种牛痘，才买两条来煮汤。说这鱼"发"的，吃了可使牛痘尽快化脓、收疤。

钓黄钉头的鱼竿是一支竹筱，很短。黄钉头活动的水域多在踏渡近边，用不着长竿。鱼钩、钓丝是买的，钓丝用琴线，乐器店有卖。黄钉头嘴上长齿，棉纱绞的线会被咬断。浮子是把鹅毛翎管上端的一小截，剪半公分长一粒，穿在钓丝上，七粒称"七星子"，漂在水面星星点点的雪白。我小时过年，街坊上谁家在宰鹅，主人一刀刚下去，大白鹅"吭哦——"只叫得一声，守候在旁边的孩子们立马上去，揪着鹅翅膀一顿乱捽。

钓鳘鲦鱼、鳑鲏鱼、玉箸鱼，钓竿有从枪篱笆上抽的，也有麻骨（秆）的。麻骨是络麻的茎，剥去茎皮（麻），白森森的一枝，很长。麻骨是城里居民的柴禾，家家都有。街坊群童游戏，摹仿从木偶戏看来的，手持麻骨当长枪，大喊：

"岳飞枪挑小梁王！"

"长坂坡赵子龙，百万军中救阿斗，杀呀——，呀呀呸！"

我五六岁就拿麻骨作钓竿，在后河的大青石踏渡上钓鳑鲏鱼。鱼钩是用祖母的缝衣针在洋灯火上灼红弯的，钓丝是祖母纳鞋底的线，钓坠是牙膏壳子上剪的，浮子则从扫帚柄上抽一根高粱秆子，剪碎穿钓丝上就成。

这些没大人教，自个做。

那时，踏渡上、河边，随处可见垂钓的大人和小孩。那时，城里三十来条小河除了螺蚬，什么都钓。有一种比玉箸鱼还小的聋膨鱼，它也咬钩。

惟独鲈鳢鱼不能钓，得捕捉。

鲈鳢鱼和黄颡鱼比邻居，也是大多穴于踏渡下的石罅。放下钓饵去，黄颡鱼只吃蚯蚓——它是肉食性的小型鱼，苍蝇、饭糁、豆腐干丁，不碰。鲈鳢鱼也不是吃素的户头，喜荤食，吃刚孵化的幼鱼、幼虾、蝌蚪，也吃蚬子螺蛳。我小时候见大人钓鱼有用螺蛳肉作饵的。鲈鳢鱼何以从不碰钓饵，这跟我对它的学名是什么一样，至今也是弄不明白。

捕捉鲈鳢鱼有点像童嬉，找三块瓦爿，一块作底，两块合拢竖直置瓦底上，草绳一端把三块瓦缚住，另一端曳长十数尺。傍晚趁着暮色，轻轻地把草绳和瓦爿做的鱼窠从踏渡上往下缒，直沉至河底。然后或把草绳系在踏渡栏杆上，或拿块砖压住绳头。第二天清早去收绳，一下一下往上提，浸水的草绳湿漉漉，绳上挂搭着几绺绿的荇藻，颤颤悠悠的。终于，鱼窠"耇"地出水，快手拎到踏渡上，低头瞅见瓦底上卧着一条或二三条鲈鳢鱼，不动，很安静，不觉一阵狂喜，双手捧着鱼窠连带长长的草绳直往家里跑。

找不着瓦爿（胆子大的男孩爬到邻居屋顶上掀瓦，主人发现了，一顿训斥），捡来丢弃的草鞋、废旧的布鞋也成。大约鞋肚也类乎洞穴，鲈鳢鱼钻进里头觉得挺安坦，一如石罅，就懒怠动窝了。其实在收绳那一刻，它本可以从三块瓦的缝隙逃走，但它不，它确乎有点像是水族中的呆子，或者究根是慒悃也未可知。不过有一点却可证实，在真正感觉到危险袭来时，鲈鳢鱼的反应还是挺机敏。譬如清早天蒙蒙亮，有人拎个提桶去踏渡汲水，往往会发现在踏渡最下面浸水的石阶上，有鲈鳢鱼伏在那里，寂寂的，很沉稳，像一枚缩小了的船矴（镇舟的丁字形石器，功能如锚，古人据此给了鲈鳢鱼又一别名，颇为形象）。这时，人影通过水面逼近了它，手指头尚未触及水，它立马一扭身，把水搅浑，倏地潜到踏渡下面最深处，片刻便没了影踪。

捕捉鲈鳢鱼拿三块瓦做的鱼窠，虽然是小儿戏耍，但却也是一种传承有自的渔具。清人王焯（号讷庵）是我家乡继朱竹垞后能自建旗鼓的诗人，居梅里，好与渔樵往还。其《菜花鱼》诗云：

吾乡风味重水族，
菜花鲈鱼味簇簇。
正当油菜花开时，
艇子瓜皮榜溪曲。
此鱼引队出花间，
一笑牵丝举笭篾。
……

笭篾，竹编的笼，属筌箔类渔具。前说瓦爿做的"鱼窠"，
应该是笭篾的变相。"一笑牵丝"云云，缒绳收绳，捕捉的
手法并无别样。"菜花鱼"则是鲈鳢鱼在我家乡的特称，王
焯诗中有句："嵌珠如露高点眼，孕子如萍肥满腹。"盖芸薹
花开在春三月，田野上、圩岸边，花色一片金黄。此时的鲈
鳢鱼正当产卵期，鱼也最肥腴。家乡乡谚曰："三月三，鲈
鳢鱼步步上岸滩。"步步，状其在岸滩淤泥中，怒睛曳尾，
附土而行，如何产卵之艰辛也。

王讷庵把菜花鱼写得挺有美感：

重唇两鳃雪翻脸，
纤鳞软骨花映肉。
已胜越水垂腥涎，
真似吴淞切香玉。
……

206

雪翻脸,这使人想起讷庵的前辈朱竹垞的名句:"看取松江布帆至,鲈鱼切玉劝郎尝。"脍,把鲜活鱼去鳞去骨去刺,不沾水,净布拭掉腥血,切鱼片,以蒜、姜、醋、秋油蘸食。嘉兴人历史上好食脍,青鱼、草鱼、黑鱼多拿来切片生吃,而诸鱼中推菜花鱼为第一。"金齑玉脍,东南之佳味",是江南一则著名的典故,当然也包括我的家乡!朱竹垞主张把橙子皮与腌雪里蕻一起相间细切,加桂花糁作齑,鲈脍之风味更难得。腌雪里蕻是嘉兴数百年名产,有"春雪""冬雪"之分,又称"春不老"。旧时寺院尼庵出品最精,僧尼举以饷檀越。李日华(字君实)《味水轩日记》记到的"绿齑白饭",绿齑即腌雪里蕻。李日华好与方外游,他笔下的"绿齑",很可能是石佛寺老和尚腌制在青釉荷花缸里的、作常供的伊蒲馔。

　　李君实和朱竹垞,一为晚明江南文坛名重的小品文作家,书画鉴赏与董其昌齐名,一为清初骚坛宗匠、经学巨擘。两人都旧井情深,诗文凡记述美食,总不忘捎带上故乡的风物。在这一点上,王讷庵又岂其不然乎?他的《菜花鱼》诗,我读过多遍,所云"越水吴淞未足夸,春江更比秋江绿"直把著闻天下的富春江鲥鱼比下去,而菜花鱼似乎更压了松江四鳃鲈一头。

　　这样的揄扬,固然有些过,但别地方比不了自家的一方之土,原是古今国人都有的那么一点可爱的"毛病",君不闻有民歌唱:

　　　弯弯的河水流不尽,

哎——，谁不说俺家乡好呀，

得儿哟依儿哟……

这首歌，我上中学时唱。那时"经济困难时期"刚过去，肚子仍老是饿。放了学，男生们直着头飞奔自由弄口绍酒店买红烧兔子头吃。三分钱一个，浓油赤酱。咸甜，那是放了糖精。兔头极香，吃两个顶了饿。回家近的，去西埏桥南侧的小石桥，桥对面是子城脚下，州东湾接韮溪水。小石桥东塊左近，有苏小小墓，玩一会。苏小小，南齐钱唐（杭州，古称钱唐，据说后为避唐国号讳而改称钱塘）人，流寓嘉禾。她沉睡在这里已千百年。小小的绝命诗作在嘉兴。卖唱女伎，乱世情侣，聚合无望，遂起死念。绝命诗云：

妾乘油壁车，

郎骑青聰马，

何处结同心，

西陵松柏下。

西陵，高旷地也；松柏下，坟冢也。

我那时见到的墓，临水，名士陶元镛在民国初年重为堆土立碑。在墓上拔"叫吡草"，撕开一片，含嘴里"嘌嘌"吹。看看墓前绿波潋洄，想嘉兴虽无山——音乐课课堂上"一座座青山紧相连"的歌声在耳边响——但城里的小河盘通全城也挺好！于是几个少年一齐放开喉咙大唱：

弯弯的河水流不尽，

谁不说俺嘉兴好呀，

得儿哟依儿哟……

　　我不善歌，学生时却喜瞎改歌词，乱唱，故有此记忆。

　　再说王焯的诗。诗末二句："日斜醉倒菜花泾，醒来还
抱一竿竹。"菜花泾在城东春波坊外，康熙四十四年（1705）
春，圣祖玄烨第四次南巡，龙舟从松江至嘉兴，皇帝见此地
菜花遍野，黄云暮霭，景象殊胜，传旨龙舟泊岸，驻跸于
此。菜花泾有多大？清人查慎行"夹岸黄云三十里，片帆飞
渡菜花泾"的诗句，约略可供想象。"片帆飞渡"，言泾之阔
大也。我年少时春游远足，去过多回菜花泾，田连阡陌，村
烟点点，泾水细流。今则不然，菜花泾仅为一老旧社区名，
从高处鸟瞰，一大堆密层层耸起的水泥钢筋骨骸。

　　诗无达诂。王讷庵诗中提到菜花泾，或许是"捎
带"——因为它的著名，也未可知。半个多世纪前，在水乡
泽国，像王诗中写到的溪曲、油菜花、瓜皮艇及如何捕捉鲈
鳢鱼的景象，乡下还随处可见，岂止一菜花泾耳。

　　我是在城里，在我家后河的踏渡上捕捉鲈鳢鱼。虽然是
童嬉，记忆却分明如昨。鲈鳢鱼小小的，头扁圆有点大，身
长三寸，灰黑而细鳞有斑。在水中，它的蝶翅形的鳍张开，
白色的鳍刺透明。捉它在手，手感肉鼓鼓、痒痒的。它不像
黄颡鱼，长着锯齿的鳍会螫手，螫一下肿疼好多天。鲈鳢鱼
可以托在掌上把玩。我喜它乖乖地直把三片瓦真当作了自己

的安乐窝，这么容易地就捕。

我记忆中，嘉兴人已无吃生鱼脍的嗜好。鲈鳢鱼不管捉的、买的，也都是做熟了吃。吃鲈鳢鱼，在我们那里最家常的做法有炖蛋羹、炖肉饼子。蛋羹，俗称"调散蛋"，把鸡蛋两个或一个磕破壳，用筷把碗里的蛋黄蛋清"咣咣咣"打散成浆液，加一点盐，加水，加葱花，搅匀，放入两条洗净的鲈鳢鱼，碗上放一个盆子的盖，上饭锅炖熟。蛋羹熟后凝结像果冻。蛋羹明黄色，葱花绿色，半卧在蛋羹面上的鲈鳢鱼鱼皮微绽，鱼肉似雪。吃之前，筷子撬一点猪油下去，化开，淋上鲜酱油，鱼和蛋羹都趁热吃。

鲈鳢鱼不腥，无多细刺，那鳃上的两小瓣肉虽然近乎微末，却最嫩活。王焯诗所谓"重唇两鳃雪翻脍，纤鳞软骨花映肉"是生吃，依我之见，熟吃也比得这味与色。

在我家，我的祖母做这道菜拿手。但饭桌上出现这道菜时，往往是家里有人生病或感到身体不适，拿它来开胃。

炖肉饼子。猪肉肥瘦相间谓五花肉，斩切极细如泥，以盐、秋油、黄酒拌匀抟成饼，炖熟汤汁也极鲜美。肉饼子炖蛋，炖鲞鱼，炖毛豆子，炖虾，都称家常菜中俊味。肉饼子所有的配搭，以鲈鳢鱼为绝配。

鲈鳢鱼氽鸡汤，是上好的汤肴。鸡汤煮沸，投入鱼，鱼浮沉其中，皮尽绽。金黄色的鸡汤里，鱼白如羊脂玉。此馆子店出品也。

雪里蕻煮汤氽鲈鳢鱼，此亦馆子店出品也。

1956年，浙江省评定三十六个杭州名菜，其中有"春笋步鱼"。1988年出版的《杭州菜谱》有"春笋炒步鱼""象牙步鱼""酱烧整步鱼"等名目。

我曾听名厨苏强兄闲谈说起,春笋步鱼不只上了杭州名菜榜,在嘉兴本帮菜里也是最为厨行前辈、吃家们推重。他的恩师陈瑞生当年在五芳斋主厨,行内誉称"一把刀"。1969年暮春,陈师患沉疴,不起,病中犹念想春笋炒步鱼,对爱徒陈鸿飞、苏强啧啧不已,以江南河鲜第一,此生不能再尝为憾。第二天,陈苏师兄弟俩骑自行车去三十里外双桥鱼市,采办鲈鳢鱼、乌头笋,做成这道菜,送到恩师的病榻前。

厨人之重师徒情义,有如斯夫。

鲈鳢鱼与四鳃鲈尚有一说。1982年2月10日上海《新民晚报》刊出舍止《也谈松江鲈》一文,"舍止"是施蛰存先生笔名。施先生认为:"今天松江县的四鳃鲈,其实不是鲈鱼,而是吐哺鱼(塘里鱼)的同族。"这从鱼种的科学分类上说,是对的。职是之故,左慈侮慢曹操从铜盆中钓得的"长三尺余"之鲈,著名典故张翰的"莼鲈之思"之鲈,苏东坡《赤壁赋》里的"巨口细鳞"之鲈,都跟四鳃鲈勿搭界,而鲈鳢鱼亦然。但"金齑玉脍,东南之佳味也",自唐宋以降,应当包含了四鳃鲈和鲈鳢鱼这一对"族兄族弟"。

数百年来,松江四鳃鲈名压鲈鳢鱼,但若论质地,只是个头大小有些差别罢了。而所谓"四鳃"其实也只两鳃,只因松江鲈在产卵期,两鳃的鳃孔前各有一橙红凹陷的弓似鳃,于是成了"四鳃"。这跟槜李的有无西施的"爪痕"同理，都是好事的渲染。鲈鳢鱼之名不如四鳃鲈，是与文人之笔有关的。在我的家乡，像王讷庵那样，以鲈鳢鱼入诗咏赞的并不多。就我能够搜觅到的、名头大、可以拿出来说说的只有一位——清乾隆时的秀水诗派坛主、大诗人钱载。他的《菜花鱼歌》二首刊在图经，诗云：

> 一湖南北两湖长，
> 水网牵还岸网张。
> 燕子飞来山笋出，
> 菜花鱼上菜花黄。

> 巨口细鳞香比鲈，
> 也名土步出西湖。
> 猫头笋更松花蕈，
> 宋嫂羹汤定是输。

诗中"两湖""西湖"，均指嘉兴已废旧名胜鸳鸯湖。

钱载和王焯同时代。钱诗亦一种对乡土名物的爱重。

附记：

旧文《魟扁鱼》甫修订讫，接到文友胡学良来信，告诉我他的家乡海盐县海塘乡（今西塘桥街道），近日集市上出现有虎鲽魟，乡言称"虎鲽"。这种海鱼，他小时候也曾见到过。

虎鲽鱽大小如脸盆，色红，按冯时可《雨航杂录》所记，便是所谓的"虎鱽"。

虽然清道光《乍浦备志》、光绪《海盐县志》及宋绍定《澉水志》都未记"鱽"，但是，未记不能就说无有，只是极少见，不为人所看重罢了。

海塘乡位处杭州湾口，离海仅二里，站在家门口可以望见海，真是个海陬之地。据学良说，当地人偶尔捕捉或买到虎鲽鱽，都是新鲜切块红烧取食，并无腌腊后吃"臭鱽扁鱼"的习俗，故尔也从未有"鱽扁鲞"的一说。

又，顷接老友于能兄发来微信，告知清乾隆《海宁州志》、光绪《平湖县志》均有关于鱽的记载，但并无鱽如何取食及腌后为"鱽扁鲞"的记述。

至若清嘉、道年间梁章钜《瓯江海味杂诗》记鱽以肝最美味而当地人竟不知，庖厨亦剔除之云云，可证嘉庆道光年间，在温州近海一带已有取食新鲜鱽的习惯。

下

辑

最早的嘉兴人

　　说到"最早的嘉兴人"，马家浜是一定绕不过去的。嘉兴人的先祖、嘉兴的原始先民、最早的嘉兴人，随便你取哪一种说法，也只有安放在马家浜才算是它的根，真正妥帖了似的。这自然要讲到1959年年初，那个细雨霏霏、桃花映红一溪烟的春天里，南湖之畔，正在田间挖坑沤肥的马家浜村民们，用一把把锄头铁镐搅醒了一个历史的长梦！村民们的锄头铁镐上，闪烁着一点神秘的光。这便是当时震动考古界的，太湖流域新石器时期的标志之一，后来被称作马家浜文化遗址的发现！在此之前，考古界习惯上认同的黄河流域的仰韶、半坡、大汶口等文化遗址，才是中华民族远古文明的发源。

　　马家浜出土的兽骨、石锛、石斧、砺石、骨镞、骨锥、骨针、红衣陶、石纺轮和玉珠等，据科学测定，年代约为公元前5000年，与著名的仰韶文化同期。过了20年，1979年隆冬，霜雪满地，小河结了冰。考古工作者的手铲在桐乡罗

217

家角的一片水田里，把马家浜的一位"族兄"从埋土中"请"了出来。拂去蒙头蒙脸的泥尘，在这位"族兄"的怀里竟揣着156颗未被撒播出去的水稻谷粒。这些谷粒，有籼稻和粳稻，距今7 000年左右，属马家浜文化早期，是世界上最早的栽培水稻之一。在罗家角出土的文物中，还有不少带榫卯的木作构件，是专供造房用的。食有米，居有屋，这地方和马家浜同样，也是先民当年的村落。

七千年前，当然远没有马家浜这个地名。现在村东那座因孝妇为不使婆婆遭到霹雳惊吓、走上桥去迎受雷殛而得名"天打桥"的小石桥，顶多也不过是四五百年的历史。乡下大多的桥总是和人居处相连的，以姓氏冠名的马家浜离天打桥不远，如是考索姓氏来历，放足尺码讲也就是四五百年吧。那么，在这之前呢，那漫长的数千年前，最早的嘉兴人是如何现身在这里？又是如何以此为家园，繁衍生息，创造文明的呢？这是一个有关嘉兴先民来自何方的难解之谜。

借助于地理学的研究和科学的考古：大约在一万年前，地球上的晚新生代大冰期结束，天气变得温暖，万物生长，鲜花盛开，环境越来越有利于原始人类的生存、发展了。这时，栖居在太湖中天山、行山、小姑山相连的清风岭原始人，正处在旧石器晚期，开始不甘于钻山洞，萌生了去外面世界闯一闯的念头。他们手里拎着打磨好的石斧、石刀，肩上背起兽皮的行囊，行囊里装满了储存的橡子，做好了长途跋涉的准备。女人和小孩，有的手里还捧着刚刚从树上采摘的一点红鲜桃和酸甜的白杏，一边走一边吃。鲜桃和白杏，也是野生的。他们来到岭下，跳上一只只木筏，人数不多，毛估估百把人吧。我们因此尽可以想象，这种用树木、葛藤绑扎成的木筏，总共有八九只，一字儿排列在清风岭湖边，载着"三山人"随风漂流，开始了艰辛的迁徙。

有一天，在水天茫茫中，他们终于进入今天的嘉兴市城境域，发现这一大片湖沼平原，不但有可以随手捕捞的鱼虾、螃蟹、螺蚬、蚌蛤和龟鳖，陆地上还到处长着形形色色好吃的浆果和野生的稻子。这里还有灌木丛和森林，麋鹿、梅花鹿、猴子、野牛、野猪在森林和沼泽之间出没。树挪死，人挪活。他们那时一定已经具备了这个朴素的生存理念。在一个霞光满天的傍晚，他们"嗨哟、嗨哟"喊着号子，一齐努力把木筏搬上岸，排成长队向一处高地走去。晚霞渐渐地褪去了，在灰黑的天穹下，高地上蠕动着长长短短的剪影，那长的是精壮的男子和女人、老人，短小的不消说便是孩子们了。不多一会，高地上燃起了几堆熊熊的篝火，把月亮也烤红了，那月亮就像是一盏挑在旷野上的大红灯笼。

这是我对于嘉兴先民来自何方的一个推想。我不敢贸然说我的推想是唯一的，但我想到：我们人类的祖先，在那浩浩茫茫的两三百万年里，原本是从树上来到山洞，然后一步一个脚印地逐渐走向平原的呢。

创建家园

他们（"三山人"）从山洞来到平原水乡，成了嘉兴人的祖先。他们究竟是怎样创建家园的呢？史前并无文字记载，那么，我们就只好就出土的器物来述说一二了。或许这还是很有趣味的呢。

石斧、石刀主要是砍伐树木的，有锯齿的石刀是收割庄稼的。石锛和石凿，是制作木器的，比如翻土的木铲、划船的桨、造屋梁柱的榫卯，都是需要用锛和凿一点一点地刨、削、凿来完成。骨耜也是翻土的工具，那是用牛或麋鹿的肩胛骨做成的。用木铲或骨耜翻土毋宁说是掘土罢，手脚并用，工效跟犁和铁锸是不好比的。那时的先民，干什么都只能一点一点地来。鹿角做的点种器，顾名思义是用来播种的。20世纪60年代，我在大桥乡做知青务农，冬天去田里"沉豆"（农民称种豆为"沉豆"，这是很古的叫法，我在光绪初的《嘉兴府志》"农桑"卷中看到，种豆记为"沉蚕豆"），用一端削尖、一端安个柄的木棍在田畦上打洞，前面一人打洞，后面跟随一人往洞里放入豆种，也不盖土，越冬后洞里便探出一簇一簇碧绿的苗。这根木棍，下端也有安个铁锥的，使用更利索。木棍打洞，种油菜也管用，农民叫它"豆拐"，和鹿角的点种器十分相似，种法也相似，想起来非常有意思。陶器中的豆、盘、钵，是食器，就仿佛我们餐桌上的碗和盆，只是前者粗拙多了。釜和鼎是炊器，也是陶的。陶有三实足的、两袋足的，有敛口和侈口的，造型有小别，但都安上一个牛鼻形的柄，是鬶和盉。当然了，平时口渴，喝水也就用它了。红衣陶的罐是贮藏食物的，也可以汲水、贮水。有一种陶箅圈架，类似甑的配置（蒸架），用来蒸煮糙饭酿酒。我把新石器时期的器物粗略地说了说，是要告诉大家，凭着这些简单的生产工具、简陋的生活用器，我中华民族先祖创造原始文明，每前行一步有多么的艰难！而同为民族先祖的最早的嘉兴人，又岂其不然乎？遥想七千年前，平原的生存环境固然优于"山里头"了，但丛生的刺楸、棕竹和漫无际涯的沼泽、芦苇，大片的森林和草地，想要开辟出一方适宜居住、耕作的家园，也真是谈何容易！石斧的刃和铁斧的刃是无法相比的。石斧砍在坚硬的栎树上，"丁丁"的伐木声很有诗意，但每砍一下，常常只砍下一丁点的树皮木屑却够使人沮丧。然而，他们不能放弃。和"丁丁"的伐木声相呼应的，是他们中有人找到了一块临河的高地，"啊咿喂、啊咿喂"地呼唤着同伴，引火点燃高地上的茅草，成片的茅草呼啦啦腾起冲天烈焰，刺楸、棕竹、葛藤和不知名的灌木都烧没了，疯长的白茅化为黑的灰烬。蹲下身抓一把温热着的土，彼此涌动着喜悦的泪水相告：好，好地方，真好！高地是高起的土坡，这种地貌保存至今。经过数千年的演变，它有了一个独特的汉字——岘（吴语读如岗）。我在乡下时，去岘上桑树地翻土叫"垄岘"。

濒河的高地上，日出日落，月缺月圆。一座南北长七米、东西宽三米的宅屋终于盖成了。接下来，两座、三座、四座……宅屋是建在地面上的。木构建筑，这是马家浜文化的特点，也是率先的创造。四周立柱，柱头上的榫卯用火烤焦，这样用石锛、骨凿来刨削钻孔就容易些。竹子、芦苇编篱糊上泥巴便是挡风的墙。遮雨的屋顶自然是取之不尽的茅和营。一千多年前，唐朝的杜甫在《茅屋为秋风所破歌》中，为"茅屋"而穷愁感慨。七千年前，这样的住所却是告别穴居、走向文明的标志。

渔猎和耕作采集的生涯开始了。男女老少一齐挥动石刀、木铲、骨耜，在畎上翻土的翻土，整地的整地。那下坡低洼引水方便的，自然种上水稻；那上坡高的地块，种上一点狗尾草培植演化而来的粟。这种又名"粱"和"稷"的谷子，除了是不差的饭食，还可以酿酒。蔬菜瓜果的种类不会多，那么种上葵和瓠子是一定的。葵学名"冬葵"，叶椭圆形墨绿，吃口滑溜溜的。葵在元朝还是"百菜之主"，到明代忽然从蔬菜里头消失了，变成了"草"。二十多年前，嘉兴菜农从别地方把葵引种过来，大家都说好吃，我曾经掐葵的嫩头尝试做一碗和莼菜相似的羹。我却不知它的本名，也不知原是我们祖先的恩泽，都把葵叫做"空心菜"了。瓠子即地蒲，随种随生。菽（豆）自然也种的。还有薤，即荞头，湖南、广西等地仍有种，糖腌装瓶，多见于宴会。薤在西汉时被形象地写入《薤露曲》，成为送葬的挽歌。"薤露"是说人生命短促，如薤叶上的露水（薤叶是细长半圆柱形的，不能久贮水），太阳出来一瞬就没有了。若说生命短促，无过于原始先民。他们的寿命，比现代人短得多。因此，我以为"薤露"的创意，不妨可以推想到从栽植它的那天起。人生苦短，正是苦短，才催使我们的祖先不辞辛劳，开辟草莱，创建家园，一代又一代地往下延续生命。

第一座原始村落

现在，我可以对马家浜——这个嘉兴历史上的第一座村落进行一番描述了。

这个村落，簇在一处高地上，在广袤的原野上显得有些突兀。村落的四周挖了曲曲折折很深的壕沟，那是防御野兽的。那时，鸟儿在天空飞翔，野牛在森林、沼泽地缓缓地游荡，摇摆着两只弯弯的锐角，脖子伸向水边，去啃啮青的蒌蒿和紫红的芦芽。野猪、狐、貉、狼，白天见不到，它们可都是"夜游神"。白天见到最多的是麋鹿，成群结队地奔跑，是所有动物当中最庞大的族群。突然，一只雄性的麋鹿停止了奔跑，它站立在长满绿苹的泽畔，回首凝望远处的村落，村落上空飘浮着晚炊的一缕缕青烟。它发出"嗷——呜，嗷——呜"叫声，头向广漠的天穹一昂一昂。这时与之相呼应的"呦呦"的鸣叫此起彼伏，那是梅花鹿。梅花鹿胆小柔顺，三四只常常和麋鹿结伴，在原野上如影随形。

那雄麋鹿是族群的头领，它知道，这时候村落里不会有人出来狩猎的。清亮亮的水里，映出一对美丽硕大的鹿角和牛犊般的身子，不一会，鱼游来搅散了它的身影。村落上空的炊烟也飘没了。晚霞悄悄落下来。麋鹿是奇异的兽，它的角似鹿，尾似驴，蹄似牛，颈似骆驼，合起来却是四不像。它食草，不伤害人，相反常常为满足先民食肉的需求，贡献出生命。麋鹿身上的肉让人吃了，皮给了人去遮体御寒，剩下的骨骼也非常有用。先民手中所持的骨器，比如翻土的耜，在玉上钻孔的锥，缝衣的针，乃至射杀它的箭镞，大多是取自麋鹿的骨骼，加以磨削而制成的。有一只骨哨，收藏在博物馆，不知道吹出来的声音可有点像"嗷呜"的鹿鸣？

千百年前，四不像的麋鹿使嘉兴富有巧思的文人，联想到神话传说中同样也是"四不像"的瑞兽麒麟。于是从唐代起，在嘉兴西北隅，相邻的东西千亩荡和六百亩荡，一并被赐予了"麟湖"的美名，传衍至今，成为一方风土之胜。

野猪是会伤害人的。狐狸和貉，还有獾，那也是要防范的。不管是哪一个突然游荡到村落里，弄不好构成的伤害就大了。因此，那一道用石刀、木铲、骨耜挖成的深堑，关系到全村人的安危。

走进村落，大大小小的房屋是长方形的，门窗都很低矮，那"窗"也许只是墙壁上挖个洞罢了。有一间屋，却是经过了考古证实：南北长七米，东西宽三米，门朝东。棕竹和芦苇、泥巴筑的墙，经火烤过，泥巴有点暗红，硬邦邦的。屋内地面是黄绿色的夯土，木头柱梁，棕竹椽子，茅草苫盖的顶。茅草刚割下时青葱葱的，盖上屋顶风吹雨淋日晒后就灰黑了，那些茅屋远看就像是一簇堆很大的灰蘑菇。屋内有一个火塘，架个釜，是供炊爨的灶；北墙下有不高的泥土平台，那是睡觉的土床，可以躺三四人。凳和椅子是没有的，桌子也没有。先民的坐姿是两膝着地屁股安在脚跟上的跪式，还有蹲式或盘腿、箕踞的。跪式的坐法从那时起一直延续到汉朝以后，随着胡床、胡椅的引进，才有了垂足坐的坐法。跪坐，这和原始人的祖先——爬行的古猿或许有些关系的吧。且不管是哪样的坐法，这土床白天供全家人坐憩，吃饭或也在这上面；来了串门的，不叫他随便地往地上一蹲，而是请到土床上来坐坐，这是客气的礼数。如是箕踞，把两脚伸直叉开似簸箕，没有傲慢无礼的说法，是图个舒服快活的。

屋舍的旁边有一个树木搭的圈栏，养着猪。六畜里最早驯养的是狗，其次是猪。羊排在后头，牛也是在猪后。马是最后驯养的。鸡是由雉而来的，鸡的排名大约和狗或牛是"年兄年弟"吧。出土的陶器中，多有牛鼻形的耳和柄，而大量的水牛遗骨更是不争的事实：彼时的村落里已经有不少驯养的牛。清早，有人把水牛赶出村去，去沼泽地上放牧；傍晚，吃饱了肥美水草的牛，从暮烟里一步一步地走回村来。也许，牛背上还驮着个小孩，白发的老祖母正倚门呼唤他快点回家呢。

把野牛驯养成水牛，最初的目的是为了吃它的肉，而并非是作为役畜的。

鸡啼、狗吠和那牛的长长的"哞——"的叫声，这村落里真够热闹了。这村落里拢共有多少户人家？这个，却有点说不大好。新石器时期，华夏的总人口大约一百万。假定"马家浜"正赶上母系氏族公社全盛时代，在人口极其稀少的那时，我想全村男女老少顶多也就是十来户吧，好比现在的一个小小自然村。从村东喊一声"喂"，村西的人答应一声"哎"，就跑过来了。这村落由三个部分组成：中央是集中的居住区，屋舍挨挨挤挤排成环形，面向一个很大的泥地晒场。屋舍中间最大的住宅，是氏族长——一位掌握支配的德高望重的老年女性的家。居住区东边近水的地方是做陶器的窑场，汲水、挖泥、抟土、烧火，都在这里进行。居住区西边是墓地，一个个窄小的坑是埋葬死者的。从前嘉兴乡下的墓地离村子都不远，让生者时常思念起埋土中的先人，是很有情味的。那个很大的椭圆形晒场，我想凡是重大的祭祀仪式会是在这里举行的。

那个泥地晒场夯得很结实，地平如镜，中央有一个泥土的祭坛。这是村中最为神圣的地方。祭祀天地（那是一种人神合一的巫术活动）多在岁杪的冬天举行，称"腊祭"。祭祀进行前，先由几位年长的老者净了手，摆放陶的鼎、豆、盆、鬶等容器，各个容器里分别装着煮熟的麋鹿肉、牛肉、猪肉，肉都切成四方的一大块。还有鱼，是挑选捕捉来最大的上供。腌制的蕹和风干的乌菱，那是蔬果时鲜的象征了。鬶与盉都盛了满满的酒，酒是新滤的，面上漂浮着好多颗白的饭糁。

祭祀开始了，氏族长辈率领全村男女集合到晒场上，有的双手托着陶制的兽面形器耳，有的捧着个陶制兽面支座，更多的人手中或拿一束蒲草，或拈一支青翠的柏树枝，跟随一名巫师围绕祭坛，"咿呀呀嗨、咿呀呀嗨"地唱着谣曲，跳起舞蹈来祈求神灵赐福。那鼎和盆中盛放的鱼和肉冒着热气散发出熟食的香味；高堆在豆中的腌蕹和风干的乌菱，是表示让神尽取多食的心愿；鬶和盂中的米酒是甜蜜的，能供神人同醉！这种与神共享、祈神降福的心理，在嘉兴民间持续至今的清明、中元（农历七月十五）、冬至三大"鬼节"的祭祖仪式中，同样表现得淋漓尽致。

祭祀绝不会天天有的。在平时，这晒场是全村人聚合议事、分配食物和生活用品的地方。分配食物是进行得最多的，男人出去狩猎、捕鱼，女人出去收割庄稼、采集野果，这一天不管收获多少，都要拿到晒场上，由氏族长按户口人数分成一小堆一小堆，让各户的家长取回去。如是猎到一头麋鹿，氏族长辈拿石刀把肉切割成一块一块分配下去。圈养的猪，也是抬到晒场上来宰杀后分了肉吃的。他们过着没有阶级、没有剥削的生活，没有穷人和富人。他们听从一个人——握有权杖的氏族长。氏族长是民主推选，当然也是一位女性，并且按常理她应是生育多个子女、德高望重、精力过人的老妇。但，氏族又是讲究辈分、以血缘论尊长的。那么，氏族长是一位年轻美貌的妇女也是大有可能。我们不妨推想，那时的"马家浜"村落里，氏族长正是这样一位少妇：她聪明能干漂亮，烧制的陶器外表涂的一层红陶衣是最鲜艳的，用构树皮、麻纺织的布是最漂亮的，编结的渔网、养蚕缲丝也是全村最出色的。更重要的，她处事公道、判断是非敏捷，令人敬服。

大多的男子，当主客观原因束缚、抑制自己能力时，都会有意无意地产生依赖性的恋母情愫。那个时代，男子从事的渔猎存在着不稳定性，生活的需求大多仰给于妇女的采集经济以及和男子一起合力的耕种，而纺织和制陶又为女性所擅长，处在从属地位的男子，有那么一些"恋母"的意思也是符合常理的。

你看看乙卯，五大三粗的汉子在氏族长面前像个孩子。乙卯是狩猎的好手，射鳖是他的绝技。他有一支鹿骨磨制的箭镞，十分锋利，安在木棍上，抛掷出去射杀猎物。乙卯在木棍一端系上麻搓的细绳，有两三丈长，这是专门用来射鳖的。乙卯站在河岸上，他看到远处河面上晃动着一个圆圆的黑影，合抱大，心知这是一只老鳖。三四年前，他在这条河里也射杀过一只老鳖，要两个小孩才扛得起呢。乙卯右手举着木棍，左手腕上套着绳索，倒退几步，头往后仰、后仰，披肩的黑发随风飘扬。他突然一个俯冲，手中的木棍"嗖"地飞出去，箭镞"铮"地钉在鳖甲正中，刺穿厚厚的鳖肚。乙卯半躺在河滩上，快活地收拢绳索，那只老鳖半沉半浮的，头一伸一缩，四个爪子乱舞，河面上泛起一片殷红的波纹。多少年没有猎到这么大的鳖了。在这一带，不管是水中还是陆地上，可供狩猎的活物越来越少了，有时为猎到一头野猪，乙卯他们要走很远很远的路。最远的一次，他们曾经走到海边，无边无际的海洋、巨大的波涛，仿佛随时会吞噬一切！他们望洋兴叹，无功返回。

生产力的低下使女性在氏族中占有重要的地位，而氏族长更是至高无上。她不但掌握分配权，还要处理小到乙卯和伙伴年少时的一块鹿肉之争，大到血亲复仇、收容养子之类的矛盾，这都是她应管的"事务"。而在所有的公共事务中，婚姻和死亡，尤其使她十分操心。

在马家浜文化之前，我们的先祖得以繁衍的途径是族内通婚，族内婚由"群婚"而来，曾产生大批非痴呆即聋哑的畸形子孙。这一段"往事"的记忆是漫长的、痛苦的。现在，我笔下描述的"第一座原始村落"，自然早已结束族内婚，进入到族外婚了。村落里很少发现有痴呆或聋哑的人，他们大多长得很结实，黝黑的皮肤，暗红的脸膛，身高和现在的人差不多，或一米七十多点，或一米五六十的个头。既是健康的人，性欲也是自然的。尤其是那些少男少女，一旦情窦初开，哪怕是看到路边的一朵无名的野花，无意中发现美丽的雉在草丛里交媾，都会惹燃起心中的欲火。那时远没有文字，法律的条文绝对不会有，便是所谓的"族规"恐怕也是极其简单的，简单到我们据以考证出原始族外婚媾的标志：成年男女的拔牙风俗。

长大了的少男少女，他们的血缘或是嫡系的，或是相近的，为了防止他们彼此间偷食禁果，同时告诫村中的尊长辈不得非礼，由氏族长亲自主持拔牙。拔牙一般在乳齿被恒齿全部取代完毕后才进行，年龄在十五六岁上下。一个人的恒齿（病齿除外）将伴随他到中年、老年，因衰老而脱落。刚刚长出的恒齿，健康、坚固。我想象不出氏族长让人使用怎样的工具来拔除一颗门齿及一颗犬齿的。用石凿来敲击、使牙龈松动，然后用麻线系住牙用力扯下来？我小时候在祖母的授意下，用一根线系在牙齿上打了个死结，往下一扯，牙就拔了下来了，扔到屋顶上，据说这会使新牙长得整齐。我拔除的是原本已经快脱落的乳牙，不疼，相反还有一点好奇、好玩。拔除一颗恒齿，就决不会是这么回事。满嘴流血，大声尖叫，令所有的人汗毛凛凛。我想，在施行拔牙前，氏族长可能让少男少女喝下一盉黑乎乎的药汤，那是用一种药草煎煮的，可以麻醉、致幻减轻疼痛。还有，旁边会有一位巫师，他不停在跳踉、呼喊，念诵古怪难懂的咒词，这会转移被拔牙的人的注意力。

拔除门齿后，只要一张嘴，人家就看到了，非常显豁。这个拔牙的小伙子或姑娘，既表明已到婚嫁的年龄，同时在氏族长和所有人的监督下，不能在村落里和别人胡来，必须去村落外寻找其他氏族的人。但倘若有偶然冲动越轨的，等待他（她）的必是严厉的惩罚，即使不是处死，至少也要被逐出村去。

族外婚女方配偶来自别的氏族的男子，当这个男子辛劳一生死后，他的遗体不得葬在本村墓地，而是被送回到他出生的胞衣地去。这个男子在家庭里没有继承姓氏的权力，更别论财产。他的子女甚至只知其母而不认其父。这种女尊男卑的婚姻关系，在乡下尚有其遗风，据我的经历，尤以土著最突出。嘉兴农村土著，凡是以姓氏名村的，比如李家村、盛家浜、倪家兜、罗木桥等，依然有不少是聚族而居，或者村中以氏族某一姓为多，加上少数的外来户。五十多年前，我插队下乡的村子以徐姓为大族，号称"徐家墙门"。徐氏门内，也有招赘成亲的，称"做女婿"，他的地位不仅在家庭内是卑微的，在族亲中也被人睚视。他必须凭借才干、出色的农活（耕、耙、犁、耖）方能赢得尊重。但不管他如何努力，即使捏了经济权，却无法让儿女们从他的姓。我曾经看到过一个1944年嘉兴农村的调查报告。在平湖、海盐一带，田间生产以妇女为主，造炊纺织不必说，更是妇女的分内事。那里的男子，孵茶馆、搓小麻将、喝酒抽烟，成了游荡闲民，比较"马家浜"，却是等而下之了。

人的一生，结婚是大事，丧葬亦是大事。对于"马家浜"的殡葬，我们无法详究更多细节，我们只知道他们大多是俯身葬，即头向北、脸朝下匍匐于地。没有棺木，是直接回归土了，是对于土的难以割舍的依念吧。陪葬器物极简陋，无非一陶罐一豆之类，但女子的有纺轮和玉玦，这又是她们的另一份尊重。从马家浜文化进而为崧泽文化、良渚文化，其过程大约两三千年，亦并无文字。嘉兴有文字记载的历史始于春秋时期，即被孔子记入《春秋》一书中的发生于公元前496年夏的槜李大战。

由拳建县

天星湖、马塘堰、秦驻山、参驾亭、秦皇磨剑池、秦皇石桥、秦驰道，都是由拳建县前后，秦始皇留在嘉兴、海盐一带的遗迹和传说。这些遗迹和传说，我比较熟悉的是天星湖、马塘堰，而前者更是我年少时经常去玩的地方。

天星湖和马塘堰，据说都曾经因出现"王气"而"震惊"了始皇帝！

公元前222年，三十七岁的秦王政灭楚降越，底定江南，置会稽郡（郡治在吴县，即今苏州），辖二十六县，由拳、海盐两县即在其中。这是嘉兴有县的建置之始。翌年，秦王政扫灭六国中最后一国齐国，完成统一大业，称"始皇帝"。由拳建县，县治的所在地，历来说法不一，近人考证当在海宁硖石的附近。至于由拳得名的由来，传说和秦始皇的南巡有关。传说秦始皇南巡有两次。一次秦始皇巡游到长水，见这一带有帝王之气，并且听说了"水市出天子"的谣谚，在乘船过长水塘时果然发现有好多人在河边做买卖，形成了一个很热闹的"水市"。于是，秦始皇斩马祭河神之外，又征调十万囚徒来挖深长水塘，以破其"王气"。不料十万囚徒因劳累不堪，"囚倦而逃"。秦始皇眼看破"王气"未成，便以"囚倦"的谐音"由拳"来表其恶称。这有点类似民间某人因对某人不满而施以"猪狗"那样的鄙名，虽终无效，但亦可快慰于心。另一次，传说也是秦始皇巡游到长水，望见了"王气"，征十万囚徒掘土破"气"，结果也是因劳累不堪，"囚倦而逃"。不过，这一次倒是挖出了一个天星湖。

秦始皇斩马祭河神的地方，便是现在的蚂桥镇。这地方在唐宋时筑堰称马塘堰，明清时期废堰造桥，称马王塘桥、马桥。清末，据说桥下水中有蚂蝗精，天雨辄显形，乡人遂改马王为"蚂蝗"，地名传讹至今。二十多年前，我去过蚂桥，在王店的前一站，是一个铁路边上的小镇。那天，我在镇上某家小店喝了一斤黄酒，午后去镇东镇西转了一圈，酒性还没有过去就转完了。记忆里比较有印象的是那座蚂桥，铁路枕木铺的桥面，从指头宽的缝隙里望得见桥下的流水，泪泪汪汪的。"水市出天子""斩马祭河神""蚂蝗精"那些传说，问镇上的人，一概不知。那些秦始皇的遗迹、传说，连一丁点儿影子都没有了。天星湖则不然。天星湖在城中，旧址即现在的南湖大饭店。天星湖的湮没，大约不过二十来年。我童年时，天星湖是一个很大的池塘，故老相传湖底有井，是秦始皇让犯人挖的，通海，所以大旱天湖水不干涸。天星湖又名天心池、天心湖，可在我的脑海里很长时期记住的是"天仙湖"，并且知道是仙女的"仙"。这大概跟新马路玄妙观那边的冷仙亭有关，冷仙亭在那时也是一个好玩的地方。"天星湖口好花枝，便过三春采未迟"，天星湖至少在清代还是很美的。我小时去玩的那些年，湖边有三四棵垂柳，柳阴里十数间平屋，是苏北居民用乱砖清水砌造的；槿篱泥径，槿的枝条上开着一朵朵淡紫色的花。这十数间平屋，虽板门竹窗、简陋粗率，但因所居临水，环境十分静幽。苏北老奶奶们摊晒在小竹匾里的腌萝卜干、腌西瓜皮、芥菜头，在暄暖的阳光下散发着一缕缕清香。

我那时去天星湖是和小伙伴们一起钓鱼，湖里有一种小鱼，像小拇指头大，肉滚滚的，鱼身两侧有极细的花纹。我们叫它"玉鲫鱼"（据音写出）。这种鱼可油炸，蘸椒盐吃，在小户人家也算得上台面的供膳。我去天星湖钓鱼时，没有发现湖畔有块字迹漫漶不可读的古碑。这块碑，比我年长的"老嘉兴"大概是见到过的。

嘉兴在春秋时地处吴越交界，容易成为政权的真空地带，民间所谓"阴勿管，阳勿收"者是也。秦始皇看这地方的子民不服调教，地有"王气"，也是合于情理的，于是就有了"斩马挖河"的传说。至于"由拳"一名的释义，前人定为"其义无得而详"的越语，是有道理的。由拳也有写作"油拳""油潭"的。尚有名物可考证的是由拳纸，"嘉兴故由拳县，其处出好纸"。虽然是宋朝人的一则笔记（米芾《十纸说》中记为"油拳纸"），我们宁信其年代更久远些。这是一种用縠树皮造的纸，縠树学名构，初夏开花，秋天结果，果鲜红色，嘉兴人称作"野杨梅"。树汁可治疥癣，亦可造漆。

"縠皮素纸产由拳，不数成都十样笺。"这是朱彝尊的诗，可知纸色洁白，宜于书画。唯惜造法不传，只存由拳纸之名。

嘉兴历来的读书风雅人，喜欢以槜李、长水、秀水、鸳湖等这些古称或别称标作郡望，或者作自己的雅号，却鲜有人称"由拳某氏""由拳外史""由拳逸士"的。大约在博雅之士看来，"由拳"总脱不了"恶名"的干系，并且刻成图章，字亦不太美观吧。

父子辞赋家

辞赋是汉代文学的代表之一。《汉书》记载自屈原以下辞赋凡七十八家，而由拳（嘉兴）人占三家，即严忌、严助、朱买臣。这三人差不多同时出现在由拳建县后一百年内，可证当时由拳一地的文化之事已颇兴盛。因为没有良好的文化环境，是决然出不来文化代表人物的。

嘉兴民间对于朱买臣传说甚多，我将在后文表述。严忌和严助是父子（一说他们是族亲），原姓庄，为大族，至东汉初因避明帝刘庄讳，改姓严。《汉书》提到严忌的地方或称"庄夫子"，或称"严夫子"。他是一位辞赋老作家了。"不歌而诵谓之赋，登高能赋可以为大夫"，汉代读书人以辞赋谋得一官的比比皆是，但严老作家却特别，不为朝廷赏识。先是因景帝刘启不好辞赋，老作家的满肚子锦绣只好如烂草一般"馊"着；后来被喜好招致四方游士的吴王刘濞当作人才网罗了去，却因摆了点老作家的架子，劝说吴王不要谋反，谋反了将会如何如何，而为吴王所厌，坐了冷板凳，

236

一气之下徒步跑去河南商丘投奔梁孝王刘武。在著名的梁园舒舒服服住了好些年，因为老作家的道德和文章都非常好，梁园里一般的作家都很尊重他，甚至连司马相如、枚乘这样的辞赋大作家见了他，吃饭都不敢擅自坐上席，都敬称他为"庄夫子"。

严忌是有政治抱负的。一个文人，只要在政治上有点想法，想有所作为，总不会安于现状的。梁园在当时，"大治宫室，为复道，自宫连属于平台三十余里"，"府库金钱且百巨万，珠玉宝器多于京师"。严忌以梁园宾客的身份，悠悠哉，衣食无忧，是可以很潇洒地坐下来写作的。他确也是写了不少作品，据《汉书》所记，"庄夫子赋二十四篇"，接近于司马相如作赋二十九篇的创作量。我无法评测严忌的政治才干如何，但从他仅存的《哀时命》赋来看，他在政治上的不得志、失意，抑或是谋官而未成的牢骚是很明显的。所谓"负檐荷以丈尺兮，欲伸要（要，音义同腰）而不可得"，在屋檐下捎着一根长木头，想伸腰也伸不直，窘相可掬。而"弱水汨其难兮，路中断而不通"，则是对仕途阻塞的哀叹了。但凭一篇《哀时命》自然是不能推断严忌的一生是否就是潦倒的一生，不过套用一句熟烂的老话：梁园虽好，不是久恋之家。可以想象严老作家在梁园的心理状况不会太好，说白了，终究是一名寄食者。

严忌的传世之作《哀时命》赋，是嘉兴历史上第一篇见于记载的文学作品，值得我们嘉兴人珍视。

严忌死后葬由拳县西北隅，其地名严墓，即今江苏吴江铜罗镇。说到严墓，现在四十来岁以上的嘉兴人对它最有印象的便是"严墓奶妈"。20世纪五六十年代，严墓多有年轻妇女来嘉兴做奶妈，住在嘉兴帮奶人家的不多，大多带了婴孩回严墓去，待断奶后再送回嘉兴。

严墓那地方人多田地少，在生产方式单一，妇女在别无副业出路的情形下，遂以帮奶为养家糊口之资。一般来说，进城来帮奶的奶妈，她乡下的孩子早早断奶（这是很不人道的，但迫于生活困窘不得不如此）。因此并无"奶底头"（乳汁近干涸竭）之虞，作为主人家尽可放心。这样的奶妈，人走后情谊仍在。尤其是她奶大的小孩，在他（她）成年之后，不会轻易忘却"哺乳之恩"，至少在精神上，他（她）对奶妈是存有感激之情的。这种心理状态是很传统的，也是很美好的。我出生后母亲无奶，请了一位奶妈。我的奶妈是东栅近乡的农妇，待我非常之好。前些年有位老邻居碰到我，她已经八十多岁了，对我说："明官，你小时候鼻涕是你奶妈用嘴吮吸的。"这个细节，我祖母生前也多次说过。我十二岁时一次跟祖母在北丽桥忽然遇见我的奶妈，记忆中她很健康，细长的眼睛，红扑扑的椭圆脸。她是进城来购物。她叫我一声："明官。"我喊她："妈妈娘。"她买了一根甘蔗给我吃，还牵着我的手不放，这一别四十四年过去了，我想这四十多年来，妈妈娘倘健在，她一定也会在想念我的。

严助在汉武帝建元元年（公元前140年）以郡举贤良，擢为中大夫。这是汉代读书人出仕做官的途径之一。郡举贤良，就是由公卿、地方长官推举郡、县内品行学问优秀的读书人去皇帝那里面试，完后若认为确是人才堪用的，就委任做官了。中大夫，那是在皇帝身边的官儿，地位不算区区。严助那次去长安，全国各地来的"贤良"共有一百多位，汉武帝独欣赏严助的对策，使他从一百多人中脱颖而出。在这之后，又有东方朔、司马相如、枚皋、吾丘寿王、朱买臣等一班名士来到武帝的身旁，成为近侍之臣。武帝每召司马相如、严助、东方朔等与大臣辩论，以便确定国策，司马相如往往称病不赴，东方朔则持论无要领、嬉皮笑脸，武帝只好把他像俳优（有点似滑稽小品演员）那样养着。而唯独严助以义理之文，切中要害，屡屡使大臣们词穷。这是需要有相当政治才干的。在武帝的侍臣中，司马相如的辞赋作得最好，名气也最大，是当仁不让的文学魁首。但司马相如不敢与大臣一辩国策，怯于任事，实在是政治底气不足的缘故。自古以来，既是文学家又是政治家的鲜有其人，嘉兴在两千多年前就出一位严助，是嘉兴人的光荣。

比较起"哀时命"的父亲来，严助不但时运好（得以举贤良），善辞赋，他在政治上的才华、胆略确实令人刮目！汉武帝时代，南方边境（今福建、江西、广东、广西等地）的不宁使国家极为头疼！建元三年（公元前138年），闽越举兵围东瓯，东瓯求救于武帝，太尉田蚡主张不救、坐视越人自相残杀。严助不以为然，说：东瓯以兵危来告急，不去救助，今后如何统治这些边远地方呢。严助的说法是从国家长治久安来考虑的，自然为虽年仅弱冠却已雄心勃勃的武帝所采纳，把"不足与计"的老太尉晾在一边。事有凑巧，严助去会稽（官署在今苏州）发兵，却未带虎符（这是武帝的决定），而会稽太守执意要验看虎符后才同意发兵，两下里争执起来。这时，但见严助拔剑斩了太守身旁的司马官。严助不杀太守而杀司马官是有道理的，司马是武官，杀了他，兵权在握。接着严助口传皇帝旨意，发兵渡海救东瓯，而闽越那边听说来了这么一位刚毅勇武的儒将，不战而引兵退去，战祸以此平息。这之后，严助又曾奉命出使南越，不挫一兵之锋，不用一卒之死，闽越归降，南方终得以安靖。

《汉书》上说"助侍燕从容"，是指严助在皇帝面前态度闲适，从不居功自傲。一次汉武帝问他在老家时的情况，他回答因家贫，经常被家境富裕的连襟所凌辱。汉武帝又问他想去哪里做官，回答愿去会稽做太守。会稽郡所在地和由拳相距百余里，这样近便的地方是足以使严助衣锦还乡、对守财不义的"襟兄"出一口积年的"鸟气"了。严助任会稽太守三年，后回到长安，专门创作歌功颂德的辞赋，是长安作家群中著名的"歌德派"。公元前 122 年，淮南王刘安谋反未成，严助因受牵连被杀死在长安街头。那些"歌德"大作一点都不派用场。严助一生著赋三十五篇，除"歌德"之外，其未显达时必有悲悯民生之作，惜均失于传。

严助死在长安，千里迢迢的，尸骸是不大有可能归葬故乡的，况且又是皇帝的重罪之臣！但嘉兴有严助墓，墓在城区少年路北端一校园内。20 世纪 70 年代初，嘉兴城里城外大挖防空洞，而严助墓也成了被挖的对象。挖洞的斧凿、锹，"丁丁冬冬、丁丁冬冬"，昼夜不绝。"都说是严将军墓、严将军墓，里头究竟哪哈？""哪哈"是指金银珠宝。结果，土墩挖开，挖出来的是一大堆石头。防空洞是挖成功的，重新封土成一墩。这个墩，我去过多次，墩上树木葱郁，有亭，是可以小坐的。我想，将军的骸骨未必在墩内，千百年来只是一种传说附会着将军的魂魄所在了。譬如我小时候，就听说去墩上捕捉到的蟋蟀，特别狠勇善斗，这是为严将军葬地的风水所化育到小虫如蟋蟀而成一方之名物了。后来，随着识字渐多，读到朱彝尊的《鸳鸯湖棹歌》，第三十首云："天宁佛阁早春开，鸟语风铃次第催。怪道回船湿罗袜，严将军墓踏青来。"仿佛是坐实了"天宁寺在秀水县治东北，后有严助墓"。又后来，和我从旧地方志上获知将军之墓"有古树大数寻，枝叶皆西北向，天将风雨，辄作剑佩鸣"一样，这都是无法考证真伪的。但凭这不多的文字，我无端地悬揣：严将军墓，会不会是南宋遗民所编创的有几许壮美的传说呢？"西北向"和"剑佩鸣"正是南渡来嘉禾定居的遗民的故国情怀和寄托啊！

朱买臣"杀"妻

　　朱买臣的故事在民间广为流传，几乎是家喻户晓了。我今撰买臣"杀"妻，是有新意地为崔氏做一篇翻案的文章。买臣故事最早见之于戏剧的，有元传奇《朱买臣休妻》、杂剧《会稽山买臣负薪》，而后有明清传奇《佩印记》《露绶记》《烂柯山》等，至民国时期又有汪笑侬编演之京剧《马前泼水》。这些戏剧，老百姓都很爱看。穷困、休妻、显达、蒙羞而投水死。其实所谓"休妻"，就是崔氏不能忍受穷窘，自愿向买臣求离去。而崔氏之死，从心理、精神上找因果，说买臣借刀杀人，揆之于常识是毫不为过的。由此，我们所熟知的并非是大器晚成的会稽太守，而是一卑鄙小人了。

　　朱买臣，字翁子，一作翁之。我在《由拳建县》故事中谈到，由拳县治的所在地可能在硖石一带，这倒是和买臣早年的樵夫身份相符的。硖石并无高山深谷，但小丘是有几座，可供樵薪。《汉书》记述买臣"担束薪，行且诵书。其妻亦负戴相随，数止买臣毋歌呕道中。买臣愈益疾歌，妻羞之，求去"。看来，一个是"书毒头"，挑着柴担还读书声朗朗；一个是帮同夫君去卖柴可以，却承受不了唱山歌似的诵书声。吴语"书毒头"，一指好读书不闻问世事者，说话、处事都有些"欠通"；一指因读书而造成精神障碍者，严重的发疯，终身受苦。前者虽知世事，却迂腐可笑，但还能像常人一样做事，所以不十分招人厌憎。至于后者，值得同情，可以置之不论。问题是有介于两者之间的，这种"书毒头"在思想、文化都属于绝对禁锢的年代里最多见，神经兮兮虽不成大病，但对于家庭全无责任心，做梦也是"书中自有黄金屋"。摊上这么一位仁兄，妻子有得受苦！朱买臣当然不在此例，在他那时还有"郡举贤良"这么一条读书求取富贵的出路，况且买臣本自诩满腹经纶的，他卖薪而狂歌于市中，也是希望引起贵显者的注意，从而得到汲引的机会。

这机会果然来了，当买臣流落在长安街头，快成乞丐时，同乡严助推荐他去见汉武帝，说《春秋》《楚辞》。他原也是作赋的高手（我推测买臣挑着柴担诵吟的就是他自己创作的辞赋），而武帝此时特别喜好招致文学之士，养在身边，让他们衣轻裘、乘肥马，专心致志创作庙堂文章来讴歌"盛世"。买臣因此很快官拜中大夫。后因献平定东越叛乱之策有功，又与横海将军韩说等一起击破东越有劳绩，官至九卿。买臣为显宦后报复前妻崔氏之事，是在他官拜会稽太守，赴任途经由拳县时。坐驷马高车的他瞥见崔氏夫妇在清扫官道，喝令后车载之，到了太守官邸后，把崔氏"供养"在后园，每日有婢仆送去饭菜。崔氏吃了三十来天"惬意"

243

闲饭，却见不到她的后夫，说话人都没有，最终拿根绳子上吊死了。嘉兴民间关于崔氏的死另有说法，是买臣乘船过杉青闸时遇见崔氏，加以羞辱，崔氏不堪，即投河死，后葬于落帆亭亭湾，人称"羞墓"。

我比较认同崔氏自缢的说法，对崔氏这样的几近于文盲的女子施以精神折磨，是符合一个以富贵骄人的男人的心理的。试想，把崔氏幽禁在后园，天天给她饭菜吃，不致饿死；天天让她眼见到太守官邸的奢华（送饭来的婢仆亦是鲜衣亮服），耳听到大堂之上威赫赫的官声，使她在不断的悔恨中以泪洗面，百般地受到"良心"的痛苦折磨，这岂不是买臣的借刀"杀妻"之计？

千百年来，依据《汉书·朱买臣传》演绎的买臣故事，或戏剧，或小说，加上民间口传的"调料"，人们看到的，一个是皓首穷经成功的富贵大男人，一个是头发长见识短的小女子；一个受到颂扬（书中果然有黄金屋），一个受人贬斥、讥笑，死后坟墓还要被称为"羞墓"！这个公平吗？

看《汉书》所记，当初妻子离去后，"买臣独行歌道中，负薪墓间。故妻与夫家俱上冢，见买臣饥寒，呼饭饮之"。彼时失去妻子的买臣恐怕真是穷极无聊了，打起了与鬼"争食"的主意，恰好前妻和新的夫家来上坟，见买臣形同瘦鬼，饿眼瞵瞵，念及旧情，把祭鬼的酒饭送于买臣吃了。然而，这坟头上的一饭之恩，却只换来太守府一根吊死鬼的绳子。

朱买臣的形象在旧读书人的心目中是高大的，在他们尚未荣达的时候，经常会引用朱买臣的故事来教育妻子和儿女的。

朱买臣墓在角里街东塔寺，衣冠冢，今仅存东塔弄地名。落帆亭北侧原有羞墓，久湮。秀洲区栖真乡北官荡西侧港汊，旧传为崔氏埋骨处，有羞墓亭、羞墓桥，后人遂名此港为"上睦港""下睦港"。这是民间百姓的态度，认为夫妻不管贫富，都应当和睦相处，白头偕老。要之，此或亦稍存讽世之意，盖买臣与崔氏的故事，后世多有形式不同的戏文演出呢。

嘉兴第一个清官

在嘉兴的历史上，嘉兴人当中曾经是出过不少清官和廉能之吏的。这只要翻开清末的《嘉兴府志》一看就会明白，"列传"中凡是传主的文末缀以"居官廉洁，至无屋可庐，归犹寓僧寺""卒于官，贫无以殓，门人襄其事""致仕归，环堵萧然""乡人德之，殁后祀专祠"这样那样的文字，都可信以为当官做吏是很清廉的。有的清官，不只在死后得到百姓追念，请入乡贤祠供给香火，便是生前就早早地被百姓纪念，感戴其德政了。如清代同治、光绪年间的陶模，进士出身，从甘肃文县知县当起，一直做到两广总督，人品清芬，政绩卓著。陶模活着的时候，甘肃文县的县志就为他撰传，兰州、迪化（今新疆乌鲁木齐市）两地也都建有他的祠堂，春秋祭祀，以祈福佑。他惠爱及民，而民亦真诚地想念着他，并希望世间多有这样的好官。我曾听前辈陶菊如先生讲起，陶模官至两广总督时，每次回嘉兴探亲小住，地方官都要去拜访。他饷客是奉茶一杯，几文大钱的毛茶，也就是我们平常喝的炒青吧。一个封疆大吏，喝茶不讲究龙井、碧螺春、大红袍、铁观音什么的，客至，粗茶一杯，这在封建社会的官场上是极少见的。

再说嘉兴历史上第一个清官是谁呢？我先从干宝的《搜神记》看到，而后又从《嘉兴府志》的"列传"中求证到，这"第一个清官"便是汉朝的由拳人徐栩。古代的官制，做官不能在本籍而必须异地（这对于限制"裙带风"是有作用的），所以《搜神记》写道："后汉徐栩，字敬卿，吴由拳人……为小黄令。"小黄县旧址在今河南省开封市东南隅。

徐栩年轻时在由拳县的监狱里当狱吏（做吏不避本籍），干宝说他执法仔细公平，那么，徐栩大概是一名监狱长吧。据《汉书·百官公卿表》：县令、长，年薪千石至六百石。县丞、尉，年薪四百石至二百石，是为长吏。百石以下有斗食，那不过是年薪不满百石，计日而食一斗二升糙米，称之为"少吏"。徐栩的职衔，大约最多只是一个"少吏"，一天十多斤糙米的俸禄，养家糊口而已。东汉有察举与征辟的制度，徐栩在管理监狱时，没有司法的腐败，犯人的贿赂当然也不会有。他的老婆也只是蓬着个头，呆在家里吃黄黄的糙米饭，没有去监狱的旁边开什么酒家，敲探监人的竹杠。徐栩应当是以"廉能之吏"被朝廷察举到小黄县去当了县令的。某年夏天，陈留郡所属各县发生蝗灾，蔽天遮地的蝗虫不但把田野上的庄稼吃光，连青草都不剩一根！赤地千里，怵目惊心。然而令人诧异的是，成群结队的蝗虫飞过小黄县境时，都没有停留，"嗡嗡嗡"打闷雷似的一飞而过，小黄县的玉米高粱扬花孕穗，绿油油地招人喜爱。农夫们更是在田垄间挥锄锄草，唱着欢乐的歌谣。负责巡视各县吏治的刺史大人来到小黄县，一看全县上下连个扑打蝗虫的笤帚都没有，训斥徐栩为何不治蝗虫，徐栩在上司的严责下，只好以辞官谢罪。不料徐栩前脚刚走，那些蝗虫们闻声赶来，小黄全县顿时大起恐慌。刺史大人心知有异，连忙向徐栩道歉，令他回小黄复官。果然，徐栩一回到官府，黑压压的蝗虫"嗖"的全飞走了。

干宝这一则笔记，意在表述徐栩为官清白公正，致使蝗虫不敢来犯。《嘉兴府志》卷五十中的徐栩传和干宝所记的相似，只文末多十四字："后为长沙太守，尝食干饭，不发烟爨。"这是说徐栩在太守府邸里生活节俭到经常吃冷饭，连柴火都舍不得多用。我不知道那时像长沙太守这样级别的官员，是否可以"一支笔"（签字报销），可以"白吃白不吃"，可以"白拿白不拿"，但一个人自奉俭约到吃冷饭省柴火的地步，相信他也不会花天酒地，何况又是出名的清官。

在古代，蝗灾和水灾一样是大灾，古人多有这方面的记述。明朝永乐年间，嘉兴人尤爱（字尧卿）任睢阳（今河南商丘东隅）县丞，代理县令。某年也是邻近各县蝗情严重而独睢阳幸免，邻县地方官写文告，谴责尤爱把蝗虫都放飞到其他各县为害庄稼。尤爱亲笔书写反驳书道：蝗虫不是家里养的猪牛羊，我怎么能随意驱赶它们到那里。假如我为官无德行，蝗虫岂不在我这里成灾，反而让你们邻县受灾？这一言词让邻县各县令面有愧色，噘着嘴，不得不表示服帖。

以上也是《嘉兴府志》所载，同样地把蝗蝻这种昆虫拟人化了，居然以一虫之微而能分辨官之善恶，从而福佑到芸芸众生。这里头自然有迷信，但人民之亟盼清官造福地方的愿望，以及像徐栩、尤褒这样能为百姓干实事（治蝗有卓效）的官吏多得人民爱戴的社会心理情态，我想无论在哪个时代应该都是相通的。

野稻自生

稻、黍、稷、麦、豆，古之五谷，而稻为首。上古，先民开辟草莱，播种五谷，而以稻最受重视。那时，先民祭祀用酒亦以稻米所酿为尊，郑玄注《仪礼·聘礼》云："凡酒，稻为上，黍次之，粱次之。"稻是由野生稻经栽培驯化而来的，有籼、粳、糯三种。糯稻产量不高，但米性粘软，宜制糕团，酿酒亦大胜于粳米。嘉兴历史上的名酒——清若空、月波酒，都是糯米精酿而成。我插队下乡时，生产队（村）两百来亩田，规定只三五亩种糯稻，每家分个数十斤，过年做粑粑吃。想用糯米酿酒，难了，只好代之以粳米。在粮食紧张的年代，糯米是被视如奢侈品的。

嘉兴产稻米的历史可追溯到七千年前，比泰国、印尼都早千余年。重农种稻延续到东汉末年，有史记载，建安九年（204）吴侯孙权命陆逊任海昌屯田都尉，率两千士卒在海盐县境内屯垦种植稻米。幕府令史出身的陆逊，不但文韬武略来得，亦熟谙农事，不数年粮食丰足，百姓安居。陆逊屯田的地方离由拳县城不远，据说海宁的路仲小镇便是屯田的营址。

三国时期，魏国有户六十六万余，人口四百四十余万；蜀国有户二十八万，人口九十四万；吴国有户五十二万余，人口两百三十万。曹操《蒿里行》诗："铠甲生虮虱，万姓以死亡。白骨露于野，千里无鸡鸣。生民百遗一，念之断人肠。"写的是建安初年战乱的状况，这种状况到了三国时期并无多大改观，地广人稀仍是普遍的景象。吴黄龙元年（229），孙权称帝，吴国的领土大致为今天的江苏、浙江、安徽、湖北、广东、广西等省、自治区，而人口不足三百万。这么点人口，如是均摊到由拳县，说有个三四万人恐怕还是夸张的吧。

我绕了这么大一个圈子说，是想求证嘉兴老城区的位置地位，推想由拳县城池既在硖石一带，那么，今天的嘉兴老城区在那时却是远离城池的荒僻之地，湖泊沼泽成片相连，加上纵横的河流，真是一派泽国的状貌。居人寥寥，狗吠鸡啼之声大概也总是给人以空寂清冷的感觉。现在的中山路（自禾兴路口往东至秀州路口），因地势颇高，宜于人栖息，所以积久便成小小村落。这村子或三五家，或十来户，都说不定。他们也种稻米也捕鱼，也植桑养蚕缫丝、种苎麻、纺纱织布，如欲购物，他们要走上数十里路去由拳县城。县里征粮的官吏下乡巡视，大约一年当中也难得来转一转的。这村子里的人，仿佛是"无怀氏之民"。但谁料想，一桩奇异事的发生突然改变了这地方的命运，成就了一座城市的诞生。

公元 231 年也即吴大帝黄龙三年的秋天，在无名村落的西北隅，一片沼泽地里长出了成片成片的野稻。风吹来，稻浪碧波层层，让人惊喜的是每茎长了有两穗、三穗的。时令刚刚过白露。嘉兴乡间谚语："白露白迷迷，秋分稻秀齐。"这一大片野稻，初孕的穗上微沾白花，整个颜色翠绿的，招人喜爱。典农都尉亲自赶来看了之后，等不及到霜降收割，飞快奏报吴大帝请功领赏。野稻自生，这正符合吴国"务农重谷"的国策，因此孙权认定是天降祥瑞，于是改由拳县为禾兴县，次年并改年号为嘉禾。过了十年，孙权立孙和为太子，为避讳，禾兴改名嘉兴。嘉兴之名，自此始定。再说公元 231 年秋，禾兴县名既已初立，接下来的应是县府官衙须从硖石那边迁移到这"祥瑞"之地，而筑城造官舍也是理所当然，而子城的建成也就在黄龙的首尾四年之间，这些应该是无疑问的。我之所以这么近乎断断地写下这些个文字，是要给嘉兴的建城史有一个可信的起始，即把 231 年作为我们这座可爱美丽城市的一岁。

就在由拳野稻自生的同一年的夏天，在吴郡的某乡，发现有野蚕结成茧，其大如卵。这件事当然也给予吴国上下不少的惊喜。农桑农桑，种稻和养蚕都处在首要的地位。野稻和野蚕，孕天地之气而自然化育，足以说明嘉兴的水土和气候十分有利于农业的开发。据科学研究，野生稻在杂交稻的培育中具有重要意义，如无野生稻种，提高水稻产量的栽培技术将是无本之木。这是近世以来的科学发现。明成化九年

（1473）秋，嘉兴近乡，即今之高照、栖真一带农民种出了一茎双穗、三穗的水稻，称之为"嘉禾"。更奇异的是，有的稻每一茎离根二节处长出三茎、四茎乃至五茎的，并且都结穗。比较当时乡绅范俊的"献瑞"，以及合郡以为"嘉禾复生，乃气运循环"云云，我猜想实际的情形，恐怕是在稻田的旁边长有大片的野生稻，在扬花孕穗时，因风的吹送进行了自然的授粉，于是便产生了这种奇异的杂交稻。

鬼魅与贪官

　　自吴黄龙三年（231）之后的数十年里，以现在的子城为中心点，嘉兴县已经建起了一座像模像样的城池。这座城池究竟有多大？没有考古的依据不好瞎说，我只能打个比方，在环城绿化带之内，却比老嘉兴人概念上的"旧城"还要小。嘉兴旧城，面积约为2.56平方公里，有此数据，三国时嘉兴县城池的大小约略可知在一二平方公里。当然，这里推想的成分多些，请读者明鉴。

　　这座城池规模不大，但市井的景象已然可观。县衙门、城隍庙、社公祠、道观、仓廒、酒楼、店铺、街巷、民宅等，整饬有序，全城拢共三四千烟灶、万把的人口。那时，县令一职还是典农都尉，执掌一县的行政大权，他的府邸当然也在城内。却说城内的各条街巷中有名西埏里的，住着一个叫倪彦思的人，他家有奴婢，家境小康，或许还是一个富翁。某年某月，这倪彦思家忽然闹起了鬼魅，大白天见不到它的模样，却听得到它叽叽喳喳在和人说话，并且把桌上的饭菜也吃了个精光。这鬼魅在倪家挑唆主人毒打奴婢，企图和主人的小妾睡觉，把厕所里的大粪撒在供道士吃的酒肉上，还拿了一把夜壶坐在神座上吹出嘀嘀嗒的号角声，搞得来倪家做法事驱逐它的道士们灰溜溜地走了。夜晚，倪彦思在被窝里小声和夫人说话、发愁，不料这鬼魅蹲在屋梁上说："你二人在诅我，我现在锯断这屋梁，叫你们不得好死！"说话间，那屋梁发出哗哗咕咕的锯木声，吓得倪彦思赶紧拿个油盏火来照着察看，只听见"噗"的一声，油盏火被鬼魅吹灭了，屋里顿时又一片漆黑。那鬼魅发了狠，锯屋梁的劲头更大了，整个屋子都在摇晃。倪彦思担心房屋塌下来，把大小老婆、儿子、女儿和奴婢统统打发到门外，自己拿个油盏火再去察看屋梁，那屋梁却好好的，伸手摸摸，也摸不到一丝锯缝。这时，那鬼魅跑到屋顶上，像个顽童似的哈哈大笑，问倪彦思道："你还敢再诅我吗?"

倪彦思家闹鬼魅的事沸沸扬扬传遍了全城，都说这鬼魅是一方神祇，要好好地供奉。那典农都尉也听说了，却不屑一顾道："小民无知，什么神不神的，这不过是一只野猫精罢了。"这番话是在官衙里说的，典农都尉刚回到家，那鬼魅夹脚屁股就来了。也是不见其形，但闻其声："你贪污了公家数百斛粮食，藏的地方我都知道。你为官如此不清廉，竟胆敢诅我是野猫精。我要告发你，带了官府的人去把你窝藏的赃粮取出来！"吓得典农都尉连连磕头作揖，承诺再不诅鬼魅。从此，人与鬼魅相安无事，直到三年后，那鬼魅不知去了什么地方。

以上"鬼魅"之事，据干宝（字令升）《搜神记》写出。文中说到的"西埏里"，为嘉兴旧地名，中山路建国路相交处原有西埏桥，后讹为西县桥。倪彦思的家，或就在桥的附近。又文中之"斛"为量器名，三国两晋时期一斛约为四十来斤。如此，典农都尉贪污仓米数百斛，当在数万斤上下。虽然《搜神记》是小说家言，但据以略考三国时代的嘉兴粮食生产，知当时必已岁丰有裕，人民小有温饱，于是出现了攫取数万斤粮食为己有的大贪！更令人惊悚的是，本应是举报者的鬼魅，竟和贪官达成默契，使贪污之罪从此隐匿不发。我有点怀疑干令升所记是不是太超前了？

嘉兴民间向来有猫为鬼魅的说法，似乎猫魅比黄大仙（黄鼠狼所化鬼魅）更令人惧怕，黄大仙有时倒是护佑家宅的，猫魅则不然。我小时候家里大人吓唬孩子，往往会说："再不乖，看，大头野猫来了！"说这话时，通常是在夜晚，有时屋外黑漆皮灯笼似的，伴以潇潇的风雨声，仿佛真有野猫精在暗中潜来，于是孩子赶紧钻到被窝里老实睡觉。还有一种梦魇，睡眠时仿佛有重物压身，不能动弹、拼命喊叫，耳边呼呼地响，嘉兴人称之为"魇猫"。我年轻时睡眠多魇猫，惊醒后经常会觉得压在身上的那只猫"腾"地纵下床去，随之"呜哇"一声猫叫，心为之大宽慰：哦，魇猫总算离我去了。迷信说，这魇猫和猫魅有关，因为不祥与邪恶的东西总是出现在黑暗里，它们最见不得阳光。但干宝笔下的猫魅，大白天戏侮倪姓富翁，乃至以举报要挟地方长官，种种行状或可证明三国东吴的某一时期，嘉兴县亦已然是"鬼魅"横行无忌于城中了。

　　按：据《三国志·吴书·三嗣主传》：吴国皇帝孙皓（242—284年）贪婪残暴，国政大乱，乃不得不向神祈祷，于是"其荧惑、巫祝，交致祥瑞，以为至急"。这正是一个"巫觋"和"鬼魅"盛行的黑暗时代。把历史上的小说、笔记结合史书一起来阅读，总会有一些意外的收获。

苏小小之死

　　薄暮悄悄地浓稠起来，月亮含羞似地升起在城楼的女墙上，街市上的红绡灯也朦朦胧胧地亮了。这是五月里嘉兴的某晚，夜色散发出迷人的气息，软风一阵阵地吹，吹送着冶游的人群去幽深的曲巷里叩开妓家的门户。在西埏里的底头，有一座朱栏曲槛的水榭，门上刻着"苏寓"两个嵌石绿的小篆。这座水榭的主人，不像往常那样在家应客，她正要出门去。她让一个使女执镜，一个使女递来粉扑、胭脂、眉笔，对镜略施粉黛后，吩咐年纪大点的使女："阿玉，我回来晏，你和阿宝闩好门，早点睡。"走出小院门，轻提罗裙，怀抱琵琶，坐上早就等候着的软轿。她就是钱唐歌妓苏小小，来到嘉兴已经两年多了。苏小小头上梳个乌黑高髻，鬓边插一朵洁白的玉簪花，容貌俊丽。但眉间总有一丝忧悒，那秋水般的双眸对视着人时，这忧悒很让人担心这个女子会不会像一张雨中的纸，一点一点地被水消蚀掉……

　　苏小小看上去弱不禁风的，在夏意渐浓的季节里，她比别的女子多穿了一件紫红的织锦背褡。她轻轻地说声："起轿。"那软轿由两个闲汉抬起，飞快地走出西埏里，直去县衙东大街上的黄龙酒楼。今晚是县令大人宴客，苏小小和本地有名的妓女铁梗海棠、老少年、白凤鸡冠同被召去侑酒。南北朝时期的嘉兴，虽然城池并没有拓大，依旧是以现在的子城为中心、周遭一二平方公里这样的范畴，但景象却已是一片繁华，三街六市、歌台酒楼，多有销金的魔窟。这和那个时代讲究声妓宴乐的风气也是相符的，而嘉兴从三国孙吴以来的三百年间，虽然也经历了不少次的战乱，但西晋建武元年（304）那次高使君的屯田开发，为县城的繁荣筑下了很好的基础。有史书记载："良畴美柘，畦畎相望，连宇高甍，阡陌如绣。"乡村是这样，更何况人烟稠密的城里头。一代名妓苏小小恰好是在这样的历史背景下，以她的声容才艺倾倒了这座城池里的无数红尘客。据《乐府广题》说：苏小小，钱唐名娼，南齐时人。有《西陵歌》。南齐自公元479年高帝萧道成开国起至公元502年和帝萧宝融让位，首尾23年。说苏小小"南齐时人"，她的存世之年大概也只有二三十年吧。苏小小最为有名的是她所作的《西陵歌》，其词云：

妾乘油壁车，郎骑青骢马。

何处结同心，西陵松柏下。

五言四句，是乐府诗体中的短章。从诗意上看，她在沦落风尘之前有一位情郎，两人曾有过一段美丽的爱情生活，曾在多个风和日丽的春天里，情郎骑着骏马，她乘坐车厢四壁雕花鬃饰的香车，一块去踏青郊游。这样的情侣浪漫是令人羡慕的，并且苏小小的身份也非一般。在那个年代，油壁车是贵族女子出游乘坐的，也是时尚。然而，小小的这首诗又给人以哀伤的感觉，关键是"西陵"。从前庄一拂先生曾把"西陵"譬解为瓶山，方位正好在苏小小墓的西北侧。这是在人民公园的一次茶叙时，老先生略作沉思状后说的。我知道，这里头多半是"戏说"，一拂先生是诗人，诗情丰沛，在嘉兴的几位老诗人中，他作的诗最好，水露露的；轮到"考古"就有些含糊，或者故意打马虎眼。按，"西陵"其义颇多，黄帝居轩辕之丘，而娶西陵之女是为嫘祖。这是西陵古国名的典故。河南省临漳县西有曹操陵寝，称"西陵"；又萧山市西兴镇古名"西陵"，杭州西泠桥亦称"西陵桥""西林桥"。说到杭州，苏小小虽是"钱唐名娼"，但这只能说明她的籍贯。南齐时，钱唐（杭州的前身）还只是一个万把人口的山中小县，商贸也只是些编编竹篮儿、削削天竺筷儿，趸卖些毛笋、板栗、香榧之类的山里货而已。那时还远没有西湖美景，歌台舞榭、青楼红粉自然也说不上，倚门的娼女倒是有的，但这不是苏小小这样的才艺色俱绝的名妓干的。

那么，苏小小在离开钱唐来到嘉兴之前，她必定还有一个迁徙别地的经历。这个"别地"又在何处呢？有一段时间，经常和史念先生闲谈写作"嘉兴话本"的事，给我启发、鼓励不少，我很感激。史念先生以为苏小小很可能到过南齐的国都建康（今江苏南京），她在烟花的胜地结识了她的心上人，一位不俗的贵游公子。西陵，即方位在西边的高岗地，郁郁葱葱的松柏成为她和他爱情忠贞不渝的象征！这一处高岗地，也很有可能是苏小小和那位贵游公子盟誓的地方，所以她才那么刻骨铭心地为此以诗言志了。

以上自然是推测的，但推测既定，苏小小又是怎样来到嘉兴的呢？

苏小小离开建康辗转来到嘉兴，无非出于以下几种原因：

一、情郎因病去世，小小情伤意冷。

二、因门第关系，小小不为情郎父母所容，婚姻无望，只得与心上人分离。

三、战乱，郎从军，音讯渺茫，小小无法在建康存身，选择离故乡较近的嘉兴暂居。

以上都是老套头的推测，不足为训。但有一点可信，不管离乱如何，她始终挚爱着她的情郎，至死靡他！

且说那天的夜晚，苏小小在黄龙酒楼的筵席上，被县令大人强饮了几杯嘉禾三白酒，又让这老色鬼轻薄了几下，不敢吱声，还要装出笑颜弹唱曲。歌罢，云鬓半弹地去各个桌子上敬酒。这种场面，苏小小经历得太多了。苏小小好不容易熬到席终，城楼上的鼓已经敲打了三槌子，已是夜深的后半夜了。黄龙酒楼的老板揉着倦眼，打点软轿送苏小小回家，轿子在抬进西埏里时，扑面吹来一阵鬼头风，小小从此染了风寒，一病不起。在病中，阿宝阿玉两个使女侍奉汤药，天医馆的胡半仙也来出诊了七八趟。阿玉愁眉打结地问胡半仙："胡先生，苏姑娘到底啥毛病呀？"胡半仙摇摇头。方子开了七八张，毛估估上百帖中药了，一点影子花都不见。每次来，都只见苏小小躺在床上两眼直瞪瞪，嘴巴喃喃自语，像是在吟诗。细听，总是"郎骑青骢马"那四句。胡半仙医道庸常，哪里明白苏小小的病根子是抑郁症，而在那时抑郁症是无药医的。果然，苏小小挨到这年的冬至前一天，她像是有预感的，吩咐阿宝拿来镜子，阿玉替她梳头扑粉画眉，做了一生中最后一次梳妆，气喘吁吁地躺下，让阿玉把她的诗稿从一个锦盒里取出来，指指《西陵歌》，微笑，轻声细语："后世知侬家的，必从此诗啊。"言讫，嘴角牵了牵，一缕香魂袅袅娜娜地飘向西陵松柏而去。

苏小小绝命后葬在嘉兴县署东侧（即今子城东墙附近），一抔黄土，墓前立一碑，上书"苏小小墓"。此后，从南北朝到隋唐到五代、两宋、元明清，苏小小墓几经风雨的剥蚀。最后一次修墓大约是在1912年后，嘉兴诗人陶元镛在墓的遗址上重新堆了土、立了碑。

苏小小墓在自由弄（原名贤娟弄）拐弯处的曲尺形小巷里，临河。"文革"初，墓被掘，是有人想鞭尸还是发一点金银珠宝财，不得而知。

历史上有两个苏小小墓，一在嘉兴，一在杭州。从明代起到清代到民国，有不少文人为两个墓打起了笔墨官司，争讼的焦点是谁真谁伪，似乎不能并存，又似乎名叫"苏小小"的美女只能是一位，唯其一位才值得去歌之咏之，去作"灵肉"（虚幻的）的占有！这种逻辑是很古怪的，大约和明朝末年士风的颓废有点关系。其实，嘉兴苏小小墓早于杭州苏小小墓（清代有人考证杭州苏小小墓为宋墓），有唐人的诗为证。唐代诗人刘禹锡、罗隐、徐凝都有诗直接写到小小的坟冢，其中以徐凝的那首《寒食诗》最有名："嘉兴郭里逢寒食，落日家家拜扫归。唯有县前苏小小，无人送与纸钱来。"地点、人名、物体、清楚明白，符合新闻五要素中的三个要素吧。徐凝，睦州（今浙江建德）人，元和中官至侍郎。徐凝作诗凭吊苏小小，大约距苏小小下世已三百来年了，墓仍在，只是荒芜不堪。到南宋时，苏小小墓仍为诗人所关注，这有嘉兴诗人张尧同《嘉禾百咏》之《苏小小墓》为证。我个人比较欣赏朱彝尊在力辩嘉兴苏小小墓为真时，填的那一阕《梅花引》词。词起首"小溪澄，小桥横，小小坟前松柏声"几句，描述环境真切，相信和我同辈的嘉兴人都有同感。当年，我们从自由弄的一条曲尺形小巷向西进去，紧贴子城东墙下是蜿蜒的小河，河上横架小石桥，站在桥上向东回望，为民居遮掩着的便是那个"土馒头"了。这景象，岂不是跟竹垞的词很相仿佛的吗。

还有，我上中学那会儿，上学放学都必走贤娼弄（其时早已改名"自由弄"，但嘉兴人仍以旧名称之），也必路经已然在曲尺形小巷来姓牙医家院内的苏小小墓。我和那里的居民面熟，也有同学家在此。我曾听老年居民说，1940 年代初，有人于风雨之夕，在小巷里见到过苏小小现身，穿白衣白衫白长裙，一身缟素，脸白薄如纸，唇上一点红。小小在昏暝的风雨中水袖飘摇，长裙飘摇，飘摇的长裙裙摆下，不见双足……

据说那个见到苏小小化为鬼魂的人，之后也并未遭遇邪祟的不测之害。

苏小小她不是复仇的女鬼。

鱼腹藏刀

那时，杭州还是一个山中小县，名叫"钱唐"。这个小县名气不如嘉兴，在三国孙吴时藉藉无名，不像嘉兴因"野稻自生"使吴国改年号"嘉禾"而让人刮目相看。乃至东晋衣冠南渡，也未能留住王、谢那样的士族的足迹，偏教兰亭的曲水流觞，剡溪的雪夜访戴，雁荡的谢公屐，多少风流胜事在今天的绍兴、嵊州、温州占尽了先美。但在那个时候——南北朝时期，嘉兴和钱唐这两个人口一两万的小县城，凭借着先秦已经有的水道开始彼此之间的往来，唱出了运河贸易的先声！嘉兴这边，把那些水乡产的香粳稻米啦，菱藕啦，马瞳的黄雀啦，还有龙潭的细布和苎布、绵绸啦，装船溯流而上；钱唐那边，则把些竹编的篮儿啦，竹制的筷儿啦，毛笋啦，榧子、板栗和瓜果啦，大多是山里货，装船顺流而下。两边交易互通有无，转手贩运他方。

那时，钱唐的县城在今天的灵隐山麓，城北是个集市，集市上有莛货的货栈、住客的客栈，还有山货行、蔬菜瓜果行、酒店、面店、茶店和二荤的小饭馆。那些行船的船户，爱上小饭馆喝酒，一盘猪头肉，两盆红烧肥肠，大碗舀酒，高声说话，不大的集市都让他们喧腾了。二荤小饭馆的隔壁是个茅庵，庵里住着个跑江湖的道人，姓杜名子恭，也喝酒吃肉，鼻子像一根红蜡烛。这杜子恭自言年轻时到过天竺国（印度），从胡人学得断舌吐火、驴子入瓮、变物移形、瓜生美女等种种法术。他日常不喝酒时，也在茅庵里打坐，旁边摊开一部《抱朴子内篇》。他是受符的道人，读《抱朴子》、画符契图篆、念咒语替人治病驱鬼。但这种时候不会太多，他太爱喝酒了，一喝就是醉几个时辰。

这日天气很热，杜子恭赤膊坐在小饭馆的板凳上，也记不清在酒缸里舀了几回酒，胸脯子让酒汗蒸得通通红。他乜斜着醉眼瞅见塘河上泊着两三艘西瓜船，都是刚摘的头藤瓜，碧绿生翠的，便想起来吃个瓜解渴，倒歪着身子走下大石埠去，买了两个西瓜，顺手拿了一把瓜刀，说"借用用"，回到小饭馆里把一个瓜切开吃了，一个瓜扔在庵中的井里，说是让井水激凉了再吃。杜子恭吃了一个西瓜后，撒了几泡尿，酒兴大增，让堂倌拣肥的猪头肉切了一大盘，重新从酒缸里舀酒喝。喝了半个时辰，那瓜船在拔篙子起航了，说是去嘉兴卖瓜。这时，瓜刀的主人唐福兴来对杜子恭说："道人，我们船要开了，你借的刀还我，到嘉兴卖瓜还要用它。"杜子恭已有九分醉了，僵着舌头道："你，你，且开船，到，到，到嘉兴，自，自会还，还，还你刀！"唐福兴寻思，这杜子恭又不同船去嘉兴，怎么到嘉兴还我刀呢？便扮起笑脸

266

说："道人这玩笑开得也太大了，我们卖瓜的不能没把刀，不然，怎教人家相信你卖的不是白蒲瓜？"杜子恭嘴一歪，倒头躺在板凳上打了起酒呼噜。唐福兴自去隔壁庵里搜索，哪见得刀影。堂馆说："唐老大，那刀怕是和西瓜一起扔在井里了。"唐福兴去井口探头望了望，水面上浮着半个瓜，那瓜刀想必沉井底了。心中懊恼，瞪了杜子恭一眼。那杜子恭像是有感应的，霍地从板凳上坐起，笑吟吟道："人说井水不犯河水，我这井却是通河通海的。船到嘉兴，不还你刀，你拆了茅庵！"说毕，又倒下头睡去。这回是真睡了，一只金苍蝇嗡嗡飞来停在他鼻子上舔红红的油珠，竟也毫不知觉。

唐福兴一路上懊恼、疑惑，这把瓜刀已用了好多年，那檀木刀柄上嵌了回纹的银丝，捏着十分称手。到嘉兴去买把新刀，总不如旧刀用顺。看看船已过石门，住了一夜，再直下六十里水程便到嘉兴城了。这日过陡门时，这里上下水落差大，水流湍急，加上唐福兴卖瓜心切，船上又扯起了风帆，水流哗哗地激着船舷，走得飞快。午前过的槜李亭，那嘉兴城上的雉堞已遥遥在望。不一会儿，精严寺和尚上膳堂的钟鼓声也隐隐可闻。忽然间，"泼剌"一声巨响，一条金鳞的大鲤鱼跃上船来。撑篙的伙计急忙双手捉住鱼，说："老大，到嘉兴吃红烧鱼了！"唐福兴也满心欢喜，说："上天助我丢刀得鱼！"船上有柴灶油酱米盐，唐福兴亲自刮鳞剖腹煮鱼，不料剖开鱼肚，众人都傻了眼，那鱼肚里藏着的正是杜子恭借去的瓜刀！

唐福兴在嘉兴东门码头前泊下船，和伙计们一起喝酒吃红烧鱼块时，手中反复掂着瓜刀，鱼吃到嘴里竟木滋滋毫不知味。

以上故事见南朝人所著《搜神后记》，托名陶渊明。原作数十字，我把它抻大了。鱼腹藏刀，幽冥奇闻，不可信。但自钱唐至嘉兴，最初的水道是先秦抑或两汉已有，在自然河流还是人力开掘，都真不好说，没见文字记载和考古的发见。而隋大业六年（610）利用此水道拓浚运河，起余杭经石门、陡门至嘉兴县城凡百余里，可信。

人变鱼

　　"槜李""长水""由拳"，都是嘉兴的古称。历史文献上提到的"长水"，据称也是一县名，较早的记载是干宝的《搜神记》、郦道元的《水经注》、唐陆广微的《吴地记》及宋代人撰的《嘉禾记》等，但都不能信以为真。在秦始皇统一中国之前，郡县的设立，已经在好些诸侯国出现，如晋国、楚国、齐国及鲁国等，但还决轮不到我们这个尚未开发的水潦之地。然而长水是嘉兴的古河流却是可信的，当然，古昔长水的状貌和现在的"汇聚天目山和杭州来水，从海宁硖石向东北流，经双山、狮岭，再经秀洲区的王店、蚂桥、南湖等乡，蜿蜒流入西南湖，约五十里的水程"还是有相当区别的。古昔长水的长和流域之大，我无法揣测，但据干宝《搜神记》所记"城陷为湖"的传说，我们似乎可以从中得到一点有关"长水"的印象。

　　先说干宝其人。干宝字令升，祖籍新蔡（今属河南），幼年随父亲干莹南迁，定居海盐澉浦。他是东晋时人，博学

269

多才，曾官著作郎，所撰《搜神记》为魏晋志怪小说代表作。这部名著，有不少关于嘉兴风土人情的记述，颇值玩味。其中"城陷为湖"，情节诡谲，摄人心魄。故事说：

由拳县原先是秦朝时候的长水县。秦始皇时，某年的初夏长水县里忽然到处在传唱一支童谣："城门当有血，城门当有血呀；城陷没为湖，城陷没为湖呀……"翻来覆去地天天唱，但看那天象，红日朗照，却没有一点儿下暴雨发大水的征兆。长水县城里，百姓们已是人心惶惶。有个白发老婆婆三天两头去窥探城门上有没有血，神色还很慌张。这老婆婆的举动，引起了守城的门官怀疑，抓着她审问一番，那老婆婆就说了窥探的原因。门官自然不信，斥责她妖言惑众，要找根绳子绑起来。白发老婆婆不辩说，很怪异地笑笑，像个幽灵似的走掉了。过了几天，门官去街市上听听，小孩唱的谣歌还是那几句；看看城门，两扇柏木板钉铁钉的大门上没有什么动静。天气依然红日朗照，县城东南的长水、谷水，像往常一样极平稳地流淌。城西北的螺潭——其实是个湖，湖滩上茁生着紫红色的芦芽，也不见有涨水的迹象。从城楼上去望那螺潭，三五个红衣女子划着菱桶，打捞水里碧绿的荇菜，湖面上就像浮着三五朵硕大的莲花。门官想：这种天气，坐船去湖上喝杯酒，作作"关关雎鸠"那样的诗倒是好的。

这天，门官也是好奇，把城门口悦来客栈的草狗阿黄杀了，狗血涂在城门上，几颗生锈的铁钉血血红。那门官本想开个玩笑，不料那白发老婆婆正蹒跚走来，见了那血，顿时惊惶失措，也不顾年老体衰，扭头就飞跑，还跑丢了一只鞋。门官刚想张嘴笑，只听得"訇"的一声巨响，大水奔涌而至，雪练似的波涛冲击城墙城门，那城门上涂的狗血化作一缕缕淡淡的脂红，消失在急旋的洄流里。大水淹没了县城，县城成了一片汪洋。长水县姓干的主簿跳上木筏，慌慌张张赶去县衙禀报县令，那县令坐在大堂上，手指着主簿却诧异道：

"咦，你老弟怎么成了一条鱼？"

"吓，大人您不是也成了一条鱼？"

大堂上到处浸漫着水，水打着一个个旋涡往上漫，漫过县令审堂的桌案，签筒里拘捕人犯的竹签仿佛一个个钓鱼的浮子，在浑浊的水里汆来汆去。县令和主簿，各自伸伸手，手成了鱼鳍；跺跺脚，脚成了长满鳞的鱼尾；两人嘴里还噗噜噗噜吐出一串串水泡。大的是县令的，小的是主簿的。这时，那门官也赶来，门官成了一只鳖，在县衙前绊了一下，撞在旗杆石上，鳖头上撞出老大一个肿块。

从此，长水县就陷没为湖，一个很大很大的湖。

这一则笔记（我作了一些演绎，原作当更好），近年来有注释者认为主旨是讲暴秦的统治使生灵涂炭，人民遭受了巨大的灾难和痛苦。这个确凿无疑。但从干宝出生前算起，嘉兴古代自两汉、三国到魏晋南北朝，水灾频繁，差不多六七年来一次大的，如"吴郡大水，稻稼荡没，黎庶饥馑""水菜如菌可为菹，饥民赖之"等状况多有记载。干令升撰此则文字，可以看作是以志怪的文学形式，记下秦时长水百姓饱受的洪涝之苦。我每读"城陷为湖",除了极佩服干令升瑰丽的奇思之外,能够想到的是,很多时候,人类在不可测的大自然无比威猛的力量面前,生命的脆弱、无奈,使"人定胜天"的豪言壮语像"梦呓"一样地成为扯淡。

唐朝的嘉兴诗人

先作题解：这里所谓"唐朝的嘉兴诗人"，首先是指嘉兴本籍的，如以咏田园风物出名的丘为、性好山水的殷尧藩，其次是非嘉兴籍而生于嘉兴或曾在嘉兴做官而被旧志著录的。这样算下来拢共七位诗人，其中顾况、顾非熊父子是海盐横山（今属海宁）人，按我设定的"老嘉兴"范畴，也可以不写。那该写的五位诗人依次是丘为、丘丹、刘禹锡、殷尧藩、张祜。

先挑名头最大的写，自然非刘禹锡莫属。刘禹锡字梦得，祖籍河南，西汉中山靖王刘胜的后裔，但身上是有匈奴族血液的。他的父亲刘绪，唐天宝末年应试中进士不久，遇上安禄山造反，为避战乱举族东迁，来到当时还属于苏州的嘉兴县暂且住下来。刘绪后来官"浙西从事，本府就加盐铁副使"，这就是定居了，生儿育女都在嘉兴。大历六年即公元771年初春，南湖的杨柳爆出了新芽，春光融融。刘绪的夫人卢氏在嘉禾驿后的官舍得了一个梦，梦见一只灵雀衔着新绿的柳枝撞到了她的怀里，她醒来对刘绪说了，夫妇俩觉得是吉兆！次年，刘禹锡呱呱坠地，这便是"梦得"的由来。

刘禹锡的童年和青少年是在水云弥漫的鸳鸯湖畔度过的，鸳水给予他灵秀的滋养（那时的鸳鸯湖，计百有二十顷，水域在万亩以上）。他也曾随父亲去过湖州，父亲带他去拜见有名的和尚皎然、灵澈，是童子问诗。他的聪慧深得皎然喜爱。他在诗情的养育方面，受惠于两位诗僧不少。当然，比较这一时期的生活，他对于嘉兴也是不能忘怀。

在他晚年所作的《送裴处士应制举》诗中，有"忆得童年识君处，嘉禾驿后联墙住。垂钩斗得王余鱼，踏芳共登苏小墓"四句，是他儿时生活的鲜活写照。这四句诗，最为嘉兴人称道，说到刘禹锡与嘉兴的关系必定引述。而"垂钩"一句，今人据《全唐诗》一书把"斗"改作"钓"，成了"垂钩钓得王余鱼"，虽只一字之微，却和作者的原意相去甚远，且诗境也大为逊色。为什么这样说？我于诗虽不能通，但生活的经验尚还知之。查字典，王余鱼的别名、异名有好多个，如吴王余脍、吴余脍、脍残、鲽鱼（比目鱼）、鳓鱼等。先把鲽鱼和鳓鱼排除，因为嘉兴的湖河水荡是不可能生长海鱼的。再来看"吴王余脍，相传吴王阖闾行舟江上，食鱼脍（切细的鱼肉），弃其残余于水，化为此鱼故名"。明代李时珍《本草纲目·鳞三·脍残鱼》则说："脍残鱼出苏、淞、浙江，大者长四五寸，身圆如箸，洁白如银无鳞。若已脍（切细）之鱼，但目有两黑点尔。"又清代人李元《蠕范·物化》说："脍残，银鱼也，水精也，龙头也，王余也……清明前则肥，后则瘦。"我至此明白，王余鱼者，银鱼也。银鱼太小了，寸把长，是不能钓只能用渔网捕捞的（李时珍说的那种"长四五寸"是别一种银鱼，又名面条鱼，栖息于近海河口，绝不是嘉兴产的）。"垂钩斗得王余鱼"，一个"斗"字真是太妙了，"斗"字通"逗"，逗引、挑逗，原来是闹着玩儿啊！

唐大历某年的清明节，桃花、油菜花、苜蓿，还有子城（那时的县衙）里洁白的墨辛夷都盛开了。天气暄暖，花香醉人。刘禹锡和七八个小伙伴溜出嘉禾驿后的官舍，撒开脚丫子一路奔跑，他们折了驿道的柳枝，有的编成个环，圆圆的绿叶蓬松地戴在头上，有的把柳叶连皮使劲往下捋，做成一个柳叶球，轻轻地挥舞。他们的银铃般的笑声，在春风里飘荡。他们先"野"到运河塘上，在塘边的草地上、田垄里，尽情地打滚，来回追逐，身上沾满了油菜花、蚕豆花的花瓣，还有青草的叶片、不知名的野花。小脸蛋上也是粉红一搭、青绿一绺的。他们玩耍累了，坐在塘岸上看看远去的帆影，数数上下飞翔的水鸟。过了好一会，他们往回走，走过甜瓜巷，上了韭溪桥，年龄最小的刘禹锡忽然说："还没有去给苏小小扫墓呢，'妾乘油壁车，郎骑青骢马'……"他随口唱谣歌似地吟诵，这是前不久随父亲去湖州听皎然老师讲起的。

这一帮孩子，张开双臂从韭溪桥上"飞"下来，斜穿过大半座城池，钻进西埏里，不一会就来到了苏小小墓前。南齐歌妓苏小小的墓临水，墓前有两棵桃树，花朵繁密。墓上长满了青草，草丛里有三两堆焚化了的纸钱灰，这是附近丰乐里的姑娘们祭奠的，她们和苏小小同病相怜。那时苏小小墓这一带还远没有州东湾、凤凰冈这样诗意的地名，但小河是清澈的，汩汩的流水伴着墓中的孤魂。

刘禹锡带头和小伙伴们一起摘下柳枝环，一个、二个、三个……恭恭敬敬地摆放在墓顶上，两个柳叶球连柳枝一起插在墓碑的左右。风吹来，柳叶球簌簌的旋舞，代替了招魂的纸幡。

妾乘油壁车，郎骑青骢马。

何处结同心，西陵松柏下。

这首诗应当是刘禹锡在嘉兴最早读到的，并且他心目中最早的诗人是一个歌妓，一个始终不渝追求着爱情的弱女子！

孩子们又相约在河边钓鱼。一个年龄大点的男孩飞跑去家里取来母亲缝衣的针线（嘉禾驿官舍就在县衙西边），敲针作鱼钩，折桃枝作鱼竿，扯棉纱线当钓丝，三三两两趴在河岸上钓鱼。小河往南通向湖，往北过西埏桥直抵运河。银鱼产于太湖，嘉兴只要水好，便会有银鱼从太湖那边成群结队地过来。从前王江泾长虹桥下就经常出现银鱼。唐朝时候，嘉兴的水域之大，百倍于今天。推想唐朝的嘉兴，银鱼炒蛋、银鱼干加咸菜放汤，应是小户人家饭桌上的常馔。大半个时辰过去，鱼钩都一动不动。蓦的，刘禹锡和小伙伴们发现，鱼钩竟一齐大动，水中一团团的银鱼乱窜，银光四射，仿佛千万支银针。孩子们乐了，高声欢呼，他们不停地甩鱼竿、扯钓丝，逗着银鱼玩，虽然并无鱼上钩（银鱼嘴小，咬不着鱼钩），但却个个已尽了玩兴。童子钓鱼，本不在乎鱼，那是水边的快乐啊。

清康熙年间，彭定求、沈三曾等名儒、诗人奉皇帝之命编校《全唐诗》，在"刘禹锡"名下，把"斗鱼"讹舛成"钓鱼"，于是一误数百年。名儒的学问，用到生活常识上来，有时会有些陋。

唐朝的嘉兴诗人，我列出了五位，如是每位写个单篇，我的力量不够，只好舍难就易，把刘公之外的四位合成一篇，并且侧重在张祜。

这四位诗人，按出生年月，丘为最早。他是天宝元年（742）的进士，曾官太子右庶子，这是太子的侍从官，权位非一般。我们不作诗的人，一想到诗人便是气质狂放、傲视权贵，这用在张祜身上犹可，丘为却用不到。丘为年老致仕回嘉兴，县令来拜见他，这时他根本不需要拿捏什么官架子，就可以稳坐堂上受晋谒之礼。然而丘为却不，县令来，他恭恭敬敬守候在大门前，待县令进府邸，他一路折腰陪进，让县令坐，自己始终站立在庭下。等县令告辞，乃敢坐，还不停地向县令的随从小吏们作揖。一个从京城退休回乡的大官又是有名的老诗人，对地方官如此谦恭而并无作态之嫌，这让人怎么说好呢？丘为享大寿，他活到了九十六岁才死。丘为大多的诗写田园风物，可惜流传下来的名句好像不大有。另一位丘丹，和丘为是否同族，不好说；丘丹当过诸暨县令，也有去长安作京官的履历，辞官后隐居杭州临平山，和著名诗人韦应物有交游。《全唐诗》上有丘丹的名头，他也不是狂放一路的诗人。殷尧藩，元和九年（814）进士，当过知县，做过幕僚，官至侍御史，不得意，退而为隐士。他是丘为的晚辈，但两人恐怕未曾在家乡见过面。殷尧藩性好山水，曾说："一日不见山水，便觉胸次尘土堆积，急须以洒浇之。"但凭这几句话，可以想像其人其诗一定不俗。有的诗人的诗一辈子平庸，出不了彩，看来不独具个性是比较要命的因素。我禾平荡荡，没有山，性好山水的诗人在家乡决然待不长，弃官之后遍游名山大川以终。这样的生活方式即便不作诗也是诗人！

我没有读过殷尧藩的诗，但感觉到他的身上自有一股郁勃之气。我由他联想到晚清的一位嘉兴诗人、大画家蒲作英。"举头天外，扑去俗尘三斗"，是蒲公爱诵的名句，也是诗人的抱负、襟怀。有位老先生人品端方，画画，也作诗词，他评蒲公诗多失粘，不讲究格律，只能称之为"画家之诗"，言下微有贬意。这位老先生处世谨慎，不能稍沾"狂放"，对于滂沛而来间或有出格的诗情自然难以欣赏，或竟无法接受。20世纪70年代，我曾听作旧体诗的几位前辈私议毛泽东诗词，谓毛诗中有"合掌"之病，即一联中的对仗，出句和对句同义，为诗家之忌。言讫，目稍露得意。但毛诗终究是大家之诗，绝非团扇的弄笔。

张祜的年辈和殷尧藩相近。张祜字承吉，清河（今河北清河西）人。他四十岁时去苏州见白居易，比他年长十三岁的白居易戏称张祜的"鸳鸯钿带抛何处？孔雀罗衫属阿谁?"
是"问头"诗，张祜也不客气，笑话白的"上穷碧落下黄
泉，两处茫茫皆不见"为"目连经"。一番"论诗"下来，
两人相与大笑。"问头"诗犹如试题作诗，不能自出机杼，
为诗人瞧不起；而"目连经"即说唱的变文，是讥刺乐天的
诗俗。在当时的诗坛上，张祜以宫词著名，"一声《何满
子》，双泪落君前"是他的名句。白居易大诗人，官苏州刺
史，地位是一介布衣的张祜无法相比。但因两人都是真性
情、真诗人，相互间的揶揄很快传为佳话。

张祜为人狂放，元稹贬斥他"轻薄"，排挤他。他大概
六十岁后漂泊于江湖，漂泊到嘉兴来，在冬瓜堰作了一名小
小的税官。冬瓜堰原名"冬瓜湖""东郭湖"，在北门外三
里。冬瓜湖是一个很大的湖泊，现在尚有形迹可说的是流经
塘汇镇的三店塘一段水域。冬瓜湖在唐大历间——朱自勉任
嘉禾屯田使时筑堰设闸灌溉农田，从此过湖的船只须用牛力
牵引翻越堰坝。堰上有牛户供给役牛，这些个财大气粗、举
止无礼的牛户，并不把诗人当一回事。张祜阴恨之，却又奈
何不得，平时在牛户那受的气都冲着手下的人发泄，手下的
人因此都怕张祜。一天，有个名叫朱冲和的钱塘诗人乘小船
过冬瓜堰，此人在钱塘小有诗名，竟不把前辈诗人放在眼
里，作诗嘲讽道："白在东都元已薨，兰台凤阁少人登。冬
瓜堰下逢张祜，牛矢堆边说我能。"这是说曾官拜秘书省
（古称"兰台"）长官的白居易远在洛阳，那位曾任中书舍
人（中书，武则天时改称"凤阁"）的元稹也已死。你张大

诗人呵，沦落在冬瓜堰嗅着牛粪的臭气，对手下几个管事的发发脾气，称得上什么本事呵。

史传张祜平生傲诞至于公侯，推想他在冬瓜堰受钱塘小诗人这番羞辱，直犹如拳教师跌翻在西瓜皮上也。

羞辱不仅于此。张祜以诗人呈执掌盐政的权贵，请求让他儿子在漕运方面做一个小吏，结果任职冬瓜堰税官。权贵戏谑说："贤郎不宜作这种小官。"张祜却回答说："冬瓜合出祜子。"按"祜""瓠"谐音，瓠子也即我乡俗名地蒲，冬瓜地蒲同一族，以代"父子"亦可。又张祜之子名"虔望"，小名"椅儿"。祜死，虔望亦有诗名，因落魄求助于嘉兴监裴洪庆，裴委任其任冬瓜堰税官，虔望嫌职卑，裴嘲之说："祜子守冬瓜已过矣。"这里也拿冬瓜地蒲来说事。

张祜三次受辱，有自贱也有他人贱之。张祜浪迹江湖，居所不定，而这三次受辱，却不知何故又偏偏都在嘉兴？想想张祜在唐代诗人中的地位，我有点为嘉兴羞。

白雀之母

　　雪白的羽毛，红豆般的眼珠子，乌黑而闪着铁质似光亮的喙，那爪也是乌黑而闪着铁质似光亮的。白雀的鸣叫声"呱——呱——"，嘹亮而动听。成千上百的白雀在秋天的田野上空盘旋飞翔，天空白云缭绕，布满了蔼蔼的瑞气。"呱——呱——"是成千上百的白雀在天空一齐鸣叫，天空就像奏响了美妙的交响乐！

　　据说白雀来自东海的蓬莱山，那是神仙居住的地方。一年一度，白雀秋天从蓬莱山飞来，越冬后，在桃花盛开的春天里飞回东海去，白雀的羽毛上沾着几片粉红的花瓣。白雀是冲着田稻丰稔飞来的，飞来的翌年，田稻也必是丰稔，于是白雀在古人的心目中是吉祥的鸟，是一地方丰岁的象征。在嘉兴的历史上，白雀最早见于记载的年份是晋永兴二年，即公元305年。清光绪《嘉兴府志》卷三十五《祥异》记云："晋永兴二年白鸟见海盐。"接下来是南朝"宋元嘉十一年（434）六月，海盐获白鸟以献"，"二十四年（447）四月，白雀产吴郡盐官民家，太守刘桢以献"。白雀产于民家是不可能的，正确说是民家某甲捕获白雀，不敢私匿，献于官府而官府上贡朝廷。南朝齐永明七年（489）又有一次，这一年的六月，"盐官获白雀"。以下是长长的空缺，直到明嘉靖三十四年，即公元1555年，《府志》又郑重其事地记上一笔："三十四年春，嘉兴县白鹊生。"按：雀是鸟的通称，"白雀""白鸟""白鹊"应当别无歧义。或者，鹊上体羽色黑褐，其余部分白色，即我们通常所见的喜鹊，而白鹊则通体羽毛雪白，这或是喜鹊中的特异之品？关于这一点，因缺乏证据，不好说。《祥异》卷文字极简，所记"白雀"诸条目并无涉及田稻丰歉之类，但《府志》卷十《坛庙》却有这样的记载："嘉兴东十八里，有高丰庙，在雀墓村。唐朱自勉（原作"朱士勉"，误）主嘉禾屯田，有白雀集于高丰里，岁辄大穰，遂立祠祀之。今毁。"这便是我敷衍成文的依据。

据旧志所记，另有一说谓高丰庙在今七星乡高丰村，但我比较倾向于庙在雀墓村（其实两地相距也不过十余里吧）。那应该是唐大历元年（766）的深秋了，嘉禾屯田使朱自勉扳着指头算，他到嘉兴主持屯垦已整整三年，而三年来，要数眼下的心情最好。田野上的稻谷早已收割完，远处有七八个小孩在拣拾田畈里的遗穗，打着滚、撒着野，"铃铃铃"的笑声随风飘荡，天空变得越发高远明净。屯子里也明明净净的，晒谷场都打扫过了，望去地平似镜。稻桶、连枷、木耙、畚箕、簟，都已经收拾好，那搁在营棚廊檐下的连枷上竹木的栅板缝隙里嵌着几颗金灿灿的谷子，朱自勉用大拇指甲把谷子抠出来，放到嘴里咀嚼，那香甜甜的乳白色的米汁溢在嘴角上。他绕着晒谷场边的仓廪走了一圈，像这样直径二丈、高四丈五尺的圆筒形仓廪，总共有十多座。仓廪是砖砌的，稻草苫盖顶尖溜溜的像宝塔。向朝廷缴纳的相当于浙西六个州租税的谷子老早装船运往长安了，剩余的谷子全进了仓廪。朱自勉伸展双臂贴着仓廪砖墙，他数了数，要十数庹才围圆呢。所有存储的谷子保证明年一年的种籽、口粮足足有余。朱自勉给仓廪取名"高丰"，村子就叫"高丰屯"了。他是个实在的人，不喜欢舞文，高丰高丰，那就是高产丰收的意思嘛。

朱自勉向一个跟随他多年的老兵住的营棚走去。屯子里的士卒大多放假进城玩去了。自从屯田后，荒芜的土地开垦成阡陌纵横的良田，粮食打得多了，市面上钱也多了，城市也随之活泛了。

城市的活泛，主要是商业兴盛。嘉兴城里，喝酒吃饭的地方就有如意春、嘉禾楼、燕园、千杯醉那样的有名饭庄。小吃如陈二嫂的多肉馄饨、张麻子的炉饼、李大娘的梅花糕，那都是百吃不厌的。饮食是口福，看戏听曲是眼福和耳福。士卒们粗人，不耐烦进乐棚——戏院子和去丰乐里，而是去子城的县衙前，袖起两个手来看走江湖的表演顶缸、走索、吞宝剑和玩绳技。那玩绳技的，双手捧一大团手指粗的绳置地上，抽出个绳头来掷于空中，但见绳嗖嗖嗖的往上升，劲挺高直看得人头晕目眩。看了江湖百戏，想洗澡的还有混堂，擦背扦脚齐全。

今天，老兵没有进城去，他一清早就坐在营棚门口，低着头在看一个银锭，这银锭是他把积年的饷银——都是些细碎银子————合起来请城里的天福记银楼锻铸的，足足有十两重。老兵看了会银锭，他抬起了头，见屯田使朱大人远远地踱步走来。蓦然间，老兵惊喜地喊叫起来：

"大人，大人快来看，白雀、白雀！"

朱自勉顺着老兵手指的方向望去，只见屯子东边那座最大的仓廪顶上栖着一头白雀。这是一头母雀，长相与众不同，红豆般的眼珠子边上镶了翠蓝的眼圈，长长的尾翎向上翘。它转着脑袋左顾右盼时，显得气质高雅非凡。白雀沐浴在初升的太阳光里，它的身上闪烁着一个五彩的光环，是那样的尊贵而令人敬畏！朱自勉让老兵停止喊叫，神秘地压低嗓音说："这是从东海飞来的祥鸟，是祥鸟呀。"那母雀仿佛感应到知己似的，它伸颈，缓缓展开玉雕般的双翅，"呱、呱"地扬声鸣叫数声。叫声清丽如来自九霄之外的天籁，让人沉浸在美妙的遐想中。这时奇迹出现了，天空忽然飞降下来一群群白雀，它们像是来朝拜母雀的，围着母雀盘旋飞翔，"呱呱呱"地欢叫，母雀的四周白云缭绕。然后，白雀们密密麻麻地栖在十多座仓廪顶上，宝塔似的仓廪顶都雪白了。

白雀是专吃田沟里的小鱼、小虾、蛙、蛐蟮和虫子的，它不伤谷。就在白雀飞来的翌年，高丰屯的田稻又大稔，一大片一大片的稻田像铺上了厚实的无边无际的金黄色地毯，风吹来，缓缓地涌动宽宽的稻浪。

就这样轮番下去，每年秋天，那母雀总是神灵般地先降临在高丰屯。

多少年过去了，老兵的胡子雪白了，两个颧骨红赤利利的像两颗熟透的桃子。老兵走路也蹒跚了，说话含糊不清，记性也越来越坏，只记远不记近。老兵说，他只记得广德初年（763）跟随屯田使朱大人从京城长安来到嘉兴，起先朱大人让他们少吃生蒜头，跟本地人说话不要凑得太近，以防大蒜臭熏了人家；还有不要去城里逛大街，看热闹，以防惹出麻烦，这本地人打架是棉花拳头，吵架却本事大，骂起人来嘴不停，又听不懂，缠上了走不脱身。唉，那一年发大水呀，雨"哗哗哗"地从天上泼倒下来，魏塘河一下变阔了，像一个白茫茫的大湖。幸亏朱大人让大家忍着饥寒预先挖几十里长的大渠，要不然，朱大人说大家就白辛苦了一年，皇上可是饿不得肚子的呀。后来，朱大人调任走了，他留下来看守仓廪。他不记得年号已经改了建中、兴元，皇帝也换了三个，他只知道朝廷从这里运走数不清的粮食，"阿哈，养活多少万人的谷子哪，皇帝、皇后娘娘都爱吃嘉兴的白米。听说太子哥儿嘴巴刁，专吃贡米粥上的一层薄衣，给他喝的羊奶酪都倒掉！"白胡子老兵显然会说嘉兴话了，为了表示他的惊奇与得意，所以又补充了一句："倸么真教是罪过！"

屯子里年老的和多病的士卒都遣散了。白胡子老兵是个鳏夫，他无家可归，他要为朱大人看守仓廪到死。这天清早，秋风萧瑟，天阴沉沉的。白胡子老兵摸摸索索走到营棚口撒尿，老眼昏花的他打了个冷痉。突然眼前一亮，他瞅见那头母雀匍匐在地上一动不动，眼珠子紧闭，眼圈却依然翠蓝发亮，乌铁似的喙、爪，也依然发亮。他蹲下去伸手一摸，母雀周身已经冰凉。白胡子老兵流着泪，逢人就说："朱大人说的，这是祥鸟，是祥鸟呀。它保佑皇上的米粮吃不完，吃不完！"他整整流了一天泪，说了一天同样的那几句话。他颤颤抖抖打开蓝布小包袱，取出那十两重的银锭，两个烂桃似的颧骨一耸一耸，让屯子里的人用这银子安葬母雀，盖起一座供奉白雀之母的神庙。

又不知多少年过去，雀母庙在当地被称作"雀墓庙"了。这其实也没有什么错，这里原本就有一座安葬白雀之母的墓。高丰庙倒是沿袭下来了，而且不止一座，七星乡的高丰村、塘汇乡的徐王村，还有城区的南堰在历史上都建有高丰庙，只是到晚清被半吊子的文人改名为皋峰庙了。

今年春节，我去某乡的孤老院看望一位熟人，在那里遇见一位孤老，他是雀墓桥村的"老土地"。他告诉我雀墓庙后来叫东岳庙了。他小时候给地主放牛，经常去庙里讨茶喝。那东岳庙很大，三开间，两边是侧殿厢房。供的东岳大帝，赤面大胡子，很威风。东岳大帝是道教奉祀的泰山神，怎么跑到嘉兴来了呢？原来民间的神祇是可以随荡荡搬来搬去的，没有执一的宗教信仰由此可见。但从地名上说，东岳庙终未能取代雀墓庙。我现在还偶尔去大桥乡的，每次乘公交车都经过雀墓桥、禹王桥这两个停靠站头。当年的乍平嘉公路拓宽了，三四十年前当知青时看熟的公路两侧的田野风光已经不再重现，魏塘和汉塘的水也不复清澈地流动了，然而雀墓桥、禹王桥之名依旧，这多少使我感到欣慰。于是，我便从尘封的历史记忆里拾起"大禹""雀母"这两个话头来絮叨不休。

嘉兴的"大禹"

　　大雨瓢泼，田野上一片雨茫茫，田沟和田渠里大大小小的水流哗哗地急湍，汇聚到各个通向魏塘的溇里，溇里的水訇訇地似奔雷一般直向魏塘狂泻。魏塘是一条宽宽的长河，河水一日数次地猛涨，河滩上刚刚吐出紫穗的芦苇一排排倒伏在水中，那紫颜色的穗子沾满了泥浆，在漩涡里一下一下地拍打着。天是"漏"了，雨势一刻也不肯稍歇。朱自勉头戴斗笠，身披蓑衣，两脚插在烂泥里，模样就像个农夫。自从来到嘉禾屯田使的任上后，朱自勉很少穿戴官帽官袍和靴鞋，布衣布裤而且裤腿总是挽高，裸着乡下人一样的黑脚杆。四十来岁的他，面目略显苍老，眉骨和下巴颏像刀斧劈削过的，有棱有角，和京中养尊处优、细皮白肉的同僚们在一起时就显得很"独别"。他说话不多，敏于行，走路两脚生风，怀里像揣着一团火。他喜谈农学，不屑于刑名，在大理寺坐堂办案时竟像个老农。

　　唐广德元年（763），浙西团练观察使、御史中丞、苏州刺史李栖筠奉旨开发浙西的荒废田地，设立浙西三屯。在用人之际，李栖筠首先想到在大理寺任评事的朱自勉。这位仁兄不唯于农书无所不窥，而且对稼穑之事甚感兴趣，又通水利，屯田必先疏浚水利，朱自勉无疑是合适的人选。李栖筠当即向朝廷举荐，不久获准，委任朱自勉为嘉禾屯田使。

浙西三屯，嘉禾为大，而嘉禾屯又辖二十七屯，其范围包括今平湖、嘉善、松江、金山、奉贤乃至吴江的低洼沼泽之区，绵延纵横，广有千余里，毛估估总有数百万亩田地。朱自勉从长安出发，率领上万的士卒来，辎重都由军马载运，到了多河流湖泊沼泽的江南湿地，军马不便驰骋，有不少圈养在今天的南湖边。关于这一点，我将在以后的《滮湖与马场湖》篇什中写到。朱自勉率军抵达嘉兴，这支庞大的屯垦兵团气势浩荡，给向来胆小谨慎的嘉兴人不小的惊吓。城里人惧怕北方来的兵举止粗暴，并且张口说话一股大蒜臭，熏死人；乡下人则担心从此公田私田缠夹不清，还有军爷个个弯舌头，打的官腔，小民避都避不及。可是不到半年，这种惧怕和担心都一扫而空。在朱自勉的治理下，屯垦兵团纪律严明，进城采办货物，"老乡们，老乡们"的客气话说上前，那些也许会出现的田地、粮食的纠纷，也都事先做到了"公田翼翼，私田嶷嶷，不侵其畔，不犯其稼"，博得个人人都熙熙怡怡。

嘉禾屯的总部设在今天的南湖区东栅、七星、大桥三乡交汇的中心点——雀墓桥村，这是经过周密、慎重考虑过的。这地方离县城近，给养方面运输方便。朱自勉更看好的是这地方有一条魏塘缓缓流淌。这条开挖于南朝宋元嘉年间的河渠，三百年来从未停止过行舟、灌溉的作用。朱自勉深知治田与治水两者不可偏废，眼前有这么一条长达四十余里的河道可资利用，他真是大喜过望。在回答李栖筠的询问时，他说："嘉禾屯田，于此立标率，三年必期于成！"口气豪迈，行动也快捷，修治魏塘河是其屯垦第一功。毕竟三百年了，河道已有好多处淤塞，河岸坍塌，纤路不通，那更是常见的。在今东栅七里店一段，淤塞的河床上竟长出一片草地来，野鸭在草丛里做窠、孵蛋。有一个农人在草地上搭了个小小草棚，春天的夜晚蹲在草棚前张个灯笼"跳白鱼"，比起划船撒网捕鱼来惬意多了。这片草地搁在河中央很大，过往的船只一不留神就会阻滞。朱自勉见此情形，下令掘深魏塘河，整整一个冬季，屯垦兵团成了一支水利大军。

散布在魏塘河（今南湖区境内）两岸的荒土野地，总数有十万余亩，当然其间还夹杂着本地乡农的私田和桑园鱼池。朱自勉以井田之法，带领士卒挖沟渠、筑圩岸，平整、丈量田亩，使之界划分明，民田不受侵犯，而田水的灌溉共享其利。他同时又精心擘划，大约每百亩田在临河处开挖一条深一丈多、长七八丈的漊，以为排水之需。这种名为"漊"的水沟，我下乡做知青时，农民称之为"夹漊"，大概其意"漊"的两壁深高，有"挟"之势吧。有的村子"漊"长不止七八丈，于是又有"长漊浜"之名。我现在想，当年我插队落户的白船浜和长漊浜同属中华村，而中华村和雀墓桥村相距十余里，唐朝的时候也在朱自勉屯田的范畴内。那么，我三四十年前在乡下所见到的"溇"，莫不正是朱公营田的遗制？

营田的工程，大约用了一年的时间才告竣。这一年里，朱自勉和屯垦士卒们过的是军事化生活。朱自勉还把当地的乡民也组织起来，设立田官，每位田官之下有若干雇工。又在农人中推举某个强壮的年轻人充当小头目——夫，以便统一指挥。当然，指挥起来最有效的还是那一大批刚刚脱下戎装的士卒，他们已经习惯了军中的艰苦生活。冬季，霜雪满地，天边尚闪烁着点点寒星，各座营棚前响起"咚咚"的鼗鼓声（鼗鼓，长柄，有点像拨浪鼓），士卒们迅即从地铺上爬起，排成整齐的队列，扛着铁锆和锹，切嚓切嚓地踩着冰雪行走在田垄上，各自分散到施工点，或开挖沟渠，或修筑圩堤，一直干到太阳升起，才回营棚吃早饭。盛夏来了，赤日炎炎似火烧，田里的水被烈日逼炙得沸烫，青蛙黄鳝、泥鳅都烫死，翻转了白肚子，散发出阵阵恶臭！那些北方来的士卒，原本就不适应江南的水土，这会儿双脚都教田水泡烂了，有的还流脓流血，但没有一人畏缩叫苦。他们看到，屯田使长官大人朱自勉一样的头戴草帽，一样的汗湿透的布衫像刚从水里捞起来的，一样的两脚泡在水里，脚丫子都烂了。更让士卒们敬服的是，朱大人吃住也在芦苇草棚里，栖米粑粑老咸菜，吃起来还说："极香，胜过长安的羊肉汤泡馍馍喽。"这有点像 20 世纪六七十年代提倡的干部与群众同吃同住同劳动。我想起下乡时大桥公社党委的张昌荣书记，他模样是个老农民，走到那里劳动到那里，农民在插秧，张书记挽起裤腿下到田里也插秧；农民在耘田，张书记"扑通"两膝跪在水田里也耘田。农民们都喜欢张昌荣书记，爱跟他说心里话。当时有不少生产和生活方面的矛盾，到了张昌荣手里就有不少无成其为矛盾了。他在大桥公社是享有很高威信的。

从公元763年起，嘉禾屯田使朱自勉用了三年时间，使屯田大获成功。唐大历元年（766）冬，嘉禾屯收获的粮食相当于浙西六州的租税（浙西六州大致为润州、常州、苏州、湖州、杭州、睦州），成百上千艘满载大米的粮船经运河齐发长安！以后的数年，粮食年年高产丰收，缓解了朝廷的急需，对当时因"安史之乱"造成的全国经济凋敝现象，起到了复苏振兴的作用。大历十年（775）前后，李翰作《苏州嘉兴屯田纪绩颂并序》，其中名句如"扬州在九州之地最广，全吴在扬州之域最大，嘉禾在全吴之壤最腴。故嘉禾一穰，江淮为之康；嘉禾一歉，江淮为之俭"，后世广为传颂，至今亦最为嘉兴人所乐意引用。我在钱穆先生所著《国史大纲》中曾看到钱氏所引一则史料，说唐中后期时，苏州曾荒芜到无一所瓦屋。那么，其时嘉兴渐趋繁荣，而成为全吴的重镇，朱公的屯田有着莫大的贡献！

朱公屯田的成功，首先赖于水利。我以为除了修浚魏塘，他对于汉塘（今平湖塘）也应有先期的开发。我猜测那时为了更有效地分流泄水——如我在上文中描述的朱自勉冒大雨泄水的情景，光依仗一条魏塘显然是不够的——朱自勉督率部众在屯田总部（今雀墓桥村的南侧），开挖了和魏塘相对应的大渠，两水之间形成夹角，嘉禾屯由此"左右逢源"。过了七十年，这条大渠到唐文宗大和七年（833）又加以拓展，连缀其他河流，成为全长近百里的入海长河。这条长河流至今新丰镇地方，因相传汉朝时新丰人迁居于此，所以名汉塘。

我觉得把汉塘的水利算一份在朱自勉头上，也是符合历史情形的。在他死后，当地的乡民为了感恩他、纪念他，把他比作大禹，在雀墓桥村的东侧造了一座禹王庙。这座庙小小的单开间，是乡下多见的建在田头的那种小庙，一般供奉的是田公田婆（土地神）。朱公是治水营田的英雄，民间对他的爱敬，是在土地诸神之上的。禹王庙的香火绵延了千百年，1931年筑乍平嘉公路，庙拆了，于庙址上建公路桥沿袭庙名为"禹王桥"。这是一个汽车停靠站，但并无站舍。三四十年前我从乡下进城，或从城里返乡，乘公交车都要经过禹王桥和雀墓桥这两个站头，从未想过站名的由来，却顺着本地的乡音把"禹"念成"义"，称"义王桥"或"义王老爷"了。茫然不知朱公立有如此辉煌的功业，便是后来经常拿"嘉禾一穰"来夸耀说事时，也和不少人一样几乎是从不提到朱公其人的。

据1982年版《浙江省嘉兴市地名志》（第241页）记载："禹王桥系一古村，村东旧有禹王庙，为纪念大禹而建。庙已废。"

明月照韭溪

古代都邑，四围有城垣及护城河以资防御，故有"城池"之称。嘉兴自三国吴黄龙年间筑建城池。对于它的来历、人文、风情，我已经作过一些介绍，篇什也不是小数，但尚未涉及河流水道，总还是一个缺憾。自东汉末至两晋南北朝的三百六十年间，这座城池的水体和人文风情一样，相关的史料留存不多，说得不好，是自然的。但如不说，岂不又辱没了一个很好的题目？那么，我且说下去，凡不能说得周全的地方，努力不拿些搪塞之词来遮羞便是。

考索在隋唐开凿江南运河之前嘉兴的水系，往往是颇难指实的。这地方湖泊、水道纵横毗连，水云弥漫，涯涘无际。况且自上古起，一两千年中海浸的侵袭、潦水的冲荡，使得江湖总处在不定的变数之中。不过大的水体格局还是有的，如谷水、韭溪、穆溪、长水、秦塘等，多见于前人的记载。只是说到隋唐之前城池的河流，我不能随便拿一个长水或秦塘来，像某位熟人那样胸有成竹地称某水是护城河，某塘又是运河之前的故道云云。谨慎地说，我以为诸水中的韭溪，最有可能是当时城池中的一条主河道。按旧志记述，古时韭溪北通太湖，它的流程自海盐、由拳境内由南而北过震泽注入太湖。震泽因此有韭溪港，这也算是一证。韭溪流经嘉兴城区的一段，便是我们二十多年前尚能见到的、那条和原中山路平行的小河，只不过它已是古韭溪的遗存。这条河有很长的一段是偎依着子城的北院墙淙淙流淌的，因此我们有理由推测，它在古代是城池里的水运干道。嘉兴最初的城池正是依仗着它逐渐滋长繁荣起来的呢。到隋唐时期，虽然江南运河对嘉兴城市的繁荣日益显示出重要的作用，但几乎横贯全城东西的韭溪，并没有失去应有的地位。直到两宋，韭溪不只为城市增添着水景的旖旎风光，它还对城市的经济实在有着不可小觑的影响。这一点，我将在以后详说。

如此一追溯，嘉兴人印象里那条狭长的韭溪，起码也有一千六七百年的历史了。把韭溪作为景观来歌讴，最早见到的作品是南宋嘉兴诗人张尧同的《嘉禾百咏》。在张尧同之前，有陆蒙老作嘉禾八景诗，但没有韭溪的名目。元代吴镇画嘉禾八景图，画笔也没有蘸沾到韭溪之水。明代人造嘉禾十景说，韭溪依然阙如。

迨至清初，战乱敉平，风雅复起。嘉兴画家李含渼绘《鸳湖八景》（册页）并题曰"南湖烟雨、东塔朝暾、茶禅夕照、杉闸风帆、汉塘春桑、禾墩秋稼、瓶山积雪、韭溪明月"，以有别于明代的嘉禾十景。

李含渼，字南溟，明末文学家、书画鉴赏家李日华曾

294

孙。他的《鸳湖八景》绘于康熙初年，属于自娱之作，尠有人知。大约过二百来年后，同治三年（1864），许瑶光出任嘉兴知府，任内获观南溟所绘，更题为《南湖八景》，于同治九年（1870）请画师秦敏树重作八景图，并亲为每图题咏七绝一首。诗与图刻碑，陈列于南湖钓鳌矶上"八咏亭"，以供游人览胜。

从此，"南湖八景"借助官方的力量，深入嘉兴民间，广为士庶知晓。而此后五六十年间，嘉兴人每逢中秋夜去韭溪桥踏月、赏月，已然成为风雅之事。韭溪桥在原人民广场前（即今中山电影城东），现在早已变成大马路了。据陆费斌生先生记述，韭溪桥"河面宽大略呈方池形，河水潋滟，波光闪烁。每逢月夜，玉兔高悬中天，桥上仕女抚鬓，影映河中，仿佛嫦娥对镜，优美动人"。这一段文字似乎说到赏月不只在中秋夜了，大约每月的农历望日，去韭溪桥都能赏到好月的。

"韭溪明月"虽因许太守才成一景，但我相信在南北朝，韭溪不但是城中的主要河流，起着运输、浣洗、汲饮的作用，水上和两岸的景观也一定很有看头。推想河南岸城楼巍峨，衙署、仓廒、兵库……都设立在那里。河四周街市、民居层层相环，尤其是河北岸，石埠密匝，人家临水居，西埏桥、韭溪桥，两桥遥遥东西相望。挑担的，背米的，卖鱼的，赶猪去屠宰的，去酒楼饮酒的，去歌榭听歌的，更有出名的闲人，打拳头卖膏药的江湖汉，拈酸捏醋的落魄文人，种种众生相，挤挤攘攘，从桥上过，从桥上来，嗡嗡地散漫到三街六市去。那桥下呀，河上的舟楫，撑篙的、摇橹的、划桨的，往返不绝。"永嘉之乱"后，北方大批士人和百姓南渡，嘉兴也来了不少。设想每到月白风清之夜，住在城里的北方士人，定然会三三两两踱步到韭溪河边，吟诗作赋，聊抒故国之思。但我更愿意相信，类乎后世《月子弯弯》那样的歌谣，更是北方来的百姓中间的思妇们吟唱的主题。歌声低徊悱恻，明月照韭溪啊。

那时的嘉兴城池虽小，却已在全国有点知名。这从干宝《搜神记》所记"永嘉五年，吴郡嘉兴张林家，有狗忽作人言云：'天下人俱饿死。'于是果有二胡之乱，天下饥荒焉"就可以看出。这一则笔记，撇去迷信的成分，是说嘉兴发生的事在全国也有些影响了。又，晋代有嘉兴人以养鸭子出名，作《阿子歌》三首，被朝廷的采诗官收编了去。其歌词："阿子复阿子，念汝好颜容。风流世希有，窈窕无人双。"养鸭人自夸的神情如睹。

那么，春天来到韭溪时，那清澈的水上是浮游着羽毛锦蓝的美丽鸭群了。

白龙潭水水深险

　　白龙潭、三塔，是互成因果的。三塔有两种说法。一种说法，如白发翁姁坐街头喝大叶子茶讲古话：从前呀，有个仙家挑一担八个宝塔从老远老远的地方走来。这仙家的扁担是太上老君的拐杖，两个放宝塔的簸箕是观音菩萨紫竹林里的竹子做的，八个宝塔呀个个玲珑好看。仙家挑着宝塔一路走走停停看野景，快到嘉兴地界时，不小心落掉一个塔，担子一头重一头轻，走不了啦，便在运河塘上放下三个塔，去四城八门兜一圈，又在南门外放鹤洲边上摆一个塔，取名"真如塔"，在濠河南畔放一个塔叫"濠股塔"。那东门外甪里街人烟稠密，朱买臣家门第高贵，应当也摆上一个塔，就称"东塔"了。这仙家四面望望，六个宝塔摆放得都有名堂，可是这城里却不能没有塔呀，于是顺手把最后一个塔安在了孩儿巷，嘉兴人从此就叫它"孩儿塔"了。这七塔的传说，我幼年时听邻居毛婆婆讲了多遍，毛婆婆爱讲我爱听，就这么记下来了，总是旧时禾中的名胜吧。

另一种说法，是根据记载推想而来。在未造三塔之前，三塔及现在的越秀花园社区应当是一片水泊，称"白龙潭"，而"潭"在嘉兴人又称作"漾"，其义比湖略小，但水深犹过之。"桃花潭水深千尺"，诗人作诗夸张，但讲到水体的实质还是对的。我在大桥乡当知青时，某年寒冬西北风呼啸，从镇上茶馆出来回家过横塘漾，水深黑，浪花翻飞拍击泥岸，双手抱胸缩颈，目不敢多视，在岸埂上逆风躜行，心存畏惧，久不能释。以此推之，我相信旧志所记白龙潭每遇大风，水流湍激，行舟漂溺的情状是据实的。

白龙潭曾是运河在嘉兴的一处险阻，直到行云和尚的出现才得以改变。旧志上说行云是唐代的一名高僧，有异术。我意所谓"有异术"，是夸饰的说法。行云是一位出家人，但却是务实的和尚。从他的行踪来看，他大概是托钵的行者，并且掌握有建筑和地质方面的技能和知识。这年初夏，行云和尚从钱塘（今杭州）方面来，他赤脚草鞋，穿一件灰布偏衫，肩上背个小包袱，袱里两件替换的衬衣裤、一本"唐大中六年制僧尼道士令祠部给牒"的度牒、一个化缘盛饭吃的粗陶钵。他脸黝黑，头戴竹箬帽，目光如炬，身子骨精壮，两膝微微弯曲，是长年不避风雨行路的缘故。他沿着运河走，过塘栖、崇德（崇福）、石门、陡门，一路所见石栈（运河塘岸栈道），自钱塘北抵御儿之胥口，绵延数十里；悬流（河床高于陆地），流水哗哗哗，设闸以调节流速；运河南岸，草荡汪洋，陂池相连，一望无际，其水或渟潴或漫衍，而终归于海。时值黄梅季节，忽雨忽晴，行云身上的灰布偏衫时湿时干。这日行脚到槜李亭，亭中一僧闭目趺坐。行云上前打个问讯，亭中僧说："释冀在此地感梦结庵，师欲何往？"行云答："往嘉兴，闻有白龙潭水深险阻为难。"释冀呵呵笑道："菩提菩提，管它闲事作甚？"言讫，复闭目。这座草庵，后来得到唐宣宗赐名"报本禅院"，为大名鼎鼎本觉寺之前身。行云在庵里厨灶上舀了半钵冷粥，撮一点白盐吃了，抹抹嘴，戴上竹箬帽继续赶路。那雨又下起了，行至白龙潭愈下愈猛，豆粒大的雨点劈劈啪啪。运河里的黄梅水，"訇訇訇"似奔雷滚滚向前，洄流、漩涡，激起冲天的雪浪。"哗——"浪打到泥岸上，"哗啦啦"退下来又上去，汇成的水流一道道激箭般地直射白龙潭！行云和尚挺立在风雨中，目光炯炯，捕捉着瞬息变化的汛情。上游在放闸。一根石鼓凳般粗的木头顺流翻滚而下，在白龙潭井口一般大的漩涡里沉头没脑地晃了晃，一下没影了。一只湖羊，该是被淹死的吧，也叫那漩涡呼的一下吸没了。行云和尚兀立在风雨之中一动不动。他数了数，白龙潭井口一般大的漩涡有三个！他凭着那根木头的沉没漂浮，还有那只不幸的羊，已经探得龙潭的水深。他的嘴角咧了咧，取下了竹箬帽。雨止了，白龙潭上空浮现起一道美丽的彩虹。水势依然汹涌，但行云的心已平静如镜。

接连两天，行云和尚没有离开过白龙潭。他有时踩着泥泞来回走，有时蹲在潭边沉思默想。他不讲涅槃，不讲顿悟，不讲禅定，更无心啜茶论佛，觉得这些个玩意都太虚无。他只讲一个"苦"，只讲一个"忍"，是可忍，孰不可忍，是忍到了头，吃尽了苦才有的大境界。这行云啊，就是这样一位具大境界的僧人！他去附近村里摸底了解，这白龙潭每年有多少翻船溺死的？村民们每说出一个数，他双手合十连声道："罪过罪过，贫僧在钱塘也这么听说的。"他决计挑土填潭，村民们欢跃，呼啦站出数十个精壮的汉子，一支扁担两个簸箕的跟随行云干起来。黄梅雨季过去了，天天烈日当空。行云挑土踩烂的草鞋无计数，两个微屈的膝盖愈来愈屈了，撇开的裤裆上溅满了泥浆。他脸上的黑皮被灼热的阳光烤得蜕去好几层，两个颧骨沾着鲜红的血筋！

终于，在行云和村民们的忍苦下，白龙潭填平了。运河走到这里乖乖地拐了个弯。夯土、砌石帮岸，行云和尚募集砖木造起了三座宝塔，永固河堤，这是符合力学的道理的。

分水墩水天庵和白龙潭三塔是相呼应的，都说明唐代运河在嘉兴境内多有险阻的实况。而"风樯雨棹，沦溺不测"的苦难的记忆，以及对行云和尚的纪念，都被后人"白龙作祟"、祷雨于顺济龙王的妄说妄行所掩盖了去。如"十全老人"乾隆，到三塔就只知道点头品茶、摇头话禅、装风雅看落日了。

水天庵供何方神祇

　　从隋大业六年（610）开凿江南运河算起，到相传唐乾宁三年（896）嘉兴镇将曹信筑大城为止，其间两百八十余年中，嘉兴县的建置曾有过几次撤并，但大的统系未变，县还是那个县。城池更不用说，到曹信筑大城之前，依然是以现在的子城为中心，维系着一平方公里左右的区域。在这近三百年中，比较可供说事的，人物方面如陆贽、丘为、徐岱、刘禹锡、殷尧藩等，这些在唐代或为宰辅、或著名于诗坛的文学家诗人，我将另谋专篇介绍。而说说运河与市城方面的事，我想或许也会有一些新的意思。如本文所拟的题目，就是需要破解的。

　　江南运河"自镇江至余杭八百余里"，我这里只说苏杭之间的运河，从杭州起经塘栖、崇德（崇福）、石门、陡门至嘉兴县城凡两百余里。苏杭之间的水程，是隋炀帝杨广利用旧有的河道加以疏浚、调整、扩大而成的通渠，但它对于南北经济发生影响，却并不是一下就凸显出来的。这跟炀帝本人三次从洛阳巡幸江都（扬州），而皇帝的龙舟始终未去试一试江南河的深浅当然是有些关系的。直到唐宝历元年（825），大诗人白居易从运河坐船来任苏州刺史，写下了"平河七百里，沃壤两三州"的诗句，漕运的功绩似乎才有了颂赞。但在嘉兴，颂赞来得早了一百多年——唐神龙二年（706），人们在北门外的分水墩上建起了一座水天庵。

分水墩正对北丽桥，嘉兴人是应该都知道的。住在北门一带的、和我同辈的"老嘉兴"年少时下运河游水，恐怕都上过分水墩吧。我女儿一位同学的父亲，家住钮家滩，热天游水去分水墩，经常在石帮岸的洞穴里摸到手板大的鲫鱼和鳜鱼。十多年前，我又去过一次分水墩，是陪同北京来的杨尔康先生去的。杨是地理探险家，从北京积水潭启程，划个橡皮艇沿京杭运河遍访历代漕运遗迹。杨先生认为，分水墩是当年开浚运河时留下的土堆，以稍杀上游的水流。这一点已有好些人说到，不赘述。那天，我和杨先生在墩上徘徊了半个来小时，他细心，拣到一个旧砚，反复地端详，最终判定是近代的学生砚，就又扔了。我则注意到破敞的旧屋柱头上，钉着一块民国十四年（1925）嘉兴永明公司的路灯搪瓷招牌。原来，这里以前是通电有照明灯的。那几间破敞的平屋便是水天庵，曾经做过蔬菜公司的仓库。嘉兴遭受日寇入侵沦陷时，水天庵尚保持些许的香火。据说大学者沈曾植留在姚家埭家中的藏书曾转移到庵里，后来却又被一个贩蔬菜的当废纸卖了。那天，杨尔康先生和我想在分水墩上搜索一点隋唐或者就是明清的遗物的愿望，不用说是落空了。但所幸自然的物体还在，尚未遭遇不测，使我尚能在不四面落空的情形下写这篇区区小文。

水天庵创建于唐，后毁，明代重建，清乾隆九年（1744）僧林灯重修，咸丰年间兵毁，同治初又重建。庵中所供何方神祇，旧志概未记。大约晚清编修方志的把它看作是普通的庵庙了吧。水天庵建于运河中，其来历必与水神有关。我国民间所尊水神，如大禹、伍子胥、屈原、王勃、李白乃至村妪幼童都知道的龙王、刘王、白龙娘娘，似都和水天庵无关。而有那么一位天后圣母，亦称"天妃""妈祖"，看看是否搭得上界？查各种辞典，关于"天后"所记大同小异，拢起来说，"天后"为宋代福建莆田都巡检林源之女，名林默，八岁从师，十岁信佛，十三岁习法术。宋雍熙四年（987）盛装登山"升天"为神。明清以来，取代龙王地位，独享航海者香火。清康熙三十三年（1694）立庙奉祀，称"通贤灵女"，后又封为"天后圣母"。查清光绪《嘉兴府志》卷十《坛庙一》"天后宫"条目有"在府治东北二里，宋乾德中建"等说法。这姑且不论，重要的是明代嘉兴人吴鹏的一篇记，其中写到宋乾德年间（963—968）有神显灵于江淮间，当时有一位崇道真人上奏朝廷，诏令四方广立堂庑，祀神天后，以佑漕运。这么说来，天后应当也是和漕运大有关系的水神。宋乾德年间，时在北宋开国之初，和唐神龙二年相隔二百六十年。水天庵的创立可证唐中期嘉兴已开始漕粮北运，或浙西的漕粮通过运河经嘉兴北运。但那时尚无"天后"的封号，水天庵供奉的神祇就姑且称之为"水天娘娘"吧。那过往的粮船去分水墩上供个猪头三牲，上几炷香，祈求庵里的水天娘娘保佑船家送粮平安，想起来也是很顺理成章的。

神的塑造都是人之所为。因此，讲到天后神的来历，各种辞书如《辞海》，倘能添加上唐代漕运的说法，和宋人林源之女并列，我想这不应该会有大谬的，相反会使这位美丽的水之女神更富魅力，这岂不也是很好的文化之事么？

古代南湖

多年前，我读到过一位前辈老先生的笔记，笔记专记六十年前嘉兴的旧人往事，春秋笔法，且旨在"揭丑"，颇有"批判"的锋芒。笔记中有一则称："家乡无一可使人畅游处，烟雨楼三步一走，不过尔尔；三塔、落帆亭更无可留连，但是也要吸引一些游人，方得出名，于是有好事者撰文在《时事新报》《时报》上发表，说嘉兴有'海陆空三军'之胜，为各地所无有者，渲染'海军'南湖船娘之能唱摩登歌曲，善于猜拳，善于饮酒，有先意承旨之妙，真乃价廉物美之品；渲染'陆军'倚门卖笑为私娼，去旅馆开房在'流莺'；渲染'空军'如送子庵，尤其是西门灵瑞庵的尼姑，美貌多姿，风流善应酬，所在又是佛门清静，供应别出心裁，诸如亲手精制的枣泥糕、称心糖，吃后魂灵儿要飞到九霄云外。于是上海杭州一班纨绔子弟，大腹资本家，要人名人，都先后来嘉兴猎胜，一时之间'海陆空'名闻江浙。"

前辈老先生说的是民国时期的嘉兴社会世态，这并没有什么不对。至于"烟雨楼三步一走""三塔、落帆亭更无可留连"云云，大概离事实亦相去不算太远。民国时期的嘉兴，县城不过是四五万人口的大镇头，而其时的南湖水域已较历史上的南湖大为萎缩，也就是我们现在见到的那样。有位吃文场饭的朋友初到嘉兴，喝了点酒后对我说："南湖一勺水！"我听了虽有些不舒服，但也只好默认。不过，如是要讲到历史上的南湖，我们无须请出有考古癖的先生来，即如我们平常能够见到的旧志上的记载，拿些出来就足够引以为雄夸的谈资了。

南湖之名，多有变迁。若从源头上说，今天所称之"西南湖"本名"南湖"，因旧时中有长堤，分东西两湖故又名"双湖"，所谓"鸳鸯湖"则又因"东西两湖水，相并比鸳鸯"一语，是被文人墨客雅化了的名称。现在通常所说的南湖，古代原名"滮湖"，亦称"马场湖"，我将在另一文中讲到。这里只说古之南湖罢。古之南湖，旧志上记云："槜李泽国也，东南皆陂湖，而南湖尤大，计百有二十顷，其利实滮水以资土田灌溉。"先说"百有二十顷"，换算一下也就是近一万二千亩的水域，比较今天见到的西南湖不足三百亩，那真是不可以道里计了。面对这么大一片水，说烟波浩渺、水云弥漫，那都不需要依凭任何的想象。而湖中的一道长堤，显然出于人工的筑造。因为"土田灌溉"，必须有堤坝来蓄泄水流，不然水浸漫漫，旱则泥沼，雨则汪洋，如何来蓄泄调节水源以利灌溉禾苗？这一道湖中长堤始筑于何时，未见记载。我推想是在唐广德元年（763）至大历元年

（766），朱自勉任嘉禾屯田使时期，或者稍迟一些，到唐大历十年（775）前后。李翰那篇著名的《苏州嘉兴屯田纪绩颂并序》落笔之时，湖中的长堤已筑就，并且已经在农事方面发挥作用。湖中种植的菱芰，色泽凝绿、滋味甜嫩为别地方所无有，漂亮的村姑特意起个早，下湖采摘了一满篮，拐过桃花浜，上湖堤去县城里，把水灵灵的鲜菱送进县衙，请正在磨墨挥毫的李翰先生剥几个嫩菱吃。

在未筑湖中长堤之前，嘉兴城南这一大片泽国，旱涝不定，少有人迹，是可以想见的。这从陆宣公的鹤渚、真如教寺的创立，都能够找出依据。陆宣公名贽，唐德宗时宰相，今人列他为"古代十大名相之一"，是嘉兴人最乐意讲到的乡贤。宣公鹤渚，旧志上说"在县南二里，宣公旧宅放鹤之所"，也就是今天重新恢复的著名园林放鹤洲。但也有人以为这一记载传说的成分多了些，那么，舍弃也罢。我们且来看看就在放鹤洲旁边的真如教寺。寺原名"至德院"，唐至德二年（757）立，到大中十年（856）丞相裴休好佛，把别业清晖堂舍为至德院塔院，这中间相隔了百年。裴休舍宅扩院那一年，距李翰写下那篇名文，已过去了八十年。这八十年间古代南湖之畔的良田美舍一定不少，并且已经出现了裴休那样的达官贵人的园宅。裴休除清晖堂之外，他在鹤渚上也建有园林，称"裴岛"。

晚唐的南湖，或者称鸳鸯湖，四周良田千顷，阡陌锦绣；湖中一堤横亘，碧波拍岸，如是放舟湖上，人与舟，舟与水，水天一色，溟蒙不知所踪。而至德院正在做水陆法会的和尚们的诵经声、"笃笃"的敲木鱼声，还有击磬声、撞钟声，一阵阵随风飘来，又平添了几分花雨天界的好景象。到唐末筑造大城，这时候的嘉兴人，游赏之地自然是南门外的鸳鸯湖，男女老少出城后都走湖中的长堤，去至德院烧香，去桃花庙卜吉。都走长堤，这就需要说说堤长多少、堤宽多少。旧志上都未有记载，我只能根据古桥五龙桥来推测。五龙桥始建年不详，明代重建，横跨濠河，是长堤北端第一座石拱桥，既跨濠河，不会过于窄，桥宽应当在三四米吧。长堤上除五龙桥外，见于记载的还有潦波桥、跨塘桥。潦波桥又名"双湖桥"，也是石拱。潦波、跨塘二桥也不会过于窄，那么，我想长堤毛估估也三四米宽吧。如牧牛于堤上，供两牛同时往来还是很宽绰的。长堤几许里，未见记载，我们只能用路基原是长堤加以拓宽的城南路来作比较，1982 年版《浙江省嘉兴市地名志》载，城南路长二千米，也即四里，这个长度我想也只是堤的一部分。

我该结束这枯燥乏味的推算了，让我们来想象下晚唐时候南湖的春景：至少有四五座石拱桥连接的长堤上，穿了鲜丽春服的人群蠕蠕而行，有挽着烧香篮儿的，挑着食盒担子的，携老扶幼，唤张呼李的。这壁厢女人堆里谁的绣花鞋踩掉了，那壁厢男人堆里谁为谁盯了谁家的姣娘起了争执，吵吵嚷嚷，哭哭笑笑（小孩），把心情都放开了。那堤两边的湖上，一望无际，水天茫茫。大户人家的游船有鼓棹的，有泊舟的，蟹舍渔簖，洲湾柳港，正是好去处。我笔拙，还是来引吴梅村《鸳湖曲》的名句："鸳鸯湖畔草粘天，二月春深好放船，柳叶乱飘千尺雨，桃花斜带一溪烟。"梅村这四句对鸳鸯湖春景的写照虽然是在明末，并且还包括了澼湖，但依旧不妨作为我们想象的凭藉，想象晚唐的湖中长堤上，栽桃插柳是已然可行的事，春天堤上桃红柳绿，游人如织……

这样的一路写下来，前辈老先生讥评"家乡无一畅游处"，不但摆不到唐，宋元明清也摆不上。而古代南湖之东的澼湖，当历史进入五代十国之时，她尚在静静地等待着一个人的到来，来发现她的烟雨迷蒙之美。

澮湖与马场湖

　　我注意到澮湖与马场湖，完全是偶然的。以前，我和大多数的嘉兴人一样，看到南湖的历史介绍，对于"古代名澮湖、马场湖"，总是一览而过，并没有往心里去想这两个湖名究竟算什么名堂。大约是在去年吧，我接触到嘉禾屯田之事时忽然想到：马场湖会不会和朱自勉率领军队从北方来嘉兴屯垦有关呢？马场，牧马养马的场所呀。但唐代那时的嘉禾之地，际海茫茫，到处可放牧，何必一定要选择在这城东南一隅呢？问几位研究地方历史的先生，也不能给我满意的答复。这些先生对于何谓澮湖，何谓马场湖也都未曾考虑过，数十年来只是沿袭旧说，人云亦云罢了。然而，字典上有"澮"的词目。《汉语大词典》第6卷第83页"澮"下有两条注释：一谓水流貌。《诗·小雅·白华》："澮池北流，浸彼稻田。"一谓蓄水。宋梅尧臣《五月十三日大水》诗："我家地势高，四顾如湖澮。"我倾向于"蓄水"，如此，南堰之名亦有了着落。堰者，蓄池水也，这和鸳鸯湖中长堤同

310

样，是唐代屯田时建成的水利设施。滮湖之又名"马场湖"，推想是屯田军队从北方来，大批的辎重，如军械、农具、粮食等需用马匹驮运，待滮湖的蓄水、灌溉农田的功能初步具备后，这一批军马便圈养湖畔，积久成了马场。大概到了明代，还有不少诗人以"马场湖"为诗题，如姚绶诗称："马场湖水阔，处处采菱归。"也有以"南湖"为诗题写到马场湖的，如明代范言《南湖诗》云："放生桥头春水生，马场湖上野烟横。"放生桥在铁路北侧樟树林下，是由濠河入湖的水口，我年少时还见到过，一座很秀美的石拱桥。

滮湖之亦称"南湖"，最早不会早于明代，因为宋代、元代的诗人所咏赞的"南湖"，指的都是鸳鸯湖也即古之南湖。

我在《古代南湖》一文的结尾时说：滮湖在静静地等待着一个人的到来，来发现她的烟雨迷蒙之美。这个人便是吴越国历史上鼎鼎大名的广陵王钱元璙，他到嘉兴来，是在后晋天福年间（936—943）任中吴节度使时，距离嘉禾屯田已有一百七十余年，距离嘉兴筑造大城正好过去半个世纪。钱元璙字德辉，吴越王钱镠第四个儿子。钱镠是吴越国的创立者，杭州临安人，少时曾贩私盐，后从军，靠打打杀杀起家。这位钱婆留（婆留，钱镠小字），原本是倒搓三日也搓不出点墨之辈，到了晚年却喜好敬礼文士，讲究起之乎者也来，影响到其子其孙。故旧志上记载元璙"仪状瑰杰"，"治苏三十年，俭约镇靖，郡政循理"。而元璙之子钱文奉更是"涉猎经史，精音律、图纬，医药、鞠弈之艺，皆冠绝一时"。钱元璙在任中吴节度使时，某年初春从苏州乘坐官船出发，沿运河顺流而下到嘉兴，泊舟于澹湖。他一定是先去赏览了鸳鸯湖的田园渔村风光，然后去至德院（真如寺）上香，和僧侣们讲些个坐禅的玄机。什么阴就是蕴呀，四大五蕴，四大是皆空呀，而五蕴即人之肉体，受、想、行、识之外，还有色蕴，在在皆实不得空呀。你能一日不吃饭么？你能一日不得亲近色么？你能一日不得拉屎撒尿么？这至德院的和尚们呀，个个细皮白肉、面色红润，他们不用耕田，不用捕鱼，不用种菱植藕，他们自有长生田——信徒捐助的湖上水田——的供养，"岁给丰裕"。大殿上香烟缭绕，清谈娓娓。释迦牟尼佛双目低垂，满面慈祥。吴越国时期，以嘉兴一地而言，发展了唐代屯田营建水利的成就，农业岁多丰稔，秀州的仓库里陈谷堆积，铜钱堆积，钱串子的绳头一扯扑簌簌的尘灰飞扬。整个国家也是如此，粮多了，钱多了，国富了，统治无忧，于是大讲文化。从先王婆留起，下至百官臣僚，都虚怀若谷，礼下贤能。谈到某处古迹的，请来的都是耆宿；论到某处名胜的，招来的必是诗人。钱元璙这回到嘉兴，也邀约了嘉兴一批有名的文士，在至德院乘兴大谈了一通禅机佛理之后，又去裴岛（放鹤洲）上看了裴丞相的遗迹，古木森森，石桥半圮，有几间园舍住了和尚。众文士应景作诗，感叹这岛上自宣公裴相之后，无人养鹤真是一大缺憾！放鹤不得，只好放鹅。于是有善翘须（吴语，拍马屁）之某文士，知道至德院有和尚私下里偷偷吃鹅蛋的，一道烟似地跑去把厨役喂养的两只大白鹅捉了来，在岸滩边放给节度使大人看。那两只大白鹅在笼子里呆得久了，逃命似的扑到水里，展开雪白的双翅，鲜红的脚掌拨动清波，"吭吭"地叫唤几声，看上去开心极了。众文士齐声喝彩，说若不是骆宾王的"白毛浮绿水，红掌拨清波"在前头，今日之诗应重做，以"咏鹅"为题最好。

这时的中吴节度使大人钱元璙却在踌躇，在默默地想心事。他想：嘉兴这地方固然民性淳朴，文风也求雅，但比较苏州总是差了几个档次，像裴岛竟然会不养鹤，还亏这些个文士想得出，弄两只白鹅来，闹什么狗屁的"放鹅"！这到底还是小地方人脱不了乡曲的习气，本大人此番到嘉兴，最有意思的，莫过于留下一处名迹给彼邦的子民。节度使大人有了这个念想后，接下来的事情也就顺理成章了。他看到澂湖烟澜渺弥，四境农田相接，却没个登临的地方，不免辜负这一片湖光水色，便指定在湖东畔建造一座台榭。旧志上说，元璙筑台澂湖之畔"以馆宾客"。按，台的建筑是秦汉的规制，所谓夯土为台，在秦汉以后逐渐废弃。钱元璙筑的台，我理解是高的楼台亭阁，可以供他登眺，以游目而骋怀，当然右手上还需持一个巨觥。这座楼台应当是烟雨楼最早的前身，只是楼名并不相干罢了。这座楼台有多高多大？未见记载，我这里不好只凭想象之辞了。又因为要"馆宾客"，接纳四方名士，所以附属的建筑必定不少，简言之是一座规模不小的园林宾馆。元璙在造这座楼台时，已五十多岁，不二年，死于任上。他的儿子钱文奉三十来岁，以父荫为苏州都指挥使迁节度使。

钱文奉这位吴越王贵胄，"多聚法书、名画、宝玩、雅器，号称好事"是其一生的行径，加上"冠绝一时"的"才艺"，他决不会让滮湖东畔的楼台空着的，大量的图书文物充实着园苑，由此带给嘉兴的文化影响，和筑楼台之后滮湖渐成游览之区，同样有着很大的意义。

壕股、铜官两塔的传说

　　吴越王钱镠及其子元瓘、孙弘佐等，统治吴越国七十二年。钱王治国，为后人所称道的是兴修水利。水乡泽国嘉兴，在唐代朱公屯田的基础上，到吴越时期，塘浦圩田的体系都已经建立起来，并为后世所沿用。我年轻时在乡下生活多年，村坊以圩、浜、兜、埭、坝起名的非常多见，如张字圩、白船浜、李家兜、曹王埭、老坝底，大多以姓氏为名，有时某姓早已绝户，为杂姓所居，但仍沿袭旧名，可见历史已久。上说中的"圩"，读如"汇"，凡二水交汇的地方，乡下都称"圩头上"，并且必有高的堤岸阻水。堤岸内大片稻田，称"圩田"。浜和兜，都只通外河，所谓"绝潢断港称之为浜"，人家都环居于浜底。埭和坝，则堵水的土堤也。凡村以埭取名的，一般居人较多，是大村坊，甚至是一处镇头，有茶馆店、肉店、包子糕团店、豆腐店、剃头店。这埭上的人虽也务农，但见识比较多，说话和深乡下出来的农民有些不同。

我年少时在七星乡陈桥上小学，全村二十来户人家，临水居，浣洗饮用都靠着一条小河，没有别的水源。现在回想，那时的河水喝起来有些甜味，尤其是清早去河埠头拎水，水面上白蒙蒙的雾露，晨风拂来嗅着一缕缕饱含水气的清香。到了夏天，男女洗澡也都在这河里，那时年轻的女人裸着上身浸在水里，并无怕羞的说法。这种情景，现在到乡下去自然不会再见到了。

我所见到的圩、浜、兜、埭、坝，自然是五十多年前的印象，在乡下还是看不到一盏电灯，风车、牛车盘车水灌溉农田的时代。这个时代，乡下处处有晚唐或吴越国治水营田的遗构，据1924年的一个记载，嘉兴县共计七百七十三个圩，其中不少是村，为农民世居。这众多的圩——还不包括浜、兜、埭、坝，大都是吴越国的工程，耗费的人力物力是惊人的，当然福泽后世的功德也无可置疑。

"钱氏有国……田连阡陌，位位相承，悉为高腴之产"，这是明朝人徐光启的赞语。徐氏是农学家，上海人，他对嘉湖一带的农事是非常熟悉的。吴越的兴修水利使经济有了大的发展，但人民的生活却依然困苦。郁达夫在《回忆鲁迅》一文中讲到，鲁迅从五代时的记录里，曾看到过钱武肃王（钱镠）统治的时候，浙江老百姓被压榨得连裤子都没有穿，不得不以砖瓦来遮盖下体。

这种惨酷的情景，嘉兴的历代旧志上都无有所记，我自然不敢妄加推测，不然，在风景佳美的鸳鸯湖畔，忽然迎面走来一群裸着身子，腰间系根草绳吊块瓦片掩着那羞的男女，岂不大败兴味？我们现在讲历史，怀古，遇到"烂疮"依然如鲁迅先生早就讽刺过的必赞美它"艳如桃花"！这是民性使然，实在无法可想。

钱王的时候，嘉兴即便没有以砖瓦替代裤子的，但有相似的惨酷。宋释文莹《湘山野录》云："吴越旧式，民间尽算丁壮钱以增赋舆。贫匮之家，父母不能保守，或弃于襁褓，或卖为僮妾，至有提携寄于释老者。真宗一切蠲放，吴俗得苏。"那时，百姓非但生孩子需缴人头税，便是田税也大大高于后来的北宋，吴越国每亩税三斗，而北宋仅为一斗，到宋太宗太平兴国三年（978），钱俶降宋后，亩税三斗即被废除。在吴越国如此繁重的苛税之下，一般人连传宗接代，续延香火的生存本能都被无情地剥夺了，他们生养了孩子，不管男孩女孩，有的赶在税吏上门前，就把婴儿溺死了；有的则跟富户人家讲好，才几岁的小孩就卖给富人以供奴役；至于卖不出去（没有那么多的富户）怎么办？溺死了于心不忍，最好的出路是送去寺庙充当小和尚、小尼姑。这种情形在嘉兴造成的绝户有多少，不好说；但有两则民间流传已久的传说，似乎可以抉出些新意来。

钱氏有国七十二年，这七十二年间嘉兴新增的名胜，我们现在所熟知的，除了滮湖的钱氏楼台，还有壕股、铜官两塔。壕股塔以建在壕河边得名，亦写作"濠罟""濠孤""壕姑"。旧志上说塔建于宋之前，未确定唐或五代。我以为建于五代时可能性大，因为塔址地近滮湖，如建于唐（即便是晚唐），钱元瓘在滮湖东畔造登眺之台时，不会不提到此塔。而事实也是，其时滮湖四周尚无别的景观。我见到壕股塔时，此塔久已废残，并无特别可赏览的地方，倒是在嘉兴民间流传着一个凄美的故事，说塔内幽闭着一位名叫"壕姑"的亡灵，她生前曾是某大户人家的童养媳，趁主母不在家，因偷吃热豆腐而活活烫死。刚煮熟的豆腐是沸烫的，说烫伤了嘴或咽喉有可能，烫死则未必；然而这个故事的意义在于控诉了封建社会逼迫人卖身为奴隶的罪恶。壕股塔似应建于第五位钱王——钱俶登基之后，钱氏家族对吴越的统治已逐渐进入晚期。帝王的恣意挥霍享乐和对人民的盘剥压榨愈演愈烈，嘉兴此时一定有不少贫苦人为着躲避"丁壮钱"这把杀人不见血的刀，不得不把年尚幼稚的亲生骨肉送到富人家里卖身作奴！历史上，凡是怪异的传说或发生于盛世或出现于最黑暗的统治时期，而往往以后者居多。

铜官塔建于吴越国时，旧址在今塔弄内。塔亦名"同官""铜棺"。名"同官"，是说塔为县衙内所有官员醵钱所造，此说似不大可信。而据旧志记，嘉兴城内遗爱坊"有普宁王庙，古传嘉兴县令有善政，天降一铜棺盖自开，县令入焉，吏挽留之，遂折臂。故名遗爱"。这也是怪异之事，天降铜棺，好官入棺欲登天，偏偏下吏来强留，因之折断了臂膊。难道这一条血渍糊拉的断臂就是这位县官对百姓的遗爱？我个人取"铜官"说。铜官系管铜之官，历代钱王们铸钱不能没有铜，可见铜官地位的重要。而我的理解，这位铜官恐怕还是吴越国敛财的高手，他把从老百姓那里敲骨吸髓盘剥来的钱财，源源不断地充实到国帑，死后钱王感念他的

"功绩"，下旨造了这座塔，后讹传为铜棺。我怀疑吴越时期还真有其事：当官的把从民间搜括来的铜，给自己打造一具铜的棺椁，以求永不腐尸呢。

大约到南宋时，铜官塔又传为孩儿塔，那就暂且留至讲到宋元时再敷衍成文吧。

记王蘧常先生

王蘧常先生书法成名后，他的艺术识见大大高于一般以作字谋生的书家。他作字喜用淡墨，曾有人请他写对联，上联起头两个字化成墨团团，但笔画倒是很飞舞的，他自己非常得意，人家却不满意，说出了"润笔"，却买回来几个墨团。他知道后，立刻退还"润笔"，却要人家赔他纸，说："俗人哪里知道雅事，哪里会欣赏艺术，鼎鼎大名的包世臣，不也是经常写字化成墨团团的么？"又有人请他写扇面，中间漏了几个字，那人说："王先生，漏了字了，读不通。"他立即瞪起眼睛说："你是要我写扇面呢，还是要帮你抄书？"弄得那人哭笑不得。

这种纯粹艺术家的个性，数百年来也难得几人，并且往往在生前为"时贤"所妒，被世俗所埋没。王蘧常先生却很幸运，在他的晚年，他的书法艺术终于得到了书坛公认。先是日本书法界称他是"古有王羲之，今有王蘧常"。尔后，国内书法界也认识到他的章草特点，"无一笔不具古人面目，无一笔不显自家精神"。他八十岁后为杭州岳庙撰书的抱柱长联，当时的书法泰斗沙孟海先生看到后极为推崇，称其为"神州之冠"。也就在这个时候，他在嘉兴的学生沈茹松先生为老师写了一篇专论"章草风骨"的文章，登在《书法》杂志上，大大地揄扬了一番。沈先生这篇得意之作，在公园的茶座上传来传去的，此 20 世纪 80 年代初之事也。我也是在当时知道了"王蘧常"三字。那时，嘉兴有一班老先生，如庄一拂、沈茹松、朱瘦竹、许明农、臧松年（1975 年去世）等，从 1970 年代起每周三、周日，在人民公园茶室吃茶，朱瘦竹先生为此撰了一篇《公园茗叙记》，所谓"偌大园林，暂居我辈；一别三日，复又相叙。周而复始，靡有涯涘……呷茗解相如之渴，吟哦抒一己怀抱。投砖引玉，寄希望于异日"。这班老先生胸中都有一块"砖"，这块"砖"是横梗在胸中的怨气牢骚所郁结。如庄先生对于"古典戏曲汇目"的搜集整理和沈先生对于传统国画的个人见解，由于长期以来处在社会的边缘，学和才都不能有所用，于是其所称的"投砖引玉"成了老先生们寄于"异日"的希望。我 1974 年加入到他们中间去，喝茶，所见各人的气色还都不免是晦暗的。1980 年代初，社会形势开始大变好，沈先生从街道一名临时工，一变为安徽阜阳师院美术系的副教授；庄先生、许先生进了政协，身份是"社会贤达"。而王蘧常先生晚到的名声如日中天，使他在嘉兴的学生（沈）、姻亲（庄），还有不少的景从者们，口必言"古有王羲之"，口必称"章草第一"，都忙乎着去上海拜访王老，替王老物色在嘉兴的书法传人。后来创办鸳鸯湖诗社，社刊的签头当然非王老莫属。

　　我也就是在这个众人"忙乎"的当口，去上海见到了王蘧常先生，这时我已到报社当起了编辑。王老的家是一栋老式的公寓楼，木头楼梯，从弄堂后门进去，厨房间里有个女佣在洗菜，说明来意后，女佣轻声说："先生在三楼上。"没有拦阻，或不信任、怀疑，很随便的让我登梯直上。二楼的走廊上堆满了纸色发黄发黑的线装书，板门上粘着一张纸条，是王老约定研究生来家里授课的时间表。其时王老已从复旦大学中文系调哲学系任教授，他不用去学校，在家带研究生。三楼是一大间一小间，一大间是客堂，陈设简单有一张黄榉的八仙桌，王老坐的太师椅靠着八仙桌。一小间像是他和夫人沈静儒的卧室，陈设也极简单。那天我在王老家的大客堂里，没有看到一张纸、一支毛笔、一块砚台、一锭墨。墙上也不挂字幅。不像钱君匋先生家，钱府内可是楼上楼下图书墨宝琳琅满目的啊。王蘧常先生毕竟是教授，是学者，他的事业所在是学术上如何。那天，王老的话里无一字讲到书法，他跟我讲到酒，说他年轻时也是好饮的。他说的嘉兴话，黄酒的"黄"发音"杭"。他说："从前同道吃酒的，每个人起码五斤黄酒。"边说边用手比划了一下喝酒所用玻璃杯的大小。他坐在椅子上身子很少挪动，满口乡音，数十年的沪上居并没有改变他身上那种只有嘉兴老先生才会有的一辈子不出里门的朴实的非常有地域性的儒雅气息。反观钱君匋先生，是不是有那么一点老上海的"滑头"抑或是洋场上的"商贾气"呢？

临别，先生微微点头，说："来噢，来噢！"这又是嘉兴人的礼数，倚门送客，盼客再来。

我读过有关王蘧常先生的一些传记，是他的学生和研究者们写的，最让我读之怦然心动并为之心仪的，倒并不是他独树一帜的章草书法艺术，而是他在抗战国难的关键时刻，敌伪将接收交通大学时，他和同事五人毅然决然辞职，决不为汪伪执教，时称"反伪六教授"的举动。还有，他为因抗战而牺牲的交大学生杨大雄所作的《杨大雄烈士殉国碑记》，表明了他自己的抗战及爱国主义的态度和立场，所抒发的情怀悲壮而沉郁。他在敌氛弥漫、奸宄横行的"孤岛"时期，所作的诗文如《八百孤军》《闻平型关捷报歌》《大刀勇士》《论倭不足畏》《胡阿毛烈士传》等，其民族正气令人钦佩！大约在王老辞世前一二年，当时的嘉兴市某领导邀请他作故乡行，他欣然而来，在学生、亲友的陪同下，他去斜西街凭吊了祖居的遗址。其间也应命应嘱，为一些当事者留下了墨宝。这种利用公器之便，谋求书画家艺术作品的做法，也是很"风雅"的。后来，1989年秋，王老去世了。听说有关方面曾有在嘉兴为他筑造纪念性质墓园的建议，计划用的砖头还是美国进口的。庄一拂先生和他的鸳鸯湖诗社的弟子们，为此在茶叙时也很起劲地"附议"过，但不知道为什么，这件事后来又没有了下文。

谭其骧先生的笑声

比较起王蘧常先生的故乡之行，谭其骧先生显然没有受到瑷仲翁那样的隆遇——市领导盛筵款待、笔墨伺候、出行有车等。论年资，谭小王十一岁，但谭在1985年来嘉兴时，也已年逾七旬，况且小中风初愈，右足不良于行呢。谭先生住在当时的嘉兴市府内部招待所（简称内招），在仲夏的一个傍晚，我去内招拜访先生。白天嘉兴图书馆崔泉森兄他们雇了一辆三轮车，载着先生在城内周游了一圈。据说高坐在车上的先生像个孩童般笑逐颜开，欢喜得不得了。当三轮车载先生到旧居时（勤俭路建设弄交叉口，前些年拆除），先生扶杖在大门前驻足了一会，不出声，也没有进去，似乎没有什么值得留恋的。谭家在嘉兴的祖宅有两处，另一处在郑家埭，很大的院宅，1949年后住进了七十二家房客。郑家埭祖宅东侧有谭氏祠堂，在嘉兴城内要算最大，有大堂，正厅、花厅、花园、石舫、石牌楼……当时建造祠堂总共花去15 832两白银。1949年后，也就剩下一座石牌楼了。这座石牌楼，刘海粟在1919年春来嘉兴旅游时，曾把它搬到油画布上，作为赠给禾中友人余大雄先生的纪念品。谭氏祠堂始建于清光绪五年（1879），由此往上溯，谭姓一族原系河南籍，在北宋末年随宋高宗南渡来浙江，传至五世仲斌公起，由绍兴迁嘉兴定居。明代，谭昌言、谭贞默父子分别为万历与崇祯进士，至康熙年间，谭吉璁举博学鸿词，从此谭氏名列嘉兴望族。那天，谭其骧先生也未去看一看尚存的石牌楼，他对旧家的往事并不怎么感兴趣。他这次来嘉兴并无"衣锦荣归"的念想，他是应嘉兴市志编纂室邀请，来讲授一点嘉兴历史上几个重要地名的变迁情况。先生是著名的历史地理学家、中国科学院学部委员、复旦大学教授。先生主持编绘的《中国历史地图集》，使先生的学术成就臻于伟大！嘉兴方面请先生来，是希望借先生的名望，对刚刚开始的市志编纂工作有一个推动作用。

　　我是作为嘉兴报社记者去采访先生的。在先生的下榻处，我第一次感受到了先生特有的风采——那爽朗的、像孩童般的大笑声。先生不跟我讲此行的目的，不跟我讲他在历史地理研究方面的辉煌成就，却关心起旧时的南湖船娘、船菜，还有他海盐姑妈家绮园里的那棵柿子树是否开花结果，我一一据实禀告：这些都已经不存在，消失了。先生好像很惊讶，瞪大了眼睛望着我，不一刻，即朗朗大笑，一往情深地说，南湖船娘的船菜烧得如何如何美味，而海盐冯家绮园的红柿，姑妈每年秋天都要打发仆佣送几筐到嘉兴请大家尝新的。

先生边说边笑声不止。第二天，在市志办的座谈会上，我再次领略到了先生大笑时的风采。先生的大笑，具体描写应该是这样的：听说某一新鲜事后，惊讶地瞪大眼睛，头微微后仰，张大嘴爆发出一声"哈"，紧接着是一连串"哈，哈哈哈"的欢笑声。座谈会上，当有人请求先生赠一名片时，先生错愕相对，而史念先生赶紧说明一句："天下无人不识君，谭老哪里用得着名片！"先生闻言，头微微后仰，后仰，直到大笑不已。这次座谈会实际是先生的一次学术讲座，当先生讲到嘉兴在明代一个户籍的数据，一时记忆不起来，便指着主持会议的史念先生说："这个请史念先生讲，我忘了，忘了哈，哈哈哈……"此后在多个场合，如海盐县志办请先生去作学术讲座的那一次，只要讲到嘉兴历史上的有关细节，先生每以史念先生自代，向人介绍说："这个问题问史念去，他比我熟，比我熟哈，哈哈哈……"不以大学者、权威自居，是先生洒脱的风度，而这样的风度也是因学识的渊博、胸襟的宽宏无所不包容所致，绝没有丝毫的世故在里头。由此，先生的笑声可以称之为发自"天籁"了。

先生的尊人谭新润字公泽，号步声，又名蒲生、蒲僧，别署谭天、天风。善诗词，南社社员，著有诗文集《弯弧庐集》（因中风后说话含糊，家人以禾中方言戏称"弯葫芦"，遂以谐音为斋名）。谭新润是嘉兴的一位名士，曾任嘉兴商报馆主笔。夫人王文毓出身吴江平望镇世家。文毓之大姐嫁盛泽郑家（世泽堂），生了郑之藩，后为陈省身岳父；生女郑佩宜，后为柳亚子夫人。从姻亲关系来说，谭氏于郑柳两家互为影响。名士、诗人的潇洒磊落和崇尚科学的求真思想，在谭其骧先生身上都有体现。但据我的观察，先生绝对不是旧名士，他的思想是非常新锐的。一次说到名人题词，像是无意地随便扯到王蘧常先生。"哦，题词呀，那是要请王蘧常的。哈，书法，书法是要请王蘧常的。哈，哈哈哈……"先生自言不善书，但因是名人的缘故，各方求字者甚多，颇为所苦，于是就有"题词请王蘧常"的感慨。在我的理解，像先生那一辈学人，看重的是学术上有无建树。而书法，或者直白地说，写字，那只是余技而已。至于奉之为"国粹"的国画，有"文人画"一说，本意亦是"书画者，文人之余技也"，说是笔墨游戏也未尝不可以。但是今人凡痴迷于此者，见到所谓的名人字、名人画，无不腿脚打颤，魂不附体。如我嘉兴，誉之为"三百年来书法第一人"之沈寐叟（曾植），先生那天在市志办的座谈会上，只淡淡地说了一句："沈曾植么学术上可取，思想保皇不足取。"像这样的话语，今世还会有几人说得出来？

1992年2月，美国传记研究所函告谭其骧，决定将他选入《500位具有重大影响的领袖人物》一书，这是为庆祝该所成立25周年而编辑出版的世界性名人录，仅收录以往四分之一世纪间对国际社会产生重大影响的精英，即富有想象力、智慧和社会责任感的领袖人物（葛剑雄《悠悠长水：谭其骧前传》卷首）。

我对于谭其骧先生倾毕生精力研究的历史地理，根本上是茫昧无知的，要说，也只有"文抄"，而"文抄"非所愿也，因此我只记其"笑声"，倘能予人一点滴印象也是好的。又，先生1985年仲夏的禾中之行，食宿是由嘉兴图书馆负责的，雇三轮车供先生出行，在外吃小饭馆（那时招待经费有规定，不能逾制，每天超出部分一十来元），由崔泉森、乐志荣二位自掏腰包，而先生整天都如孩童一样乐哈哈，笑声不绝于耳，都是大可以一记的。

江南无二陆

十多年前，我和陆晓勤去解放路窑弄采访一位姓陆的老太太，这事儿和我们要拍摄的反映嘉兴辛亥革命的电视专题片有关。老太太正卧病在床，一听我俩自报了姓名，精神一振，朗声说："江南无二陆！"这是一句"雅语"，我和晓勤相视一笑。"江南无二陆"，是说江南姓陆的没有一个不是陆宣公的后人。这在嘉兴尤甚，因为宣公就出生在嘉兴。陆宣公名贽，字敬舆，"宣"则是他死后的谥号。陆贽于唐大历六年（771）中进士，时年仅十八岁。他的政治作为在德宗时代表现最为出色，擅长奏议、制诰等文章。他替德宗作的罪己诏书，使前线的将士为之感动痛哭，叛乱的藩镇因此上表谢罪。一封诏书挽救了面临崩溃的政权，延续了唐朝的国运，这真是了不得的大奇迹！这里头当然是有着文学的力量。陆贽在德宗朝官至中书侍郎同平章事，为宰相。德宗晚年，信用奸臣，把陆贽贬为忠州别驾。忠州远在巴蜀之地，而"别驾"只是一个无足轻重的副职，绝非"一支笔"！我以为陆贽的伟大人格正在于此。他不以谪居为意，也不发牢骚（他是文学家，发牢骚应是文学所长之一种），却因看到忠州地方卑湿，瘴疠流行，民为之苦而潜心研究医药，编录《陆氏集验方》五十卷供民治疾，活人无算。良相、名医，宣公是都做到了，这在古今政治家中是非常少见的。

嘉兴旧时城里城外有陆宣公祠、宣公书院、鹤渚（宣公放鹤处）、宣公衣冠冢（死在忠州，不及归葬）、宣公桥，可证嘉兴是宣公的故乡。大诗人陆游于南宋乾道六年（1170）六月五日，从绍兴坐船去四川途经嘉兴，特地上岸来会晤熟人方务德等，饭后游宝华尼寺，拜宣公祠堂。堂有碑，虽字迹有缺坏磨灭，却甚喜可读。彼时宣公祠堂是修葺一新的，距陆贽去世亦已经有365年了。陆游这次来瞻拜祠堂，是怀有"归宗"心理的，因为"江南无二陆"呀。宣公祠堂旧址在今安乐路杨柳湾菜场旁边，二三十年前曾为嘉兴汽车配件厂。这地方离宣公祖居不远。以我的年纪，见到有关宣公旧迹印象最深刻的当然是宣公桥了。小时候去东门看到的宣公桥，早就由石拱桥改建成混凝土洋桥了，但桥堍仍很陡，所以感觉上依然是一座石拱。桥上有刘禾兴面馆，老板娘皮秀英，煮的蟹黄面全嘉兴第一。

宣公后裔在嘉兴一带繁衍甚多，十多年前和陆晓勤去拜访的那位陆老太太是名儒陆仲襄先生侄女。仲襄先生是民国时期嘉兴的教育家，也是嘉兴图书馆首任馆长。他是陆贽窦巷里一支的后裔，行辈为七十五世孙，往下排字：志继绪缵，守为世典，源长荫盛，衍其德基。现在嘉兴还有按辈分排字取名的族人。陆仲襄宅屋在斜桥街（今斜西街东与紫阳街相交处），这就巧了，那地方正是唐甜瓜巷陆宣公宅的宅址。陆氏宅屋后园很大，种桑种竹种花木果树，还辟有菜畦，萝卜青菜葱韭，取给方便。秋天，园中桂花飘香，青柿满树。那柿子个个有小碗大，扁圆，摘下来放在缸里用稻草灰焐，软熟红透了取食，入口甘凉，嘉兴人称之为"铜盆柿"。仲襄先生生活俭朴，常年着布袜不着洋袜。这是20世纪初一个儒者的生活态度。长子陆志鸿先生，著名工程材料学专家，曾任台湾大学校长。1927年，他与汪胡桢先生在嘉兴负责拆城筑路测量时，主持掘建塔弄内公井，这口公井后来为自来水厂创建时所用。嘉兴人第一次喝上自来水（其水甘碧），饮水思源，是不应该忘记志鸿先生的。还有一位陆初觉先生，名志棠，也是窦巷里一支。辛亥革命前去日本留学习军事，在东京为孙中山先生赏识，加入同盟会。初觉先生参加过攻克南京天堡城战役，以书生喋血石头城，后为国民党左派。先生好酒，酒菜却极俭，经常以五香豆腐干下酒（这种喝酒是"苦酒"）。1927年，蒋介石发动"清党"，初觉先生遭受右派陷害，一度以醇酒妇人自掩，故作放逸。嘉兴社会上遂称他为"海、陆、空"三军总司令。这是有出典的，"海"是船娘，"陆"是妓女，"空"是入空门的女子，却也卖笑。这三类女性，不幸堕入色情业，内心各有痛苦。她们经常找陆初觉先生诉求，或从良，或为生活困难（色衰的老妓），先生总是设法相助，曾对某老妇说："你的身后事尽管放心，我会施材（棺木）的。"他这个"总司令"其实是在救助最弱势的妇女群体。先生又有"天目老佛"的尊号，这是抗战时期，他在天目山主持浙西事务所，对于流亡后方的失学青年和难民，爱护备至，种种善行如菩萨嘘拂众生，因此才有此誉。1945年冬，初觉先生抗战到最后一刻，不幸病逝于天目。次年春，归葬故乡鸳水之畔。当时曾将先生故居所在的下塘街，命名"初觉路"以志永念。

又，先生困窘时把祖宅售于王某，后王某于花坛掘得藏金一瓮，奉还先生，先生一笑却之，每天傍晚仍去香花桥绍酒店喝酒吃他的五香豆腐干。

图书在版编目（CIP）数据

述往集：江南一隅的人文印记 / 陆明著. -- 上海：上海书店出版社，2025. 7. -- ISBN 978-7-5458-2479-7

Ⅰ. K295. 53

中国国家版本馆 CIP 数据核字第 2025WL3596 号

责任编辑　陆陈宇
封面设计　郦书径

述往集
——江南一隅的人文印记

陆明　著

出　　版　上海书店出版社
　　　　　（201101　上海市闵行区号景路 159 弄 C 座）
发　　行　上海人民出版社发行中心
印　　刷　苏州市越洋印刷有限公司
开　　本　787×1092　1/32
印　　张　10.625
版　　次　2025 年 7 月第 1 版
印　　次　2025 年 7 月第 1 次印刷
ISBN　978-7-5458-2479-7/K·531
定　　价　68.00 元